Die ganze Welt der Pferde

Fachwissen für junge Reiter

ELWYN HARTLEY EDWARDS

ENSSLIN

Die ganze Welt der Pferde

Fachwissen für junge Reiter

ELWYN HARTLEY EDWARDS

ENSSLIN

Die englische Originalausgabe dieses Werkes von Elwyn Hartley Edwards erschien 2003 unter dem Titel
»The Young Rider's Horse Encyclopedia« bei Studio Cactus, Winchester, England

Grafisches Team
Leitender Grafiker: Sharon Cluett
Grafiker: Claire Moore, Sharon Rudd, Dawn Terrey, Laura Watson

Redaktionsteam
Leitung: Mic Cady
Redakteure: Sue Gordon, Kate Hayward, Elizabeth Mallard-Shaw, Laura Seber

Art Director
Amanda Lunn

Programmleitung
Damien Moore

Fotos
Peter Cross, Bob Langrish

Übersetzung aus dem Englischen
Martina Rödl

Fachberatung
Martina Nägele-Hänsel, Reitwart FN (Trainerin C)

Deutsche Bearbeitung
Ensslin im Arena Verlag

Copyright © Studio Cactus
Text Copyright © Elwyn Hartley Edwards
First published in Great Britain, 2003

Copyright © der deutschen Ausgabe, 2003
ENSSLIN im Arena Verlag GmbH, Würzburg
Ensslin-Anschrift:
Harretstraße 6, 72800 Eningen

Alle Rechte für die deutsche Ausgabe vorbehalten

Verlag und Autor weisen darauf hin, dass die Informationen in diesem Buch sorgfältig geprüft wurden. Eine Garantie für eventuelle Schäden, die durch das Befolgen der Hinweise in diesem Werk auftreten, kann jedoch nicht übernommen werden.

Gedruckt in Großbritannien

ISBN 3-401-45130-8

Inhalt

VORWORT DES AUTORS	6

EINLEITUNG 8

Die Anfänge	10	Das Pferd als Haustier	18
Legenden und Literatur	14	Historische Pferde	20
Verhalten und Kommunikation	16	Das Zeitalter der Triumphwagen	22
		Umherziehende Reitervölker	24

KAPITEL 1   DAS ARBEITSPFERD   26

Pferde im Krieg	28	Nachrichtendienste	42
Pferde in der Landwirtschaft	30	Pomp und Prunk	44
Das Brooke Hospital	34	Zirkus und Kunststücke	46
Pferde in der Industrie	36		

KAPITEL 2   PFERDE IM SPORT   48

Flachrennen	50	Rodeo	74
Steeplechase	52	Trabrennen	76
Das Pferd in der Kunst	54	Höher, weiter, schneller	78
Jagd	56	Polo	80
Springreiten	58	Asiatische Spiele	82
Vielseitigkeitsreiten	60	Reiterspiele	84
Renn-Asse	62	Fahrsport	86
Dressur	64	Pferdeleistungsschauen	88
Distanzreiten	66		
Westernreiten	68		
Hollywoodstars	72		

KAPITEL 3	PFERDE DIESER WELT		90
Was ist eine Rasse?	92	Bewegung und Gänge	98
Vollblut, Warmblut, Kaltblut	94	Farben und Zeichnungen	100
Das Gebäude	96	*Rassen*	102

KAPITEL 4	SO LERNST DU REITEN		164
Lektion 1 *Auf- und absitzen*	166	Lektion 6 *Springen*	180
Lektion 2 *Hilfen und Gangartwechsel*	168	Lektion 7 *Einfache Galopp-Kombination*	182
Lektion 3 *Hufschlagfiguren*	174	Lektion 8 *Hindernisreiten*	184
Lektion 4 *Hufschlagfiguren*	176	Lektion 9 *Der Springparcours*	186
Lektion 5 *Unterricht an der Longe*	178	Lektion 10 *Der Geländeparcours* Reiten im Gelände	188 190

KAPITEL 5	DEIN EIGENES PFERD		192
Welches Pferd ist das richtige?	194	Die Schur	210
Ernährung	198	Verziehen und Einflechten	212
Die Pflege	200	Reiterferien	214
Übung macht den Meister	204	Huf und Beschlag	216
		Das gesunde Pferd	218
Vom richtigen Umgang	206	Erste Hilfe und ärztliche Versorgung	220
Feste rund ums Pferd	208	Naturheilverfahren	224

KAPITEL 6	DIE RICHTIGE AUSRÜSTUNG		226
Der Sattel	228	Die Pflege der Ausrüstung	240
Anpassen des Sattels	232		
Zaum und Gebiss	234	Reitdress	242
Decken und Gamaschen	238	Western-Stil	246
Glossar	248		
Register	252		
Dank	256		

Vorwort

Die Reiter der weltbekannten Spanischen Hofreitschule in Wien pflegen mit der Hohen Schule der klassischen Reitkunst eine 400 Jahre alte Tradition. In der barocken Winterreithalle der Wiener Hofburg kann man ihre Kunst bewundern. Im Licht funkelnder Kronleuchter reiten die Lipizzaner-Hengste mit ihren fast Ehrfurcht erregend stillen Reitern in die Halle. Die Pferde tragen schwarzes, mit goldenen Beschlägen verziertes Zaumzeug und weiße Wildledersättel, die *Selle Royale* der klassischen Reitkunst. Die Reiter strahlen Eleganz aus in ihrem Uniformfrack, der Hirschlederreithose, mit Stulpenstiefeln und dem Zweispitz. Vor dem Porträt des Gründers der Spanischen Hofreitschule in Wien, Karl VI., wird salutiert. So verlangt es die Tradition. Dann das Programm: die fließende Quadrille, atemberaubende, kunstvolle Sprünge und der anmutige Pas de deux zu Musik von Bizet, Chopin, Mozart oder Strauss. Ein wahrer Tribut an den edelsten Partner des Menschen! Die Vorführungen und das Ambiente sind großartig, die Klarheit, die durch all den Glanz hindurchscheint, besticht. Jeder Reiter trägt einen langen Birkenzweig – als Zeichen der Demut gegenüber dem Lebewesen, das den Menschen in seiner ganzen Geschichte bei all seinen Bemühungen unterstützt hat.

In Indien, bei dem religiösen Fest der Hindus, beim *Dusshera*, wird das Pferd als die überlegene Kriegswaffe des Menschen und als sein Begleiter geehrt. Die Pferde werden mit safranfarbenen Blumen geschmückt, die Hufe mit Kokossaft gewaschen.

Dieses Buch zeichnet die Geschichte des Pferdes nach, von dem kleinen, mehrzehigen, Blätter fressenden Tier bis zu unseren heutigen Sportpferden. Wir werfen einen Blick auf die Entwicklung der modernen Rassen und sehen uns an, wie Pferde im 21. Jahrhundert gehalten werden. Das Buch enthält auch zehn »Reitstunden« – ein Grundstein der Partnerschaft von Reiter und Pferd. All das wird dargeboten im Geiste der Demut – das größte Attribut eines wirklichen Pferdemenschen.

Das heilige Pferd

In ganz Indien wird das Pferd beim *Dusshera*-Fest gefeiert. Es wird wunderschön herausgeputzt und steht im Mittelpunkt der religiösen Rituale. Seine Hufe werden mit Kokossaft gewaschen.

EINLEITUNG

Pferde in heutiger Zeit
Diese jungen Lusitanos sind Nachfahren der frühen Pferde,
die vor rund 60 Millionen Jahren die Erde bevölkerten.

Die Anfänge

Vor weniger als 200 Jahren – in Dimensionen der Evolution also vor nicht mehr als einem Augenzwinkern – veröffentlichte der Biologe Charles Darwin das Buch »*Über die Entstehung der Arten*«. Der Naturforscher Darwin revolutionierte damit unser Denken. Die Vorstellung von der Entstehung des Lebens änderte sich von Grund auf.

Das Buch Darwins (1809–1882) erschien 1859. Charles Darwin und Alfred Russel Wallace forschten unabhängig voneinander an einer Evolutionstheorie, die auf natürlicher Selektion beruhte. Sie gingen davon aus, dass sich die heutigen Lebewesen über Jahrmillionen durch Anpassung an ihre Umwelt zu dem entwickelten, was sie heute sind. Damit ist weniger das Überleben der stärksten Tiere einer Art gemeint – vielmehr die Weiterentwicklung und Veränderung der körperlichen Grundlagen und des Verhaltens einer Art über Generationen hinweg. Vor Darwins Veröffentlichung glaubte man, das Leben auf der Erde sei unveränderbar; alle Lebewesen seien vor langer Zeit so erschaffen worden, wie sie sind, und so geblieben – in Anlehnung an die Schöpfungsgeschichte im ersten Buch Mose. Rückschlüsse darauf, wie sich die Erdgeschichte abgespielt haben könnte, ziehen Wissenschaftler heute u. a. aus Fossilienfunden und Höhlenzeichnungen. Inzwischen kann man die Entwicklungsgeschichte der Pferde weit zurückverfolgen – bis ins Eozän, vor rund 60 Millionen Jahren. Auch über die Domestikation der Pferde gegen Ende des Neolithikums vor ca. 5 000 bis 6 000 Jahren ist mittlerweile einiges bekannt. Amerikanische Wissenschaftler haben viel daran gearbeitet. Ergebnisse dieser Forschungen werden hier in einfacher Form vorgestellt. Über eines sollte man sich im Klaren sein: Es wird nie möglich sein, die Evolution des Pferdes mit hundertprozentiger Sicherheit zu klären.

Pferd der Morgenröte
1867 fand man in Wyoming das nahezu vollständige Skelett eines frühen Pferdes. Die amerikanischen Wissenschaftler gaben ihrem Fund den romantischen Namen Eohippus, Pferd der Morgenröte.

Skelett des Eohippus
Ein noch besser erhaltenes Skelett fand man 1931, ebenfalls in Wyoming, am Big Horn. Mit diesem Fund gelang es den Wissenschaftlern, das Pferd der Morgenröte zu rekonstruieren.

SKELETT DES *EOHIPPUS*

Eohippus

Das Pferd der Morgenröte hatte einen recht runden Rücken sowie vier Zehen an den Vorderfüßen und drei an den Hinterfüßen. Die Fußsohle hatte in etwa die Beschaffenheit einer Hunde- oder Tapirpfote. Der Tapir ist ein weitläufiger Verwandter der Pferde. *Eohippus* wog ungefähr fünfeinhalb Kilo und maß bis zur Schulter im Durchschnitt etwa 36 Zentimeter. Er war also nicht größer als ein mittelgroßer Hund. Die Füße des *Eohippus* waren bestens geeignet, um sich auf feuchtem, weichem Dschungelboden fortzubewegen. Wissenschaftler nehmen an, dass seine Fellstruktur ungefähr der des Rotwilds glich. Es war gefleckt, gesprenkelt oder gestreift – wohl aus Gründen der Tarnung. Die Augen lagen in der Mitte des Kopfes. Als Dschungeltier brauchte es keinen »Rundumblick«. Den entwickelten erst seine Nachfahren, die im Buschland und in den Steppen zu Hause waren. Seine flachen Mahlzähne unterschieden sich von denen heutiger Pferde und weisen darauf hin, dass sich *Eohippus* von Laub ernährte. Zum Grasen taugten seine Zähne nicht. In der Größe variierte *Eohippus* sehr stark. Manche Tiere brachten es offenbar auf nur 25 Zentimeter Schulterhöhe, andere auf rund 50 Zentimeter. Und manche mögen noch größer gewesen sein. Man nimmt an, dass die großen Exemplare bis zu achtmal schwerer waren als die kleinsten. Vor etwa 40 Millionen Jahren starb *Eohippus* in Eurasien aus. So spielte sich die Evolution des *Eohippus* hin zum *Equus Caballus*, dem modernen Pferd, vorwiegend auf dem amerikanischen Kontinent ab; auch dort war die Entwicklung nicht geradlinig, sondern über mehrere Arten verzweigt.

Mesohippus und Miohippus

Vor rund 40 Millionen Jahren, im Oligozän, tauchten *Mesohippus* und *Miohippus* auf. Forscher vermuten, dass *Miohippus* aus einer frühen Form des *Mesohippus* hervorging und dass beide eine Weile zugleich lebten. Ihr Gebiss war besser entwickelt als das des *Eohippus*. Sie besaßen Eck- oder Schneidezähne, die kräftig beißen konnten und es den Tieren ermöglichten, verschiedenartige Nahrung aufzunehmen. Beide Tierarten hatten an allen vier Füßen drei Zehen, wobei der mittlere der größte war. Die Beine waren länger als beim *Eohippus*, der Rücken nicht mehr so rund. Bis zur Schulter maßen *Mesohippus* und *Miohippus* um 46 Zentimeter. Ihr Kopfumfang nahm zu; die Augen wanderten zur Seite.

Merychippus

Mit einem Schultermaß von etwa 90 Zentimetern war Merychippus nicht größer als ein Shetlandpony. Es glich aber schon durchaus einem Pferd.

SKELETT DES *MERYCHIPPUS*

Veränderte Lebensbedingungen

Die Veränderungen im Körperbau der Tiere lassen darauf schließen, dass ihre Umwelt jetzt andere Anforderungen an sie stellte. Statt Dschungel umgab sie Buschland. Das Verschwinden der vierten Zehe deutet darauf hin, dass der Boden noch immer feucht, aber schon etwas fester war. In der offenen, kaum sichtgeschützten Landschaft war Geschwindigkeit gefragt. Dafür sorgten die längeren Beine. Die Veränderungen im Schädelbau erlaubten zunehmenden Rundumblick. Diese Anpassungen dienten der Arterhaltung. Bislang war die Tarnung ihr Schutz gewesen. Jetzt galt es, Gefahren zu erkennen und zu fliehen. Infolgedessen mag auch die Fellzeichnung langsam verschwunden sein.

Merychippus

Zu Beginn des Miozäns vor etwa 25 bis 20 Millionen Jahren waren *Eohippus* und seine nahen Verwandten aus Eurasien verschwunden. Sie machten Platz für grasende Tiere, die über die damals noch bestehenden Landbrücken von Amerika nach Asien und Europa wanderten. Inzwischen war in der Alten Welt die Evolution einen wichtigen Schritt in Richtung *Equus* vorangekommen. *Merychippus* war aufgetaucht.

Evolution hin zum Pferd

Das Miozän mit dem *Merychippus* markiert einen Meilenstein in der Entwicklung des Pferdes. Im Lauf der Evolution hatten sich die Lebensbedingungen der Tiere geändert. Dschungel und Wald, bestens geeignet für gut getarnte Tiere mit mehreren Zehen, machten Platz für Ebenen und Steppen, meist ohne Bäume, lediglich mit niedrigen Büschen und Gräsern bewachsen. Die Tiere hatten sich dem angepasst.

Das Pferd der Savanne

Merychippus besaß noch längere Beine mit festen, sehnenähnlichen Bändern. Seine Bewegungen glichen schon weit mehr denen moderner Pferde. Mit etwa 90 Zentimetern Schulterhöhe war es bedeutend größer als seine Vorfahren. Die äußeren Zehen waren noch vorhanden, doch der mittlere Zeh trug das Gewicht. Der Hals wurde länger. So konnte das Tier grasen und hatte, wenn es den Kopf hob, einen guten Überblick. Das Sichtfeld vergrößerte sich durch die veränderte Schädelform und die Tatsache, dass die Augen jetzt seitlich im Kopf lagen. Da sich die Tiere von hartem Savannengras ernährten, brauchten sie kräftigere, härtere Zähne. Zudem entwickelten die Zähne höhere Zahnkronen und waren nun mit schützendem Zahnschmelz überzogen.

Schutzmechanismus

Parallel dazu entwickelten die frühen Pferde eine schärfere Sinneswahrnehmung und waren damit bestens vorbereitet, Räuber schnell zu entdecken und dann vor ihnen zu fliehen. Das Pferd war zum Fluchttier geworden. Diese gute Sinneswahrnehmung ist auch für das moderne Pferd charakteristisch.

Pliohippus

Der letzte Vorläufer des *Equus* tauchte im mittleren Pliozän auf, vor rund 6 Millionen Jahren. *Pliohippus* war das erste richtige Pferd mit nur einer Zehe – ein Einhufer – sowie voll entwickelten Bändern und Sehnen. Bis zur Schulter maß es etwa 1,20 Meter. Auch Zebras, Esel und Halbesel gehören zur Familie der Equiden und gehen auf *Pliohippus* zurück. Für uns ist es jedoch wichtiger, dass *Pliohippus* der Vorläufer des modernen Pferdes, des *Equus Caballus*, ist. Dieses tauchte 5 Millionen Jahre später zum ersten Mal auf, in der zweiten Hälfte der Eiszeit.

Equus Caballus

Über Landbrücken dehnte das *Equus Caballus* seinen Lebensraum weit nach Asien, Südamerika, Europa und nach Afrika aus. Dann, mit dem Rückzug des Eises, verschwand auch die letzte Landbrücke über die Beringstraße, und der amerikanische Kontinent war isoliert. Mit dem Ende der Eiszeit, etwa 8000 Jahre v. Chr., starb das Pferd in Nordamerika aus. Bis heute konnte die Wissenschaft nicht schlüssig klären warum. Vermutlich waren Naturkatastrophen dafür verantwortlich. Erst mit den spanischen Eroberern, allen voran Hernando Cortés (1485–1547), kehrte das *Equus Caballus* im 16. Jahrhundert nach Amerika,

Skelett des *Pliohippus*

Pliohippus
Man geht davon aus, dass Pliohippus der direkte Vorfahre des Equus Caballus ist und das erste einhufige Pferd.

Wusstest du …?

Die Geschichte des Menschen kann man etwa 3,5 Millionen Jahre zurückverfolgen – bis zum Australopithecus. Der Homo sapiens, der heutige Mensch, erschien vor rund 50000 Jahren. Equiden existierten zu dieser Zeit bereits rund 55 Millionen Jahre.

DIE ANFÄNGE

»Ursprüngliche« Pferde
Das Asiatische Wildpferd der Mongolei ist das einzige noch lebende Urpferd. Man nennt es Przewalski-Pferd, nach seinem Entdecker Nikolai Przewalskij. 1870 stieß er in der Wüste Gobi auf eine Wildpferd-Herde.

genauer gesagt nach Mexiko zurück. Es heißt, Cortés habe 800 Soldaten und 16 Pferde an Bord gehabt.

Das moderne Pferd

Wissenschaftler vermuten, dass gegen Ende der Eiszeit vier miteinander verwandte Equiden-Arten existierten: Pferde in Europa und Asien, Esel und Zebras in Afrika und Halbesel im Mittleren Osten. Als Vorfahren der Hauspferde gelten heute das Asiatische Wildpferd (Seite 158/159), der Tarpan (Seite 159) und das Waldpferd (siehe Poitevin, Seite 143). Von diesen drei Arten hat nur das Asiatische Wildpferd überlebt, Tarpan und Waldpferd sind ausgestorben. Sehr vereinfacht könnte man sagen, dass die heutigen Kaltblüter vom Waldpferd und Kreuzungen zwischen Waldpferden und Asiatischen Wildpferden abstammen.

Höhlenmalerei

Diese Höhlenzeichnung aus der Gegend um Lascaux, Frankreich, ist vermutlich um 15 000 Jahre alt. Möglicherweise waren Höhlenzeichnungen eine frühe Form der Kommunikation und diese Zeichnung wies darauf hin, dass sich Pferde in der Nähe aufhielten.

Legenden und Literatur

Über die Liebe ist viel erzählt und geschrieben worden.
Nahezu ebenso viele Geschichten gibt es über Pferde.

Pferde in der frühen Mythologie

Im kulturellen Leben des antiken Griechenland spielte das Pferd eine zentrale Rolle. Ihrem Gott Poseidon – Herr des Meeres und Schöpfer der Pferde – brachten die Griechen weiße Pferde als Opfer dar. Helios, der Gott der Sonne, spannte geflügelte Pferde vor seinen goldenen Streitwagen. Aber Poseidon war es, der das wohl bekannteste geflügelte Pferd erschuf – Pegasus. Eine andere Legende erzählt, es habe sich aus dem Blut der Medusa erhoben, als Perseus sie enthauptete.

Pegasus flog in den Olymp, den Hort der Götter, und lebte dort in den Ställen des Zeus. Er trug die Blitze, die Zeus zur Erde sandte. Am Berg Helikon besuchte Pegasus auch Athene, die Göttin der Weisheit, die ihn mit Zuneigung überhäufte. Eines Tages stampfte der durstige Pegasus auf den Boden, und sofort sprudelte Wasser hervor. Die Quelle erhielt den Namen Hippokrene, »Quelle der Inspiration«; man sagt, jeder der davon trank, wurde mit poetischer Inspiration bedacht.

Der junge Held Bellerophon war das einzige menschliche Wesen, das auf Pegasus ritt. König Iobates von Lykien stellte ihm drei Aufgaben. Unter anderem sollte er die Chimäre – ein Furcht erregendes Ungeheuer mit dem Kopf eines Löwen, dem Körper einer Ziege und einem Schlangenschwanz – besiegen. Als Lohn winkte ihm die Hand der Prinzessin und das halbe Königreich. Als er keine Lust mehr hatte, Monster zu töten, ritt der junge Held in den Olymp. Das erzürnte Zeus. Um Bellerophon für diesen Frevel zu bestrafen, schickte er eine Hornisse, die Pegasus stechen sollte. Pegasus schlug aus, warf seinen Reiter

Pegasus
Perseus reitet auf Pegasus, in der Hand den Kopf der Medusa. Pegasus soll aus dem Blut der Medusa entstanden sein.

LEGENDEN UND LITERATUR

Eine zeitlose Geschichte
Black Beauty ist eine der beliebtesten Pferdegeschichten der Welt. Hier die Schauspielerin Judi Bowker aus einer TV-Verfilmung um 1970.

ab, und Bellerophon fiel zurück auf die Erde. Pegasus kehrte zum Berg Helikon zurück und lebte glücklich und zufrieden mit den neun Musen, den Göttinnen der Künste und der Wissenschaft.

Black Bess
Ein Glanzstück der Pferdeliteratur ist Dick Turpins Ritt auf Black Bess. In einer einzigen Nacht legte er 300 Kilometer von London nach York zurück. W. Harrison Ainsworth beschreibt diesen Ritt in seinem Roman »Rockwood«. Das Buch wurde 1834 veröffentlicht. Die Geschichte ist so gut, dass die meisten Menschen glauben, sie sei wahr. Sie ist es nicht – aber es gab einen Dick Turpin. Er wurde 1705 in Essex, England, geboren und war ein hervorragender Reiter – außerdem ein Pferdedieb und Landstreicher. Man hängte ihn in York am 10. April 1739, weil er einen Wirt ermordet hatte.

Black Beauty
Eines der erfolgreichsten Pferdebücher ist »Black Beauty« von Anna Sewell. Die Erstauflage erschien 1877 in England. Noch heute wird es gedruckt und hat sich inzwischen etliche Millionen Mal verkauft. Das Buch erzählt die Lebensgeschichte eines Kutschpferdes aus der Sicht des Tieres. Mit dieser Geschichte protestierte die Autorin gegen die Art und Weise, wie Pferde in viktorianischer Zeit behandelt wurden.

Das Polo-Pony
Ende des 19. Jahrhunderts schrieb Rudyard Kipling die wunderbare Geschichte »The Maltese Cat«. Sie handelt von einem kleinen, klugen, von Flöhen zerbissenen Pony, das von Indien nach Malta gebracht wird. Dort zieht es einen Gemüsekarren. Dabei ist das Pony doch der Held des legendären Polospiels zwischen den Skidars und den Archangels beim Free-for-All Polo Cup in Oberindien. Das Pony konnte enorm schnell laufen und spielte hervorragend Polo.

Velvet Brown
1935 schrieb Enid Bagnold die Geschichte der 14-jährigen Velvet Brown, die bei einer Lotterie ein Pferd gewinnt. Es heißt Piebald, weil es ein Rappscheke, also schwarz-weiß, ist. Schließlich schafft es Velvet, mit Piebald am berühmt-berüchtigten Hindernisrennen, dem Grand National Steeplechase, teilzunehmen. Und sie gewinnt. Im Ziel fällt sie erschöpft vom Pferd und wird disqualifiziert, weil sie ein Mädchen ist. Aber sie ging als Erste über die Ziellinie. 1944 wurde die Geschichte verfilmt.

Don Quichotte und Rosinante
Der spanische Schriftsteller Miguel de Cervantes (1547–1616) verfasste die Geschichte des oft lächerlich irregeleiteten Don Quichotte, seines Dieners Sancho Pansa und der Schindmähre Rosinante. Die »Abenteuer des Don Quichotte de La Mancha« erschienen 1605/1615. Auf der Suche nach Heldentaten und Frauen in Not reist der traurige, tollpatschige Ritter durch die Lande. Eine seiner bekanntesten Anti-Heldentaten ist sein Kampf mit einer Windmühle, die er für einen Riesen hält. Die arme Rosinante, nur Haut und Knochen, entspricht so gar nicht den Vorstellungen von einem edlen, ritterlichen Streitross. Aber für Don Quichotte ist sie das Nonplusultra. Tagelang grübelt er über einen Namen: Rosinante – rosin (»gewöhnliches Packpferd«) und ante (»vor«); Rosinante als »das gewöhnliche Ross, das es vordem war, aber auch das Vor- und Preisross, das es nachher wurde«.

Don Quichotte
Über die Jahre entstanden zahlreiche Bühnen- und Filmversionen der Geschichte. Ursprünglich war es eine Parodie auf die Heldenromanzen, die zur damaligen Zeit in Spanien sehr beliebt waren.

Verhalten und Kommunikation

Auch wenn der Mensch dem Pferd einiges beibringen kann – im Wesentlichen folgen die Pferde ihrem Instinkt. Dabei spielt der Fluchtreflex eine große Rolle. Er hat sich vor Jahrmillionen entwickelt, als die Pferde noch von Raubtieren gejagt wurden. Heute ist das zwar nicht mehr so, doch der Fluchtreflex funktioniert noch immer.

Das Pferd ist ein Pflanzenfresser und obwohl es groß und kräftig ist, ist es nicht aggressiv. Hunde dagegen sind Nachfahren der Wölfe, die ihre Beute in Rudeln jagen. Wie manch andere Tiere besitzt das Pferd ein eingebautes Frühwarnsystem, das es vor Feinden schützt. Es erkennt eine Gefahr – ob real oder eingebildet – und ergreift sofort die Flucht. Entsprechend haben Pferde eine feine, scharfe Sinneswahrnehmung entwickelt. Sie übertrifft die der Menschen bei weitem. Die Ohren sind unglaublich mobil; die Pferde können sie in alle Richtungen drehen. Durch die Lage der Augen im Kopf hat das Pferd beim Grasen eine fast komplette Rundumsicht. Zudem hat das Pferd einen besonders guten Geruchssinn. Er ist Teil des Frühwarnsystems; größere Bedeutung aber hat er hinsichtlich des Verhaltens in der Herde und für die Fortpflanzung.

Der Herdentrieb

Ganz grundlegend bei Pferden ist der Herdentrieb, das Bedürfnis, Teil einer Gruppe von Tieren der eigenen Art zu sein. Sicher kann man den domestizierten Pferden ein Stück weit anerziehen, sich von der Gruppe zu lösen, doch auslöschen lässt sich der Herdentrieb nicht. Gute Trainer sind sich dessen bewusst. Eine Herde wird oft angeführt von einer älteren Stute, der Leitstute. Fohlen erkennen instinktiv den Geruch ihrer Mutter. Auch die Mitglieder der Herde erkennen sich am Duft. Wie bei anderen Tieren produzieren Pferde Pheromone. Sie senden und empfangen also Geruchsbotschaften. Im Sexualverhalten spielt der Geruch eine bedeutende Rolle. Eine Stute in der Rosse signalisiert dem Hengst mittels Pheromonen, dass sie bereit ist, sich decken zu lassen. Unterstrichen wird ihre Bereitschaft durch ihr Verhalten dem Hengst gegenüber. Genauso unmissverständlich macht sie klar, wenn sie sich nicht paaren will. Dann quietscht sie, tritt, macht ein drohendes Gesicht und beißt.

Die Stimme

Pferde kommunizieren auch über die Stimme, allerdings in eingeschränkter Form. Mutterstuten wiehern ihrem Fohlen sanft zu, und viele Pferde tun das auch, wenn sie etwas zu fressen bekommen. Ein heftigeres Wiehern vernimmt man, wenn Pferde aufgeregt sind oder von ihrer Herde getrennt werden. Bei Gefahr oder wenn sie etwas besonders spannend finden, schnauben sie. Quietschen ist ein Zeichen von Aggression oder

Flehmen
Das Zurückklappen der Lippen beim Hengst ist Teil des Liebesspiels zwischen Pferden. Allerdings flehmen nicht nur Hengste. Grundsätzlich kann jedes Pferd flehmen. Starke, ungewöhnliche Gerüche können dieses Verhalten hervorrufen.

Fellpflege
Pferde lieben es, sich gegenseitig das Fell zu pflegen und sich am Mähnenkamm oder am Rücken zu beknabbern. So liebkost eine Mutterstute ihr Fohlen und Pferdefreundschaften werden gepflegt.

Aufregung. Pferde reagieren auch auf die Stimme des Menschen. Schließlich zählt sie zu den natürlichen Hilfen (Seite 168). Mit Verstand eingesetzt, ist sie sehr hilfreich. Sie kann Pferde beruhigen, ermutigen, belohnen und gelegentlich rügen. Natürlich kommt es dabei auf den Tonfall, nicht auf die Worte an.

Körpersprache
Die Körpersprache der Pferde ist sehr ausgefeilt. Die Ohren sagen viel über die Laune eines Tieres. Nach vorne gerichtet verraten sie große Neugier an einer Sache, die sich vor dem Pferd befindet. Sie klappen nach hinten, wenn dort etwas Interessantes auftaucht. Nach hinten angelegt signalisieren sie schlechte Laune und Aggression; das Pferd droht. Hängen die Ohren quasi auf Halbmast, ist das Pferd entspannt oder döst. Ohren, die sich beim Reiten vor- und zurückbewegen, sagen uns, dass das Pferd bei der Sache ist. Stampfen, das Schütteln des Kopfes und Schlagen mit dem Schweif sind Zeichen der Irritation oder des Unwohlseins. Entspannte Pferde lassen ihre Köpfe, manchmal sogar die Unterlippe hängen, die Augen sind halb geschlossen und häufig ist ein Hinterbein entlastet.

Schlagen und Steigen
Manchmal steigen Pferde, wenn sie erschrecken, sich aufregen oder spielen. Steigen ist auch eine Drohgebärde. Das Ausschlagen war früher eine Möglichkeit der Verteidigung, wenn ein Räuber auf dem Rücken eines Pferdes landete. Zwar werden die heutigen Pferde nicht mehr von Räubern verfolgt, aber das Ausschlagen ist als ein Zeichen des Ärgers und der Aggression geblieben. Auch wenn es gilt, die Rangfolge zu klären, schlagen Pferde mitunter gegeneinander aus.

Rangordnung
Pferde etablieren schnell eine Rangordnung. Die dominanteren Tiere behaupten ihren Platz in der Gruppe durch verschiedene Drohgebärden. Manche Pferde sind freundlich und umgänglich, andere eher übellaunig und schwierig.

Das Pferd als Haustier

Der Hund gilt als erstes Haustier des Menschen (etwa 12 000 v. Chr.). Es sollte weitere 6 000 Jahre dauern, bis der Mensch das Pferd domestizierte. Bis dahin machte er sich eine Menge anderer Tiere zunutze, unter anderem Schafe, Kühe, Geflügel, und – sehr wichtig – das Rentier.

Viele tausend Jahre nutzte der Mensch das Pferd als Nahrungsmittel. Davon zeugen zahlreiche Knochenfunde bei Solutre und Lascaux in Frankreich. Die Höhlenzeichnungen in Frankreich, Spanien und anderswo könnten den Schluss zulassen, der Mensch habe Pferde in Herden gehalten, anstatt sie zu jagen. Diese Zeichnungen sind vermutlich 15 000 Jahre alt. Zieht man jedoch die damaligen Lebensbedingungen und die landschaftlichen Gegebenheiten in Betracht, so erscheint das wenig wahrscheinlich, da zu unpraktisch und zu wenig nützlich. Man nimmt an, dass es die Nomaden der eurasischen Steppen entlang des Kaspischen und Schwarzen Meeres waren, die als Erste ein paar tausend Jahre vor Christus Pferde zähmten. Sie waren es gewohnt, Ziegen, Schafe und Rentiere in Herden zu halten.

Das Halten von Rentieren

Von all diesen Tieren passte das Rentier am besten zum Lebensstil der Nomadenvölker. Rentiere streifen nicht ständig umher. Man muss sie auch nicht von einer Koppel zur nächsten bringen. Vielmehr sind Rentiere Wanderer – wie die Nomaden. Ihr Zugverhalten wird vom Vorkommen des »Rentiermooses«, ihrer Hauptnahrung, bestimmt. Es gibt gute Gründe anzunehmen, dass das Rentier in Sachen Domestikation der direkte Vorläufer des gezähmten Pferdes war. Rentiere lebten in derselben Gegend, in der auch die Nomaden zu Hause waren – in einem Landstrich zwischen der Chinesischen Mauer (die allerdings erst viel später gebaut wurde) und der äußeren Mongolei. Erst später wanderten Tiere weiter Richtung Arktis. Die Nomaden waren wahre Experten der Rentierhaltung. Nun bieten Pferde gegenüber den Rentieren Vorteile. Als die Zahl der Pferde in den Steppen stieg, gingen die Nomaden vermutlich aus praktischen Erwägungen zur Haltung von Pferden über: Pferde sind keine Zugtiere. Man musste ihnen nicht hinterherwandern, sondern konnte sie hinbringen, wo man gerade wollte. Außerdem tun sich Pferde leichter, im Schnee nach Nahrung zu »graben«.

Rentier

Dieses Rentier – oder wie man in Nordamerika sagt: dieses Karibu –, aufgenommen in Lappland, zieht einen Schlitten. Wir wissen, dass Rentiere lange vor Christi Geburt in Nordeuropa als Schlittentiere dienten. Vermutlich hat man sie auch geritten und gezielt gezüchtet.

DAS PFERD ALS HAUSTIER

Zugschlitten
Zugschlitten wie diese wurden in Eurasien verwendet. Sehr viel später tauchten sie bei den amerikanischen Indianern wieder auf. Auf der Ablagefläche zwischen den beiden Stangen fanden Menschen, Gepäck oder Tipis Platz.

Pferdehirten
Die Kabardiner aus dem nördlichen Kaukasus treiben ihre Pferde im Sommer auf Bergwiesen, im Winter holen sie sie ins Tal zurück.

Die Grabstätten von Pazyryk
Als äußerst interessanter Fund im Hinblick auf die Nutzung von Pferden gelten die Grabstätten von Pazyryk. Der Forscher S. I. Rudenko stieß 1949 bei Ausgrabungen im sibirischen Altai-Gebirge auf einige Gräber – eine der bedeutendsten archäologischen Entdeckungen des 20. Jahrhunderts. Die Gräber stammen aus einer Zeit etwa 400 Jahre v. Chr.; sie gehörten Skythen, einem bekannten Pferdevolk. Die Utensilien und die Pferdeskelette, die sich in den Gräbern befanden, lieferten zahlreiche Hinweise auf die Nutzung von Pferden als Arbeitstiere. In einem der Gräber lag ein bedeutender Stammesführer der Skythen mit all seiner Habe: Wagen, Nahrung, Waffen, Reitzeug und Pferde. Das Eis hatte alles konserviert, sodass der Inhalt des Grabes gut erhalten war. Auffälligerweise trugen einige der Pferde Rentier- oder Hirschmasken mit Geweih. Waren die Masken eine Hommage an frühere Zeiten, als die Skythen Rentiere hielten? Denkbar wäre es.

Haltung
Ställe gab es früher nicht. Eine gängige Zuchtpraxis war es, rossige Stuten auszuwählen und dann mit ihrer Hilfe wild lebende Hengste anzulocken, die sich schließlich mit den Stuten paarten. Junge Hengste lieferten Fleisch, Mutterstuten gaben Milch. Aus dem Fell der Pferde entstanden Kleider und Zelte. Pferdemist diente als Heizmaterial, alles wurde irgendwie verwertet. Alte Menschen, Gepäck und Zelte (Jurten) konnten auf Zugschlitten, die denen amerikanischer Indianer gleichen, transportiert werden.
Die Anfänge des Reitens, davon gehen Wissenschaftler heute aus, waren mehr oder weniger ein Produkt des Zufalls. Vielleicht ist ein Junge, der die Herde hütete, auf den Rücken einer alten Stute gesprungen und entdeckte so die Vorteile dieser Fortbewegungsart. Zu Pferd konnten die Menschen die Herde viel leichter zusammenhalten und dirigieren. Vermutlich gehörte das Reiten dann sehr bald zum Alltagsleben der Nomaden. Das Reiten und der Pferdeschlitten als Transportmittel eröffneten den Nomaden ganz neue Dimensionen. Sie waren nun weitaus mobiler als vorher. Ausgehend von den Steppen Eurasiens breitete sich das Pferd als Haustier über die ganze Welt aus.

Historische Pferde

Jedes Zeitalter hat Menschen hervorgebracht, die mehr als andere die Geschicke der Menschheit beeinflussten. Und so wie es prominente Menschen gibt, kennen wir auch bedeutende Pferde.

Normalerweise gehörten berühmte Pferde berühmten Soldaten: Wellington ritt auf seinem Pferd Kopenhagen, Napoleon hatte Marengo. Einige Pferde machten sich dennoch fernab von den Schlachtfeldern einen Namen.

Bukephalos

Einer der ersten Helden war wohl Bukephalos, der Rappe Alexanders des Großen (356–323 v. Chr.). Der Name bedeutet »Ochsenkopf«, ein Hinweis auf seine breite Stirn und das konkave Profil der Rasse der Thessalonicher. Alexander bekam das Pferd im Alter von 12 Jahren. Sein Vater hatte es für umgerechnet etwa 30 000 Euro gekauft. Aber man konnte das Pferd nicht reiten. Der junge Prinz erkannte, dass sich das Pferd vor seinem eigenen Schatten fürchtete und vor dem Schatten derer, die ihm Zaumzeug und Sattel anzulegen versuchten. Alexander stellte das Pferd mit dem Gesicht der Sonne entgegen. Dann stieg er vorsichtig auf. Nur er konnte Bukephalos mit Sattel reiten. Die Stallburschen mussten ihn ohne Sattel trainieren. Nach der Eroberung Persiens widmete sich Alexander der Eroberung Indiens. 327 v. Chr. schlug er den indischen König Porus am Fluss Hydaspes (Jhelum). Unmittelbar nach Beendigung des Kampfes erlag der inzwischen 30-jährige Bukephalos seinen Wunden. Er wurde mit allen Ehren begraben. Direkt neben seinem Grab gründete Alexander die Stadt Bukephalia. Alexander starb drei Jahre später, im Alter von 32 Jahren.

Chetak

In Rajasthan und in ganz Indien löst der Name Chetak Ehrfurcht aus. Außerhalb Indiens kennt kaum jemand das tapfere Marwari-Pferd (Seite 129). Chetak gehörte dem Maharadscha Pratap Mewar. 1576 beim Kampf von Haldi Ghati

Alexander der Große
Das römische Mosaik zeigt Alexander beim Kampf von Issus, 334 v. Chr. Alexander ritt Bukephalos im Kampf gegen das Persische Königreich. Schließlich besiegte er das Heer des König Darius bei Arbela 331 v. Chr.

HISTORISCHE PFERDE

Marengo

Napoleon mit seinem Lieblingspferd, dem Araberschimmel Marengo, am Sankt Bernhard, gemalt von Jacques-Louis David im Jahr 1800. Das Pferd wurde nach dem Ort benannt, an dem Napoleon einen seiner größten Triumphe feierte – der Sieg erschloss ihm ganz Norditalien.

traf Mewar im Zweikampf auf den Anführer der Truppen Akbars, Raja Man Singh. Der saß im Sattel seines Kriegselefanten. Mit einem gewaltigen Sprung griffen sie an. Mewar stieß mit seiner Lanze zu, doch der Angriff wurde abgewehrt. Chetak aber trommelte mit seinen Vorderhufen auf den Kopf des Elefanten. Im Eifer des Gefechts verletzte sich das Pferd schwer. Gezwungen zu fliehen, galoppierte Chetak auf drei Beinen davon und entkam seinen Verfolgern durch einen riesigen Sprung über die Haldi-Ghati-Schlucht. Dort starb das tapfere Pferd, den Kopf in den Schoß seines Besitzers gebettet.

Comanche

Nicht weniger Ruhm erlangte der Falbe Comanche, der Held der siebten US-Kavallerie und 15 Jahre lang ihr »zweiter kommandierender Offizier«. Seinen Namen erhielt das Pferd, weil es im ersten Kampf gegen Indianerstämme durch den Pfeil eines Komantschen verwundet wurde. Comanche strauchelte kurz, kämpfte dann aber weiter. Er gehörte Captain Myles Keogh. Innerhalb von acht Jahren wurde das Pferd drei Mal verletzt. Man sagt, Comanche habe als einziges Lebewesen die berüchtigte historische Schlacht General Custers am Little Big Horn vom 25. Juni 1876 überlebt. Soldaten fanden ihn blutüberströmt und schwer verwundet. Mit Mühe brachten sie ihn nach Fort Lincoln und pflegten ihn gesund. Comanche blieb bei der siebten Kavallerie als ehrenvoller Veteran. 1891 starb er im Alter von 29 Jahren.

Mancha und Gato

Rund 16 000 Kilometer legte der Reisende und Schriftsteller Aimé Felix Tschiffely (1895–1954) von Buenos Aires nach Washington mit den beiden Criollos (Seite 138) Mancha und Gato zurück. Mancha war ein Pinto, Gato war katzenfarben, bekannter als *grulla* oder *gateado*, eine Schattierung zwischen mausgrau und kaffeefarben. Als Tschiffely Buenos Aires am 23. April 1925 verließ, war Mancha 16 und Gato 15 Jahre alt. Ihre Reise dauerte zweieinhalb Jahre und führte sie durch einige der gefährlichsten Landstriche der Welt. Ihren Ruhestand verbrachten die Pferde auf einer argentinischen Ranch. Gato wurde 36, Mancha 40.

Das Zeitalter der Triumphwagen

In unwegsamem, bergigem Gelände mussten die Soldaten reiten. Aber in Syrien, Ägypten oder im Irak, wo das Land offen und flach ist, waren Wagen vorteilhafter. Manchmal mögen die Pferde auch zu klein gewesen sein, um einen Soldaten zu tragen. Aber als Paar, besser noch zu viert vor einen leichten Wagen gespannt, waren sie in der Lage, drei Männer mit hoher Geschwindigkeit zu ziehen.

Vor 3000 v. Chr. verließen die Nomaden ihre angestammten Steppen und dehnten ihren Lebensraum aus. Dabei stießen sie früher oder später auf die festen Ansiedlungen anderer Völker. Es war zu dieser Zeit, als die Kassiten und Elamiten, Völker aus dem Iran, Teile Persiens erobert hatten und die Hethiter nach Kleinasien vordrangen und die heutige Türkei besetzten.
In dem fruchtbaren, flachen Land entlang den Flüssen Euphrat und Tigris wurden die Schlachten mit Kampfwagen geschlagen – einer »Waffe«, bestens geeignet fürs Gelände.
Bereits 2500 Jahre v. Chr. benutzte man in Mesopotamien Räder mit Speichen. Um 2000 v. Chr. eroberten die Streitwagen der frühen Arier Persien und Indien, die Kelten fielen über Europa her und die Hyksos hatten Oberägypten besetzt. Mit den Hyksos kamen die Streitwagen nach Ägypten und damit eine neue Form der Kriegsführung.

Die Hethiter
Den Hethitern sagt man nach, sie konnten am besten mit dem Streitwagen umgehen. Und sie waren die schärfsten Feinde Ägyptens. Ihr Königreich hatten sie bis in den Norden Syriens ausgedehnt; 1595 v. Chr. eroberten sie Babylon. Die ganze Zeit über befanden sie

Tempel des Amon
Dieses ägyptische Relief im Amon-Tempel zeigt die scharfen Zäumungen, die man benutzte, um die lebhaften Pferde unter Kontrolle zu halten. Auch deutet es auf den Typ Pferd hin, der vor die Streitwagen gespannt wurde.

sich mit Ägypten im Krieg. 1286 v. Chr. erlitt König Ramses I. bei Kadesh die entscheidende Niederlage. Die Hethiter schlugen ihn in der größten Streitwagen-Schlacht der antiken Welt. Etwa 17 000 Fußsoldaten und 3 500 hethitische Streitwagen waren daran beteiligt. Die Streitwagen der Hethiter wurden von vier Pferden gezogen. Für unsere Verhältnisse waren es kleine Pferde. Zwei waren an eine Deichsel gespannt; die beiden anderen liefen jeweils zur rechten bzw. linken Seite der mittleren Pferde und waren über Querverstrebungen mit ihnen verbunden. Der Streitwagen der Hethiter hatte drei Mann Besatzung: ein Fahrer, ein Schildträger und entweder ein Bogenschütze oder ein Speerwerfer. Die Hethiter legten großen Wert auf Haltung, Ausbildung und den guten Trainingszustand ihrer Pferde. Man könnte sagen, von ihnen stammt das erste Trainingshandbuch für Pferde: Kikkuli der Mittanier schrieb es um 1360 v. Chr. Er beschreibt darin genau, was und wie viel den Pferden gefüttert werden soll. Auf die Pflege der Wagen und des Geschirrs legten die Hethiter großen Wert. Geschickt und beispielhaft für spätere Fahrer von Pferdewagen bewegten die Hethiter ihre Streitwagen-Formationen im Kampf.

Das Geschirr

Von entscheidender Bedeutung war es, die vier Wagen-Pferde unter Kontrolle zu behalten. Gebisse, die auf den Unterkiefer des Pferdes wirkten, waren schon früh in Gebrauch. Zuerst bestanden sie aus Hartholz, dann aus Knochen und Horn, später aus Metall. Mittels gezackter Mundstücke und Stacheln wurden die Gebisse noch schärfer gemacht. Dann kamen verschiedenste Arten Nasenriemen und Martingale hinzu. Als grobe Vorlage des Geschirrs für die Streitwagen dienten

Jagdwagen
Diese Illustration stammt aus dem Grab Tutanchamuns. Sie zeigt einen königlichen Jagdwagen. Das Pferd trägt ein Prunkgeschirr.

vermutlich die Geschirre, die man für die Ochsen benutzte. Aber da Pferde anders gebaut sind als Ochsen, musste man das »Joch« der Pferde anders und viel leichter biegen. Mit Polstern, die über dem Widerrist der Pferde lagen, wurde es angepasst und schließlich an der Deichsel befestigt. Ein Gurt und ein Brustriemen hielten das Geschirr fest. Auf der Brust und dem Hals der Pferde lag damit viel Zug. Ein Verbindungsstück vom Brustriemen zum Gurt sollte etwas Erleichterung bringen. Aber die Wagen waren nicht schwer und das äußere Pferdepaar, das über einen Ausleger mit dem inneren Pferdepaar verbunden war, verstärkte die Zugkraft.

Auch andere Völker, die Streitwagen fuhren – die Babylonier, die Assyrer, die Ägypter und die Römer mit ihrer Quadriga –, verwendeten Brustblattgeschirre. Gegen 1190 v. Chr. war das Reich der Hethiter bedeutungslos geworden, der Streitwagen jedoch war als Element der Kriegsführung nicht mehr wegzudenken.

Griechische Tonwaren

Die Zeichnung auf dem Tongefäß zeigt – wenn auch in sehr stilisierter Form – einen vierrädrigen Wagen. Gezogen wird er von zwei Pferden.

Umherziehende Reitervölker

In einer Zeit lange vor Christi Geburt begannen die umherziehenden Reitervölker der Steppe, in die Lebensräume ihrer Nachbarn, die bereits in festen Siedlungen lebten, einzudringen. An den Bau der Chinesischen Mauer dachte damals noch niemand. Später sollte sie dazu dienen, die nomadisierenden Mongolen abzuwehren.

Die Skythen gelten als das erste frühe, nomadische Reitervolk. Der Name bezeichnet mehrere Völkergruppen Mittelasiens. Sie waren der Archetypus eines Reitervolkes. 611 v. Chr. erreichten sie Ägypten und breiteten sich von dort aus weiter in die ungarischen Ebenen und in die Karpaten aus. Den Skyten verdanken wir die Erfindung der Hosen und letztlich den Sattel. Ihre Kleidung eignete sich perfekt für Menschen, die »auf dem Rücken von Pferden« geboren wurden.

Die Skythen

Der Sattel der Skythen war dem Sattel, den später die Griechen und Römer benutzten, voraus. Er war aus Filz und Leder. Außerdem hatte er zwei längliche, mit Hirschhaar ausgestopfte Seitenpolster, die an beiden Enden durch Filzbänder, Lederriemen oder Holzbogen miteinander verbunden waren. So lastete das Gewicht des Reiters nicht direkt auf der Wirbelsäule, sondern seitlich. Unter dem Sattel lag eine Satteldecke aus Filz; ein Gurt und ein Brustriemen hielten ihn fest. Manche hatten ein Hintergeschirr, das um die Kruppe gelegt wurde. Brauchte ein Skythe einen Aussichtspunkt, stellte er sich einfach auf seinen Sattel. Das beherrschten später auch die Hunnen und die Mongolen. Die Skythen verwendeten Schwerter und Dolche, doch die wichtigste Waffe dieser hervorragenden Reiter war der Bogen. Sie bewegten sich rasch und geschickt und vermieden es, dem Feind zu nahe zu kommen. Sie schossen einen Pfeilhagel auf ihre Feinde ab, blieben aber selbst außerhalb der Reichweite der Speerwerfer

Wusstest du …?

Das Mongolische Reich dauerte von 1206 bis 1405. In seiner Blütezeit war es das größte Königreich zu Land und erstreckte sich von China bis zum Polarkreis. Erschaffen wurde es von Dschingis Khan, einem Nomaden aus der Wüste Gobi.

Wandteppich

Die Skythen trugen Hosen aus Wolle, Lederstiefel und warme Umhänge mit Kapuze. Die Griechen und Römer trugen Kleider aus edlen Stoffen – elegant, aber zum Reiten ungeeignet.

Reiter der Steppe
Überall in den eurasischen Steppen gibt es Reiter wie diesen. Sie stammen von den alten Nomadenstämmen ab und tragen die Traditionen ihres Reitervolkes weiter.

und Schwertkämpfer – und sie griffen nie in geordneter Linie an. Die Skythen waren erbitterte Krieger. Sie skalpierten oder köpften die gefallenen Feinde und befestigten die Skalpe an Sattel, Bogen oder Zaumzeug. Aus den Schädeln fertigten sie Trinkbecher, eingefasst mit Gold. Sie waren Jäger, Pferdezüchter, Händler.

Die Parther
Die Parther, wie die Skythen ein Reitervolk, hatten im 3. Jahrhundert v. Chr. im heutigen Iran ein Königreich aufgebaut. Sie bedrohten ihre Nachbarn und das Römische Reich über Jahrhunderte. Sie schlugen die viel gerühmten Legionen 50 v. Chr. bei Karrhae. Und sie waren Bogenschützen zu Pferd. Sie benutzten einen doppelt geschwungenen Bogen aus Horn und eine ähnliche Vorgehensweise beim Angriff wie die Skythen. Aber sie entwickelten auch eine ganz eigene Kriegstaktik: Sie täuschten einen Rückzug vor, und wenn ihre Gegner dann die Verfolgung aufnahmen und in ihre Nähe kamen, drehten sie sich im Sattel um und schossen nach hinten.
Yeh-lu T'su T'su, ein chinesischer General dieser Zeit, sagte über die Parther: »Auf dem Rücken ihrer Pferde ziehen sie in den Krieg, gehen zu Festessen, erledigen sie öffentliche und private Angelegenheiten, sie reisen auf ihnen, sitzen auf ihnen still, schließen darauf Geschäfte ab und unterhalten sich.«

Dschingis Khan
Die Skythen, Parther, Hunnen und Mongolen waren zu ihrer Zeit gefürchtete Reitervölker – ganz besonders die Mongolen des Dschingis Khan. Sie führten den letzten und schwersten Kampf, den ein Nomadenvolk mit sesshaften Völkern geführt hat – einen sehr verlustreichen Kampf. Das Reich des Dschingis Khan wurde vom Rücken der Pferde aus aufgebaut und verwaltet. Dschingis Khan war ein glänzender Führer und Kommandant. Die mongolische Armee bestand ausschließlich aus Reitern. Jeder Soldat hatte mehrere Pferde, um sie zwischendurch auswechseln zu können, und wenn es nötig war, ritten sie über 100 Kilometer pro Tag. Die Mongolenhorden lebten in der Wildnis. Es herrschte strenge Disziplin. Sie waren Meister der *Tulughama* – einer Kriegstaktik, bei der der Feind von hinten angegriffen und schnell umzingelt wird. Als ziehendes Volk nahmen die Mongolen bei ihren Eroberungen alles mit, was sie brauchen konnten. Den Rest, auch große Städte, zerstörten sie. Obwohl sie nicht sesshaft waren, entwickelten sie ein ausgeklügeltes Kommunikationssystem, das *Yam* (ein Netzwerk geschützter Wege), das in jeden Winkel des riesigen Reiches reichte. Irgendwann aber ging auch dieses Reich unter.
Wie Yeh-lu T'su T'su sagte: »Man kann ein Reich vom Rücken eines Pferdes aus erobern, von dort aus regieren kann man es nicht.«

DAS ARBEITSPFERD

Die königlichen Streitkräfte
Kanadas Royal Mounted Police ist die berühmteste aller berittenen Polizeikräfte. Heute erfüllt sie repräsentative Aufgaben.

Pferde im Krieg

Der englische Schriftsteller Rudyard Kipling (1865–1936) schrieb, es gebe vier Dinge, die in ihrer Bedeutung alles in den Schatten stellten: Frauen und Pferde, Macht und Krieg. Tatsächlich war all dies von jeher Teil des menschlichen Lebens. Als dann die Reitervölker die Steppen Eurasiens auf der Suche nach Lebensraum verließen, verbreiteten sie auch die Kunst des Reitens. Ohne es zu wissen, prägten sie damit den Verlauf der Menschheitsgeschichte.

Zu allen Zeiten gab es irgendwo auf einem der fünf Kontinente Krieg. In viele dieser Schlachten waren Pferde verwickelt – zum Teil in enormer Anzahl.

Der Erste Weltkrieg

Im 19. Jahrhundert besaßen die Armeen Europas große Kavallerien. Auch während des Ersten Weltkriegs (1914–1918) wurden Millionen von Pferden eingesetzt. Viele starben an Erschöpfung im Morast der Westfront. Manche von ihnen dienten bei der Kavallerie, andere zogen Wagen, beladen mit Gewehren und Munition, durch achseltiefen Schlamm oder transportierten Gepäck, Feldküchen und Feldlazarette. Kraftwagen gab es nur wenige.

Als klassischer Kavallerieeinsatz gilt General Allenby's Schlag gegen die Türken in Palästina. Die 20 000 Mann

In den Kampf
Die Kavallerie der Unionisten spielte im Civil War (1861–1865) in Amerika eine entscheidende Rolle. Dieses Bild stammt von Frederic Remington (1861–1909).

Ausgerüstet
Dieser Soldat trägt eine Gasmaske. Deutschland hatte zu Beginn des Zweiten Weltkriegs mehr als 80 000 Pferde im Einsatz, Russland über eine Million. Viele von ihnen transportierten schwere Geschütze.

starke berittene Truppe setzte sich aus australischen, neuseeländischen, indischen und britischen Regimentern zusammen. Der Einsatz endete mit der Besetzung der Stadt Aleppo im Oktober 1918. Lloyd George, der britische Premierminister, lobte Pferde und Reiter überschwänglich. Trotzdem erlaubte er, dass 20 000 der Pferde nach Ägypten verkauft wurden. Dort führten sie ein außerordentlich hartes Leben und schufteten sich in den Straßen Kairos zu Tode. Viele der Kavalleristen fühlten sich betrogen. Dieses Ereignis war letztlich der Grund, warum Dorothy Brooke Jahre später in Kairo das Brooke Hospital gründete (Seite 34/35).

Der Zweite Weltkrieg

Als 1939 der Zweite Weltkrieg ausbrach, waren Pferde noch immer bedeutender Bestandteil der europäischen Armeen. Polen zog mit rund 86 000 Pferden in den Krieg. Die deutsche Wehrmacht setzte fast genauso viele Pferde ein, während die russische Armee 30 Kavallerieeinheiten ins Feld schickte, unterstützt von Artilleriepferden und 800 000 Zugpferden – insgesamt also 1,2 Millionen Pferde. Im November 1941 – die Deutschen marschierten auf Moskau zu – griff die 44. Mongolische Einheit mit Säbeln die in Schützengräben verschanzte Infanterie an. Innerhalb weniger Minuten starben etwa 2 000 Männer und Pferde.

Moderne Kriegsführung

Auf anderen Kriegsschauplätzen wurden häufig Maultiere für den Transport benutzt, unter anderem in Italien und Burma. Noch heute, im frühen 21. Jahrhundert, patrouillieren berittene Soldaten entlang den Grenzen Indiens und Chinas. Und in den unwegsamen Regionen Kaschmirs und Afghanistans, wo Kraftfahrzeuge keinen Weg mehr bahnen können, sind berittene Einheiten unterwegs.

Reiter in der Bundeswehr

Auch bei der Bundeswehr bekommen Soldaten wieder Reitunterricht. Seit 1958 gibt es eine deutsche Gebirgstragtierkompanie. Bis vor kurzem hatten knapp 40 Maultiere und halb so viele Haflinger nur Lasten zu tragen – allerdings bis zu 180 Kilogramm auf Märschen von 20 Kilometern. Ihre Hauptaufgabe ist die Unterstützung der Gebirgsjäger im Mittel- und Hochgebirge. Für einen Gebirgsjäger, der die besten Wege für die Mulis erkunden muss, macht es durchaus Sinn, reiten zu können.

Heckenschützen zu Pferd
Das Foto stammt von 1980 und zeigt zwei afghanische Heckenschützen nahe Herat. Die afghanischen Pferde sind trittsicher und ausgesprochen zäh.

Pferde in der Landwirtschaft

Erst im 8. Jahrhundert n. Chr. fingen die Menschen in Europa an, Pferde in der Landwirtschaft einzusetzen, vorerst nur in geringem Umfang. Das hatte mehrere Gründe: Es gab nicht genug schwere, kräftige Pferde; die Landwirtschaft war noch nicht so weit, Pferde im großen Stil zu nutzen; und es mangelte an Hufbeschlägen und geeignetem Geschirr.

In den folgenden Jahrhunderten züchtete man vermehrt schwere, kräftige Pferde. Nicht zuletzt hatte die Armee Bedarf für Pferde dieses Typs. Mit der Zeit entstanden die Kaltblutrassen, die wir heute kennen. Außerdem stellten die Menschen jetzt bessere Geschirre her.

Die Chinesen benutzen bereits lang vor Christi Geburt ausgeklügelte Wagen mit Rädern. Sie entwickelten Einspänner, von seitlichen Deichselarmen gezogen. Sie fuhren auch Zweispänner, wobei die Pferde hintereinander liefen. Auch Brustgeschirre, den heutigen nicht unähnlich, gab es in China sehr früh. Bald kam das Hintergeschirr hinzu, sodass die Pferde beim Fahren mitbremsen konnten. Eine bedeutende Erfindung war das Kumtgeschirr. Es eignete sich bestens für schwere Zugarbeiten und erleichterte den Pferden die Arbeit.

Entwicklungen in Europa

Trotz allen Erfindungen dauerte es recht lange, bis das Pferd in größerem Umfang in der Landwirtschaft eingesetzt wurde. Pferde waren teuer. Häufiger als Pferde gingen daher Ochsen vor dem Pflug oder Karren. Noch zu Beginn des 20. Jahrhunderts wurden Ochsen in der Landwirtschaft eingespannt. Auch im Mittleren Osten und in Asien waren Pferde ein wertvolles Gut und wurden selten für so »niedrige« Arbeiten verwendet. Stattdessen benutzten die Menschen Maultiere und Esel – und tun es zum Teil noch heute.

Breitspurig

Diese Egge zeigt eindrucksvoll, wie sich die landwirtschaftlichen Maschinen im 19. Jahrhundert weiterentwickelten. Es brauchte vier Pferde, um sie zu ziehen.

PFERDE IN DER LANDWIRTSCHAFT

Ein ungewöhnliches Gespann
Das Foto zeigt einen jordanischen Bauern und sein Pferd bei der Arbeit. Es sind nicht immer Pferde, die dort für landwirtschaftliche Tätigkeiten eingesetzt werden. Das Geschirr des Tieres ist sehr einfach – weder ein Kumt noch ein Brustblattgeschirr.

Der Wendepunkt in der Landwirtschaft kam mit der Agrarrevolution im 18. Jahrhundert. Die Anbaumethoden wurden verbessert, die Fruchtwechselwirtschaft ausgedehnt: Getreide, Hackfrüchte (z. B. Kartoffeln) und Futtergräser (wie Futterklee) wurden im Wechsel angebaut. Zunehmend kamen Maschinen zum Einsatz. Alles in allem waren dies Entwicklungen, die eine Intensivierung der Landwirtschaft ermöglichten. Man brauchte ein kräftiges Pferd mit viel Zugkraft. Die Kaltblutzucht richtete sich danach. Für die neuen, größeren Maschinen eigneten sich Pferde besser; sie waren schneller als Ochsen und da Ochsen Wiederkäuer sind, kostete es viel mehr Zeit, sie zwischendurch fressen zu lassen.

Industrielle Revolution

Mit der industriellen Revolution des 18. und beginnenden 19. Jahrhunderts stiegen in den Ländern Europas die Bevölkerungszahlen. Viele Menschen verließen die armen ländlichen Gegenden und zogen in die Städte. Pferde wurden zu einem festen Bestandteil der täglichen Arbeit in der Landwirtschaft und in der Industrie. Die Qualität landwirtschaftlicher Maschinen nahm zu. Im 18. Jahrhundert entstanden Pflüge, die wesentlich effizienter arbeiteten als die alten. Sie rissen die Erdkrume nicht nur auf, sondern wendeten sie in der Furche. Erfinder entwarfen Sämaschinen, Mäh- und Dreschmaschinen und vieles mehr. Alle wurden mithilfe der Kraft von Pferden angetrieben.

In den USA kamen landwirtschaftliche Geräte zum Einsatz, die von 40 Pferden gezogen werden mussten. Für diese Knochenarbeit brauchte man ausgesprochen kräftige Tiere.

Mit dem zunehmenden Einsatz von Pferden in Landwirtschaft und Industrie gewann auch die Zucht von Kaltblütern immer mehr an Bedeutung. Aus Frankreich stammen der Brabanter und der Percheron, aus Deutschland die Schwarzwälder Füchse, aus Österreich der Noriker; dann gibt es das Belgische und das Italienische Kaltblut; Shire und Clydesdale stammen aus England. Das sind bei weitem nicht alle Kaltblutrassen. Diese Pferde trugen einen guten Teil zum Fortschritt bei.

Aber nicht nur in Europa, auch in den USA und in Kanada bestand rege Nachfrage nach diesen großen, kräftigen Rassen.

Ein Riesengespann
Das Foto stammt aus dem Jahr 1880 und zeigt einen Mähdrescher in einem Weizenfeld in Oregon. Die Amerikaner wurden bald Experten im Einsatz derartiger Landwirtschaftsgeräte. Sie brauchten sie für ihre riesigen Felder. Eine Folge davon war, dass die Zahl der Pferde in den USA enorm anstieg – von rund 7 Millionen um 1860 auf etwa 25 Millionen im Jahr 1914. Die Maschinen, die dort im Einsatz waren, erreichten zum Teil eine Länge von mehr als 10 Metern und ein Gewicht von bis zu 15 Tonnen. Mitunter brauchte man ungefähr 40 Pferde und sechs Männer, um die Maschinen zu ziehen. Es soll aber auch Geräte gegeben haben, die von 36 Pferden gezogen, aber nur von einem Mann gelenkt wurden. Eine besonders anstrengende Arbeit für die Pferde war das Pflügen; so kamen die massigen Pflüge zu dem Namen »Pferdekiller«.

Das Kaltblut

Besonders beliebt war der Percheron. Zahlreiche Tiere dieser Rasse wurden Ende des 19., Anfang des 20. Jahrhunderts in die USA, nach Australien, Südafrika und Südamerika exportiert. Der Verlust an Pferden durch den Zweiten Weltkrieg kurbelte den Handel mit Kaltblütern und ihre Zucht an. Ende des 19. Jahrhunderts kostete ein Percheron in den USA um 5 000 Dollar. Anfang des 20. Jahrhunderts wurden für Spitzenpferde Höchstpreise von 40 000 Dollar erzielt, und es gab damals mehr als 30 000 registrierte Percheron.

Osteuropa

In den osteuropäischen Ländern, in denen die Landwirtschaft weniger intensiv betrieben wurde, zog man kleinere, leichtere Rassen den ganz schweren, großen Kaltblütern vor. Viele Bauern besaßen nur ein kleines Stück Land und wollten ein vielseitiges Allround-Pferd. Noch immer arbeiten Bauern in Osteuropa mit Pferden.
Besucht man einen modernen Bauernhof, so stellt man fest, dass jetzt Traktoren die Arbeit tun, die früher die Pferde erledigt haben. Sie sind schneller als Pferde, und

Percheron
Zwei Percheron ziehen einen Pflug. Der Percheron ist nach wie vor eine sehr bekannte Kaltblutrasse und sicher eine der vielseitigsten. Im Laufe der Zeit diente er als Kutschpferd, er arbeitete in der Landwirtschaft, er war im Krieg und trug Reiter im Sattel.

PFERDE IN DER LANDWIRTSCHAFT

Heuwagen
Das Foto zeigt russische Bauern auf einem Heuwagen. In den Ländern Osteuropas sind in der Landwirtschaft meist leichtere Pferde anzutreffen. Die Landwirtschaft hat dort nicht den Industrialisierungsgrad erreicht wie in anderen Ländern Europas.

die Ackerfläche, auf der Futter für die Pferde angebaut werden müsste, kann anderweitig genutzt werden. Aber Traktoren haben auch Nachteile: Sie sind laut und erzeugen Abgase. Und sie produzieren keinen natürlichen Dünger.

In der Forstwirtschaft dagegen sind Pferde mitunter den Maschinen überlegen und werden deshalb nach wie vor zum Holzrücken eingesetzt.

Dem Schwarzwälder Fuchs erging es wie vielen anderen Kaltblutrassen. Mit zunehmender Mechanisierung der Forst- und Landwirtschaft verlor seine Zucht an Bedeutung. Erst in den letzten Jahren stieg die Nachfrage wieder, denn sie finden zunehmend Anhänger unter den Freizeitfahrern. Trotz ihres Kalibers haben die Pferde mit dem meist hellen Langhaar etwas Elegantes und machen sich gut vor Kutschen. Auch zum Holzrücken werden sie nach wie vor eingesetzt.

Holzrücken
In der Forstwirtschaft sind Pferde mitunter ökonomischer und effizienter als Traktoren. Und sie machen weniger kaputt. Gerade in steilem Gelände und auf weichem Boden sind die Pferde den Maschinen weit überlegen. Das Holzrücken ist ein Thema, über das in den Medien gerne berichtet wird.
In Deutschland sind es zum Beispiel die Schwarzwälder, die im Wald arbeiten, in England die Shire, in den USA die Percheron oder das Belgische Kaltblut. Holzrücken ist gewiss nicht einfach und sowohl Pferd als auch Führer müssen ihr Handwerk beherrschen. Es versteht sich von selbst, dass die Pferde ruhig und sehr trittsicher sein müssen.

Das Brooke Hospital

Im Ersten Weltkrieg waren 1918 an der Schlacht des Desert Mounted Corps unter General Allenby in Palästina auch viele Pferde beteiligt. Die Briten schlugen die Türken, und die englischen Politiker zeigten sich begeistert. Der Premierminister David Lloyd George lobte nicht nur die Soldaten, sondern auch die Pferde. Sie seien genauso unschlagbar wie die Reiter, meinte er.

Das hielt ihn jedoch nicht davon ab, einen guten Teil dieser »unschlagbaren« Pferde auf sehr unelegante Weise loszuwerden. Mehr als 20 000 Pferde des Desert Mounted Corps wurden für ein bisschen Kleingeld an dortige Bauern verkauft oder einfach sich selbst überlassen. So oder so bedeutete das für die Pferde ein sehr hartes Leben. Die Bauern waren arm und die Tiere ihre einzige Möglichkeit, den kärglichen Lebensunterhalt für ihre Familien mühsam zusammenzukratzen. Für reiterliche Leidenschaft war da kein Platz. Solange sich ein Pferd, ein Esel oder ein Muli bewegen konnte, musste das Tier arbeiten, egal wie anstrengend oder schmerzvoll es war. Zu fressen bekamen die Tiere wenig. In Kairo mussten lahme, abgemagerte und erschöpfte Pferde Besucher in Kaleschen durch die Stadt fahren. Oft wurden die Pferde geprügelt.

Die Rettung

Eine beherzte Lady beschloss, wenigstens die noch lebenden ehemaligen Kavalleriepferde zu retten – ebenso alle anderen geschundenen Pferde, Maultiere und Esel. Dorothy Brooke war die Frau des Generalmajors Sir Geoffrey Brooke, der 1930 die Kavalleriebrigade in Ägypten kommandierte. Er war ein großer Pferdekenner. Dorothy Brooke begann Geld zu sammeln. Außerdem griff sie tief in die eigene Tasche, um die Tiere aufzukaufen. Insgesamt erwarb sie 5 000 Tiere, die sie bestens versorgte. Viele der Pferde mussten aber eingeschläfert werden.

Die Klinik

Dorothy Brooke kaufte ein geeignetes Gebäude und eröffnete 1934

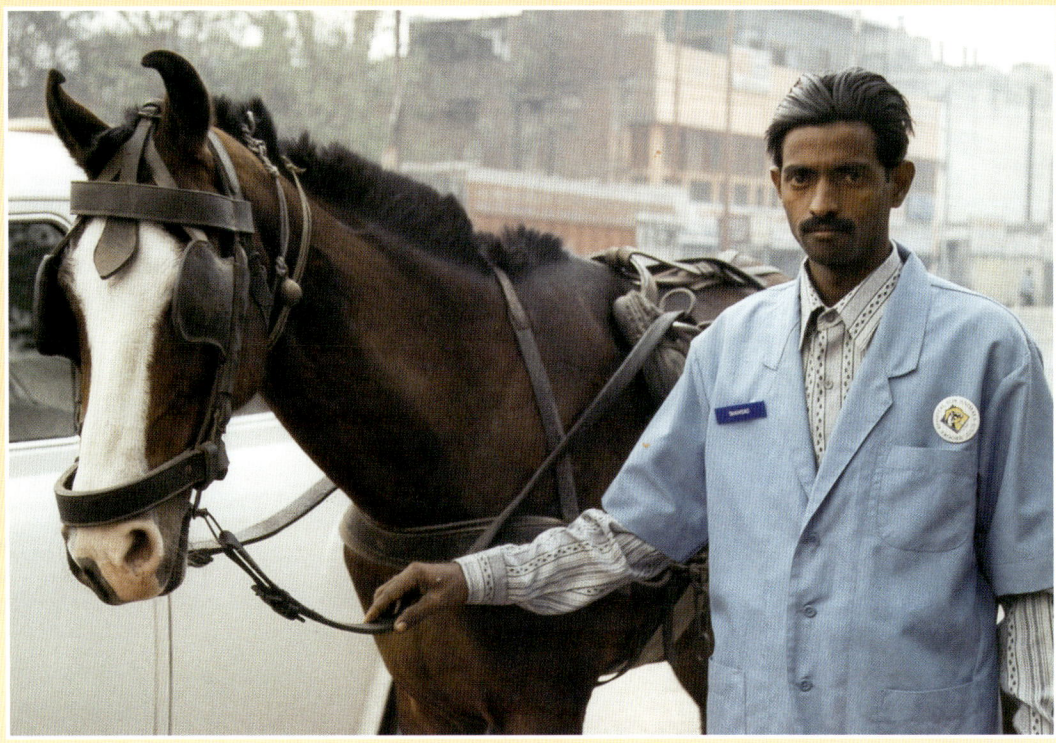

Tierpfleger
Das Foto zeigt Mohammed Shamsed. Er ist quasi der Oberpfleger des Brooke Hospitals. Er kümmert sich um die Tiere, die dort behandelt werden.

DAS BROOKE HOSPITAL

Mobile Einheit
Mobile Einheiten machen Hausbesuche bei kranken Tieren – eine sehr gute Sache.

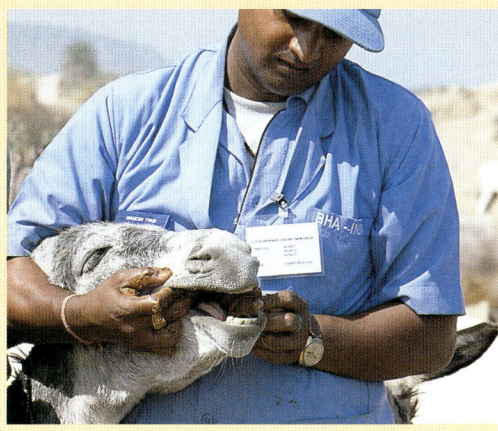

Vorsorge
Nach dem Motto »Vorsorge ist besser als Behandlung« führt das Brooke Hospital auch Wurmkuren durch.

Ausbildung
Ausbildung ist der Schlüssel dafür, dass die Tiere besser gehalten werden und damit gesünder sind. Das Krankenhaus hält regelmäßig öffentliche Schulungen ab. Dabei wird anschaulich gearbeitet, wie hier mit einem Figurentheater.

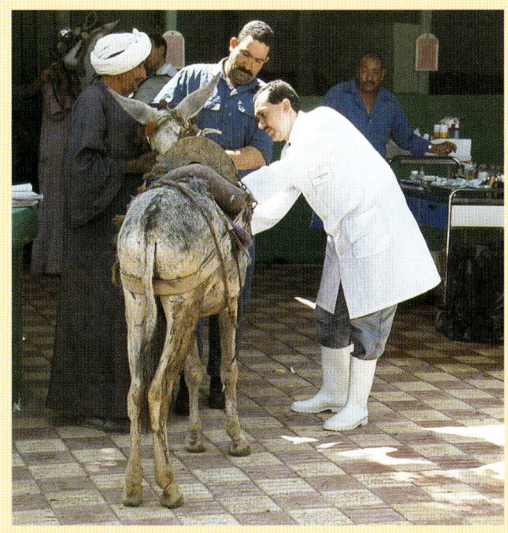

Tierklinik
Veterinärmediziner in der Tierklinik von Luxor. Luxor ist eine der Kliniken, die neu gegründet wurden und nach dem Prinzip des Brooke Hospitals arbeiten.

schließlich eine Tierklinik, die allen kranken Tieren offen stand. Die Behandlung erfolgte kostenlos. Zeit ihres Lebens setzte sich Dorothy Brooke für die Tiere ein. 1955 starb sie in Kairo. Zu diesem Zeitpunkt hatte sich das Krankenhaus bestens etabliert und das Behandlungsangebot ausgedehnt. Heute arbeiten dort Tierärzte und Tierpfleger. Außerdem gibt es jetzt einen Operationssaal, eine Krankenhausapotheke, eine Schmiede, Ställe, Büros und eine eigene Ambulanz. In Alexandria und Luxor wurden Kliniken gegründet, die nach dem gleichen Prinzip arbeiten. Das Brooke Hospital war es auch, das in Kairo, Luxor und bei den Pyramiden in Mena und Sakkara Trinkstellen für die Tiere einrichtete. Immer noch müssen Tiere eingeschläfert werden, aber der größere Teil wird wieder gesund gepflegt. Jedes Jahr werden Tausende von Tieren behandelt.

Das Krankenhaus heute

Alle Einrichtungen für Tiere im Mittleren Osten kämpfen mit einer Mischung aus Armut, mangelnder Kenntnis und fehlendem Bewusstsein. Gegen die Armut kann das Krankenhaus nicht viel tun, außer den Menschen zu gesunden Arbeitstieren zu verhelfen. Aber mithilfe von Aufklärung und Überzeugungsarbeit gelingt es, Unkenntnis und Gleichgültigkeit zu mindern. Erziehung spielt daher bei der Arbeit des Krankenhauses eine wichtige Rolle. Heute ist die Tierklinik weltberühmt und international anerkannt. Und sie erinnert uns daran, dass Tiere ein Recht auf Respekt haben.

Pferde in der Industrie

Das ausgehende 18. und das beginnende 19. Jahrhundert waren in Europa geprägt durch den Beginn der industriellen Revolution. England übernahm eine Vorreiterrolle, aber schon bald steckten auch andere europäische Länder mittendrin. Die industrielle Revolution veränderte das Leben von Grund auf.

Es ist die Geschichte von Kohle und Dampf, Eisen und Stahl sowie von Maschinen, die die Handarbeit ersetzten. Auch hier spielten Pferde eine wichtige Rolle. Sie übernahmen den Transport von Rohmaterial oder fertigen Gütern von einer Stadt zur anderen oder von einem Bahnhof zum anderen.

1765 verbesserte der Schotte James Watt die Dampfmaschine. Bereits einige Jahre vor ihm hatten englische Erfinder etwas weniger ausgeklügelte Varianten entwickelt. Deren Leistung wurde in Pferdestärken gemessen. Eine Pferdestärke ist die Kraft, die nötig ist, um 1,5 Zentner in einer Sekunde einen Meter über den Boden zu heben.

Auch wenn die Maschinen die Pferde am Ende ersetzten – zunächst kurbelte die aufblühende Industrie die Pferdezucht, hauptsächlich von Kaltblütern, an.

Gruben-Ponys

Kohle war Energielieferant Nummer eins. Unzählige Ponys mussten Kohle-Loren ziehen. In Schottland nutzten die Bergleute Shetlandponys. Sie waren klein genug, um sich in den niedrigen Kohleschächten bewegen zu können. In Wales schufteten Welsh Ponys und kleine Cobs in den Gruben und wurden extra für diesen Zweck gezüchtet. Bis Mitte des 20. Jahrhunderts mussten Ponys in britischen Gruben arbeiten.

Pferdemühlen

Häufig wurden Pferde vor landwirtschaftliche Geräte wie zum Beispiel Mähmaschinen gespannt. Aber es gab auch feststehende Mühlen, die mit Pferdekraft betrieben wurden, wenn Wasser nicht vorhanden war oder der Wind nicht ausreichte. Häufig wurden blinde oder lahme Pferde in den Mühlen eingesetzt. Die Pferdemühlen waren gewöhnlich runde Gebilde, angegliedert an Scheunen. Die Pferde waren mit einer Zahnradkonstruktion verbunden und mussten den ganzen Tag im Kreis laufen. So konnte ihre Kraft genutzt werden.

Kanalpferde

Seit dem 18. Jahrhundert gab es in Großbritannien – wie auch in anderen Ländern Europas – Kanäle. Man nutzte diese Wasserstraßen zum Transport von Gütern oder Passagieren. In der Regel waren es Pferde, die die Lastkähne zogen, gelegentlich auch Maultiere oder in seltenen Fällen Esel. Eine spezielle Rasse oder einen bestimmten Typ Kanalpferd gab es jedoch nicht. Wegen der Brücken durften sie ein Stockmaß von etwa 1,52 Meter nicht überschreiten. Außerdem sollten sie kräftig, klug und vielseitig sein. Die Kanalpferde zogen ein Gewicht von 50 bis 60 Tonnen bei einer Geschwindigkeit von rund drei Stundenkilometern. In England ist eine Schätzung aus dem Jahr 1810 überliefert, die besagt, dass ein Pferd und drei Männer mit dem Boot so viele Lasten bewegen konnten wie 60 Pferde und 10 Männer mit einem Wagen.

Brauereipferde

Brauereien hatten früher eigene Pferde, die bis weit ins 20. Jahrhundert schwere, mit Bierfässern beladene Wagen zu den Gasthäusern fuhren. Heute werden die Pferde von den Bauern »ausgeliehen« und nur noch bei Festen, wie dem Münchner Oktoberfest, vor den Wagen gespannt. Beim Einzug der Brauereien am ersten »Wiesnsamstag« gehen sie in Sechsergespannen, Pferde und Wagen prächtig geschmückt. Den Sommer über sind sie dann viel auf Volksfesten und Jahrmärkten unterwegs.

> **Wusstest du …?**
>
> Die meisten Ponys lebten in unterirdischen Ställen und bekamen kaum jemals Tageslicht zu sehen, außer während eines kurzen »Jahresurlaubs«.

In den Schächten

In den Zechen bewegten Pferde an der Oberfläche die Winden der Lastenaufzüge und zogen schwere Kohlewagen. Die Ponys arbeiteten in den Schächten, schleppten Kohle-Loren und mussten sogar in den Stollen leben.

Kanalpferde und Eisenbahnpferde

Der ganze Stolz der Engländer war ihr superschnelles Passagier- und Leichtfrachtboot. Ende des 18. Jahrhunderts ging es in Betrieb und war bis Ende des Ersten Weltkriegs im Einsatz. Diese Schnellboote waren leichte Schiffe, mit wenig Tiefgang, gezogen von mehreren Pferden. Auf einem ritt ein Postillion. Die übliche Gangart war der Galopp und so kam man auf eine Durchschnittsgeschwindigkeit von 16 bis 19 Stundenkilometern. Alle fünf bis acht Kilometer wurden die Gespanne ausgewechselt. Experten schafften das angeblich in weniger als einer Minute. Die Schnellboote hatten absoluten Vorrang. Bei Booten, die ihnen nicht rasch genug auswichen, wurden oftmals einfach die Taue durchschnitten.

Die Kanalpferde lernten, mit Brücken und Tunnels, mit Toren und sonstigen Hindernissen, die sich ihnen auf ihren Zugspuren entgegenstellten, umzugehen. Manche dieser Hindernisse übersprangen gute Kanalpferde – für ein Pferd im Geschirr eine beachtliche Leistung.

Packpferde

Ein weiteres frühes Transportwegenetz waren die Packpferderouten. Viele Länder wurden von solchen Packpferderouten durchzogen, speziell wenn das Gelände bergig war und es nur wenige Straßen gab. Als Packpferde wurden oft Dales und Fell Ponys oder der Cleveland Bay genutzt. Im 17. Jahrhundert spannte der Packpferde-Dienst zwischen Bampton, Devon und London für seine Dienste einen Traber, das Devonshire Pack Horse, ein, eine größere Ausgabe der Exmoor und Dartmoor Ponys. Dieser Typ Pferd existiert heute nicht mehr. Zu seiner Zeit aber leistete er gute Dienste.

Die Eisenbahnen

Die frühen »Eisenbahnen« waren von Pferden gezogene Fracht- oder Passagierwagen, die auf Schienen fuhren – allerdings nur über vergleichsweise kurze Strecken. Die erste mit Pferden betriebene Eisenbahnlinie Englands nahm 1803 den Verkehr auf und verlief zwischen Wandsworth und Croydon. Bis weit ins 19. Jahrhundert waren solche Eisenbahnen in Europa im Einsatz. Die eindrucksvollste Pferdeeisenbahn ist die österreichische Linz-Budweis-Linie. Ihr Streckennetz maß

Kanalpferde
Noch heute kann man Kanalpferde sehen. Sie ziehen Freizeitboote. Ihre Arbeit ist inzwischen leichter als früher.

PFERDE IN DER INDUSTRIE

Straßenbahn

Das Foto zeigt einen Straßenbahnwagen der Minneapolis Street Railway. In Amerika waren es häufiger Maultiere, die die Wagen zogen, während man in Europa Pferde bevorzugte. Der Schmutz auf den Schienen erschwerte den Tieren die Arbeit.

etwa 200 Kilometer. Für eine Pferdeeisenbahn ist das ganz schön lang. In ihrer Blütezeit soll sie pro Jahr 100 000 Tonnen Fracht und 150 000 Passagiere transportiert haben. Zur Eröffnung im Juli 1832 unternahmen Kaiser Franz I. und die Kaiserin eine Reise von Urfahr nach Sankt Magdalena, in einem wunderschön gepolsterten Prachtlandauer. Extra für diesen Zweck waren entsprechende Räder montiert worden. 1872 schloss das Unternehmen.

Um 1845 entwickelten sich die Eisenbahngesellschaften in Europa zum größten »Arbeitgeber« und Eigentümer von Pferden. Die meisten Eisenbahnpferde arbeiteten im Frachtdienst. Sie transportierten selbst schwere Industriegüter, wurden aber auch für Rangierarbeiten eingesetzt. Das letzte Eisenbahnpferd Englands arbeitete in Newmarket und ging erst 1967 in Rente – ein Jahr bevor die letzte Dampfeisenbahn aus dem Verkehr gezogen wurde.

In München fuhr die erste Pferdestraßenbahn 1876, und zwar zur Schwanthalerhöh. So konnten Besucher mit der Pferdetrambahn zur Wiesn fahren. Die Trambahn AG besaß eine Hufschmiede, Aufenthaltsräume für Kutscher und Konducteure, eine Halle für 60 Wagen, Pferdeställe für 60 Tiere, Heu- und Strohmagazin.

Wer heutzutage eine Pferdeeisenbahn oder -trambahn erleben möchte, muss auf die Nordseeinsel Spiekeroog fahren. Dort hat die erste und einzige Museumseisenbahn Deutschlands 1981 ihren Dienst wieder aufgenommen, mit einem Sommerpferdebahnwagen, der Ende des 19. Jahrhunderts in Stuttgart im Einsatz war.

Planwagentreck

Es waren Wagen wie diese, von sechs Pferden gezogen, die im 18. und 19. Jahrhundert die Siedler in den Westen Amerikas brachten. Bevor es die Eisenbahn gab, waren sie auf langen Strecken das wichtigste Transportmittel.

Pferde in der Stadt

Busse und Bahnen

Vereinzelt fuhren bereits 1662 »Omnibusse« in Paris. Die erste richtige Omnibuslinie aber wurde 1828, ebenfalls in Paris, eröffnet. Ein Londoner Geschäftsmann namens Shillibear kopierte die Idee und nur ein Jahr später gab es auch dort eine Omnibuslinie. Eine Zeit lang nannte man auch die Fahrzeuge »Shillibears«, nach und nach aber setzte sich der Begriff Bus durch. Ende des 19. Jahrhunderts waren in London über 20 000 Pferde damit beschäftigt, Busse zu ziehen. Den Bussen folgten Straßenbahnen, die auf Schienen fuhren. Das aber war ein Knochenjob, den kein Pferd lange durchhielt. Dann kamen die elektrischen Straßenbahnen, die Oberleitungsbusse und schließlich die Benzin- und Dieselbusse, wie wir sie heute kennen.

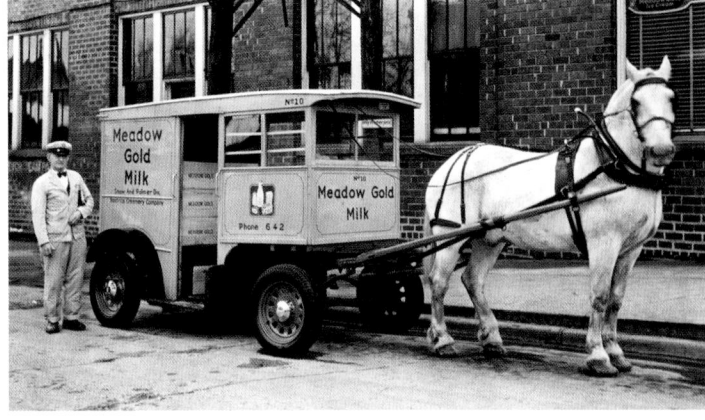

Milchmann
Ungefähr bis Ende des Zweiten Weltkriegs waren die Milchmänner in zahlreichen Städten mit Pferdewagen unterwegs. Dieser hier stammt aus Bloomington, Illinois. Das Foto entstand 1945.

Wachsende Städte

Ende des 19. und Anfang des 20. Jahrhunderts wimmelte es in Großstädten wie Paris, Berlin, New York und London geradezu von Pferden. Sie gehörten zum Stadtbild und wurden für alle möglichen Arbeiten eingesetzt. Es gab Droschkenpferde, Beerdigungspferde, Pferde für die Kohlewagen und viele mehr. Überdies gab es solche, die das Futter für die Pferde brachten, und solche, die den Pferdemist abtransportierten. In manchen Städten artete das Ganze in ein Gesundheitsproblem aus. Auf die rund 350 000 Einwohner Milwaukees in Wisconsin, USA, kamen Ende des 19. Jahrhunderts angeblich rund 12 500 Pferde. Und die sollen pro Tag 133 Tonnen Pferdemist produziert haben.

Das Leben der Stadtpferde war hart. Die Eisenbahngesellschaften hatten den Ruf, ihre Pferde gut zu versorgen. Aber es gab auch viele Pferde, die sich zu Tode arbeiteten und sehr schlecht behandelt wurden. Die betrübliche Wahrheit ist, dass der Mensch die Pferde ausgebeutet hat, im Krieg wie im Frieden.

Londoner Busse
Die Londoner Busse waren bis Ende des 19. Jahrhunderts ein beliebtes Transportmittel. Einen derart voll bepackten Bus zu ziehen war für zwei Pferde anstrengend, und selbst wenn sich die Halter gut um die Pferde kümmerten, hielten sie diese Knochenarbeit meist nicht lange durch.

Feuerwehr

Die Feuerwehr im Einsatz. Feuerwehrpferde waren in guter Verfassung. In schnellem Galopp zogen sie den Wagen zum Ort des Geschehens. Die Warnglocke schrillte fortwährend.

Trauriges Ende

Die meisten Pferde endeten beim Schlachter. In diesen vergleichsweise hochtechnisierten Schlachthäusern ging es nicht nur um Fleischproduktion. Aus den Knochen entstand Dünger, aus dem Fett Kerzen; Mähnen- und Schweifhaar wanderte in Polstereien oder wurde zu Geigenbogen verarbeitet. Aus dem Fell wurden Lederwaren produziert, die Hufe verwandelten sich in Klebstoff. Nichts wurde verschwendet.

Wusstest du …?

Das Arbeitsleben der Bus- und Straßenbahnpferde war ausgesprochen kurz. Buspferde waren etwa vier Jahre im Einsatz, Straßenbahnpferde nur drei.

Nachrichtendienste

In vielerlei Hinsicht erfüllten Pferde früher die Funktion, die heute die Autos übernehmen. Mit ihrer Hilfe transportierten die Menschen Güter aller Art, reisten von einem Ort zum anderen und richteten Postdienste ein. Pferde waren aus dem Alltag nicht wegzudenken.

Noch vor Christi Geburt hatten die Perser ein riesiges Reich errichtet und Möglichkeiten, miteinander zu kommunizieren. Das war nötig, um dieses große Gebiet zu verwalten. Sie bauten Straßen mit Poststationen, die jeweils einen Tagesritt voneinander entfernt waren. In 7 bis 14 Tagen legten die königlichen Botschafter an die 2400 Kilometer zurück. Man nimmt an, dass sie entweder Gangpferde besaßen oder überwiegend im Schritt oder Galopp ritten. Trab ist auf langen Strecken, zumal ohne Steigbügel, nicht sehr angenehm zu reiten. Im 13. Jahrhundert n. Chr. richtete Dschingis Khan (Seite 24/25) in seinem Reich ein ähnliches System ein. Seine Kuriere aber hatten den Vorteil, dass sie über Steigbügel verfügten.

Die Penny Post tritt den Dienst an
Die britische Penny Post nahm 1840 mit dem Postdienst bei Waterloo, London, ihren Dienst auf. Allein in diesem Jahr beförderte sie 169 Millionen Briefe.

Postdienst

Als Erster richtete der Brite John Palmer, Postmaster General, 1784 einen regelmäßigen Postdienst mit Kutschen ein. Das hatte es in dieser Form bisher nirgendwo in Europa gegeben. Zuvor hatten berittene Postjungen Päckchen und Briefe ausgeliefert. Ihre Pferde waren nicht besonders gut; oft hatten sie sehr schlechte Gänge. Eine Geschichte besagt, diese Postjungen hätten das Leichttraben erfunden, eben weil ihre Pferde so unbequem zu reiten waren und sie sich ihre Ritte durch das Aufstehen im Sattel ein wenig bequemer gestalten konnten. Ob es stimmt? Die erste Postkutsche fuhr am 2. August 1784 von Bristol via Bath nach London. 15 Stunden dauerte die Fahrt. An einigen Rasthäusern wurde Station gemacht und die Pferde ausgetauscht. Das ging in rasendem Tempo. Man könnte es beinahe mit den Boxenstopps heutiger Autorennen vergleichen. Nur so gelang es, die Wegstrecke in so kurzer Zeit zurückzulegen.

Wusstest du …?

Die Postkutschen waren klein, aber für damalige Verhältnisse recht luxuriös. Sie transportierten sowohl die Post als auch Personen. Postkutschen waren schnell, doch nicht ganz billig.

Bessere Straßen

Perfekte Organisation spielte für das reibungslose Funktionieren der Postkutschendienste eine wichtige Rolle, aber natürlich mussten auch entsprechend gute Kutschen eingesetzt werden und man brauchte befestigte Straßen. Anfang des 19. Jahrhunderts gab es in England ein Netz mit relativ guten Straßen über rund 32000 Kilometer.

Früher Passagierservice

Angespornt durch den Erfolg der Postkutschen richteten nun auch immer mehr private Unternehmer Passagierkutschen ein. Die Reisegeschwindigkeit in den

Kutschen lag bei etwa 15 bis 20 Kilometern in der Stunde. In Amerika wurden etwa zur selben Zeit Postkutschen eingeführt. Am bekanntesten waren die Concords. Allerdings waren die amerikanischen Kutschen von anderem Kaliber als die europäischen. Das lag an den schlechteren Straßen. Eine Concord wurde von sechs Pferden gezogen und brachte es auf eine Durchschnittsgeschwindigkeit von etwa 24 Stundenkilometer.

Pony-Express

Der amerikanische Pony-Express ist eine Legende. Wildromantische, abenteuerliche Geschichten ranken sich um diesen berittenen Postdienst, der 1860 begann und durch sechs Staaten führte: von St. Joseph in Missouri nach Sacramento in Kalifornien, eine Strecke von rund 3 200 Kilometern. Die Reiter waren drahtige junge Kerle, ausgerüstet mit einer Bibel, mit Revolvern und einem Gewehr. Auf der Strecke gab es 190 Poststationen, an denen Pferde und Reiter ausgewechselt wurden. Jeder Reiter übernahm etwa 100 Kilometer oder etwas mehr. Der Weg führte durch unbekanntes, nur von Indianern bewohntes Land – eine gefährliche Sache also. Die Reise dauerte 10 Tage, manchmal auch ein paar Tage länger. Nach weniger als zwei Jahren wurde der Pony-Express wieder eingestellt. Überlandkutschen und Telegrafenlinien übernahmen fortan seine Arbeit.

Pony-Express
Das Bild stammt aus dem Jahr 1860, als der Pony-Express seinen Dienst aufnahm. Der Reiter verlässt St. Joseph, Missouri. 10 Tage dauerte die Reise nach Kalifornien.

DAS ARBEITSPFERD

Pomp und Prunk

Pferde gehören zu offiziellen festlichen Anlässen einfach dazu. Das Ganze wirkt dann noch feierlicher und heroischer. Es gibt heutzutage nicht mehr viele Länder, die über eine große Kavallerie verfügen. Die Mehrheit hat nur noch kleinere berittene Militäreinheiten, speziell für festliche Anlässe, oder berittene Polizei.

Durchaus bekannt für Pomp und Prunk ist England. Beispiele sind der tägliche Wachwechsel vor dem Buckingham Palast oder die jährlichen Militärparaden.

Königliche Geburtstagsparade

Eine der prächtigsten Zeremonien findet in London statt. Die Fahnenparade wird jedes Jahr am Geburtstag der Königin oder des Königs abgehalten. Dabei trägt eines der fünf Infanterie-Regimente seine Fahne durch die eigenen Reihen. Die Fahne diente den Soldaten früher als Sammlungspunkt. Die Fahnenparade sollte die Soldaten auf die Flagge einschwören. Natürlich nehmen auch berittene Truppen an der Fahnenparade teil. Je nach der Zugehörigkeit zur Reiterschwadron tragen sie blaue Waffenröcke und rot geschmückte Helme oder rote Waffenröcke und weiß geschmückte Helme. Die Reiterschwadronen reiten Rappen, die Trompeter Schimmel und die Trommler Schecken. Pferde der Artillerie ziehen schwere Kanonen. Die Artillerie ist auch für die Salutschüsse zuständig. Pferde der englischen Armee nehmen an allen möglichen zeremoniellen Anlässen teil. Bei wichtigen Begräbnissen ziehen sie den Sarg, bei Staatsbesuchen sind sie Teil der Eskorte und täglich sind sie am Palast zu sehen.

Artillerie
Die königliche Artillerie zeigt ihr Können während des Sommers auf verschiedenen Veranstaltungen in ganz England.

Berittene Truppen der Welt

Auch in Indien gibt es berittene Truppen. Die President's Bodyguard wurde 1773 in Indien eingerichtet. Männer mit Turbanen und in prächtigen Uniformen reiten braune indische Pferde ohne die geringste weiße Zeichnung. Auch sie nehmen an allen möglichen festlichen Veranstaltungen teil. Diese Männer sind aber gleichzeitig ausgebildete Soldaten.

Bekannt ist auch Frankreichs Garde Republicaine, heute das letzte verbliebene Kavallerie-Regiment der französischen Armee. Bei Staatsakten geben sie ein prunkvolles Bild ab. Doch haben sie nach wie vor »richtige« polizeiliche Aufgaben. Ihre Uniform sieht heute noch aus wie 1873: geschmückte Helme, blaurote Waffenröcke und blaue Hosen. Bei besonderen Anlässen werden weiße Hosen getragen.

Die Royal Canadian Mounted Police entstand in Kanada, um in den riesigen Gebieten des Nordwest-Territoriums für Recht und Ordnung zu sorgen. Noch zwischen den beiden Weltkriegen erledigten die »Mounties« ihren Dienst zu Pferde, heute existiert nur noch eine berittene Einheit für besondere Anlässe. Die Mounties reiten Rappen. Weltbekannt ist ihre Quadrille, zu der sie spezielle Uniformen mit roten Waffenröcken, tolle Hüte, blaue Hosen mit goldenen Streifen und meist braune Stiefel tragen.

Ritterturnier

Kaiser und Könige gibt es in Deutschland nicht mehr. Doch beim Kaltenberger Ritterturnier werden frühere Zeiten wieder lebendig. Es gilt als eines der spektakulärsten Ritterturniere weltweit. An die 1 200 Gaukler, Musikanten, Handwerker, Händler, hübsch gekleidete Burgfräulein und Ritter in Rüstung und zu Pferd treffen sich, um jedes Jahr eine andere Geschichte aufzuführen. Immer mit dabei: der Schwarze Ritter, Jackie Venon, und seine Cascadeurs Associes – eine Gruppe von Stuntmen, die atemberaubende Turniere inszinieren, eine Mischung aus perfekter Körperbeherrschung, Schauspiel, Akrobatik und Pferdedressur. Das Kaltenberger Ritterturnier gibt es seit 22 Jahren. Ins Leben gerufen hat es der Besitzer der Burg, Prinz Luitpold von Bayern.

Die kanadischen Mounties
Wo sie auftauchen, sind sie eine Attraktion. Ihre Quadrille zeigen sie auf Schauplätzen der ganzen Welt. Die Rappen entstammen einer eigenen Zucht.

DAS ARBEITSPFERD

Zirkus und Kunststücke

Schon immer waren Pferde die Stars der Manege. Eines der beliebtesten Kunststücke: Ein Reiter galoppiert auf zwei Pferden stehend durch die Manege.

Als Erste organisierten die Römer Zirkusspiele mit Wagenrennen, Gladiatorenkämpfen und Dressuren wilder Tiere. Der Zirkus, wie wir ihn heute kennen, geht auf den Engländer Philip Astley zurück. 1770 gründete er seinen ersten Zirkus in London. Die Manege hatte einen Durchmesser von 13 Metern – noch heute gilt dies als Standardmaß. Astley hatte herausgefunden, dass es der ideale Durchmesser war, wollte man auf Pferden stehend durch die Manege galoppieren.

Astleys Zirkus

Bald kamen zu dieser Pferdeshow auch Clowns, Akrobaten und Jongleure und weitere Tiere dazu. Einer der Stars war das Pferd Billy. Billy konnte sich angeblich selbst den Sattel ausziehen, die Füße in einem Eimer waschen, zählen und am Esstisch sitzen. Später übernahm der italienische Kunstreiter Antonio Franconi den Zirkus.

Palomino

Dieser hübsche Palomino zeigt gerade eine Lektion an der Doppellonge. Er beherrscht sie bestens – das sieht man an seinen Bewegungen. Palominos sind beim Zirkus sehr beliebt.

ZIRKUS UND KUNSTSTÜCKE

In der zweiten Hälfte des 19. Jahrhunderts spielte der deutsche Zirkus zunehmend eine wichtige Rolle. Große Bekanntheit erlangten die Zirkusse Renz, Busch, Krone und Sarassani. Den meisten Pferdefreunden bekannt ist wohl der Name Fredy Knie, Chef des Schweizer Zirkus Knie. Er gilt als großer Pferdelehrmeister. Mit seinem Wissen um die natürlichen Verhaltensweisen der Pferde und seiner Art, mit den Tieren zu kommunizieren, hat er schon viele begeistert.

Zirkuspferde

Im Zirkus bekommt man verschiedene Arten von Pferdekunststücken zu sehen: zum einen Lektionen der Hohen Schule, vorgeführt von bestens ausgebildeten Pferden. Dann gibt es die Freiheitsdressur, bei der Gruppen frei laufender Pferde ihre Kunststücke zeigen. Für die Freiheitsdressur werden häufig Araber (Seite 102/103) verwendet, einfach weil sie so schön sind. Außerdem sind sie relativ klein, was in der Zirkusmanege von Vorteil ist. Schecken und Pferde mit gesprenkeltem Fell, wie der Knabstrupper (Seite 121), waren beim Zirkus wegen ihres ungewöhnlichen Aussehens immer besonders beliebt. Aber auch Friesen (Seite 109) machen sich in der Manege ausgesprochen gut.

Pferdetricks

Was man im Zirkus ebenfalls bestaunen kann, sind Pferde, die jede Menge Tricks beherrschen. Oft genug touren »Trickpferde« und ihre Besitzer als Zweigespann durch die Welt. Man sagt, Morocco und sein Besitzer seien die Ersten gewesen, die um 1590 durch Europa zogen und den Leuten ihre Kunststücke zeigten. Morocco zählte beim Würfeln die Augen und erkannte den Wert verschiedener Münzen. Und er konnte die Besitzer von Gegenständen ausmachen, die man vorher aus dem Zuschauerraum auf die Bühne gebracht hatte. Angeblich aber endeten Morocco und sein Besitzer tragisch – verbrannt als Hexenkünstler auf dem Scheiterhaufen.

Prinzessin Trixie

Rund 400 Jahre später trat der Arabermischling Prinzessin Trixie im Londoner Palace Theater auf – zwei Jahre in Folge. Trixie konnte buchstabieren, rechnen und Farben erkennen. Einmal aufgefordert, das Wort »football« zu buchstabieren, buchstabierte sie das Wort, wie man es spricht: »futbal«. Ihr Besitzer behauptete, sie habe die geistigen Fähigkeiten eines sechsjährigen Kindes, und wissenschaftliche Tests fanden keine Hinweise auf irgendwelche Tricks.

Karl Krall

Die beiden Araberhengste Muhammed und Zarif sowie das Shetlandpony Hänschen gehörten dem deutschen Karl Krall. Die drei lösten mathematische Probleme, einschließlich Dividieren, Rechnen im Quadrat und Wurzelziehen. Sie konnten Bilder erkennen, Farben und Düfte. Krall behauptete, er wende die gleichen Lernmethoden wie bei Kindern an.

Freiheitsdressur
Diese hübschen Zirkuspferde sind reinrassige Araber. Sie beherrschen ihre Lektionen sehr gut und reagieren auf die ruhigen Worte ihres Trainers und die Gesten mit der Peitsche.

»Ungarische Post«
Dies ist eines der beliebtesten Kunststücke mit Pferden: Bei der »Ungarischen Post« steht der Reiter sicher auf den Pferden und trägt ein Kosakenkostüm. Das Kunststück wurde schon bei den Römern vorgeführt.

Ponyklub
Dies ist die in Ponyklubs geübte Variante des Kosakenkunststücks ... Sie ist ebenso schwierig und wird mindestens genauso bewundert.

PFERDE IM SPORT

Rennen im Schnee
Pferdesport spielt im Schweizer Wintersportort Sankt Moritz eine große Rolle.
Im Schnee werden sowohl Rennen für Reiter als auch für Sulkys veranstaltet.

Flachrennen

Pferderennen und Wettfieber gehören zusammen. Die Begeisterung englischer Herren für Rennsport und Wetten führte im 17. und 18. Jahrhundert schließlich dazu, dass das Englische Vollblut (Seite 104) entstand.

Heute sind Pferderennen ein eigener riesiger, multinationaler Industriezweig mit einem unglaublichen Umsatz. Weltweit gibt es Zuchtbetriebe, Rennställe und Rennbahnen. Zudem haben sich zahlreiche Folgeindustrien entwickelt, sei es die Herstellung und der Vertrieb von Pferdefutter und Reitzubehör oder die Medizin rund ums Pferd. Dazu kommt natürlich der Wettbetrieb. In Deutschland flossen im Jahr 2000 bei Galopprennen umgerechnet rund 125 Millionen Euro durch die Wettkassen der Rennvereine. Weltbekannt in Sachen Flachrennen ist die englische Stadt Newmarket. Dort liegen die Wurzeln des britischen Rennsports. Noch heute gilt Newmarket als Zentrum des britischen Rennsports, und der zuständige Jockeyklub, der seit 1752 existiert, hat dort seinen Sitz. In Deutschland kümmert sich das Direktorium für Vollblutzucht und Rennen um den Sport. Auch in anderen Ländern gibt es ähnliche Organisationen.

Klassiker

Moderne Rennen werden über kürzere Distanzen abgehalten als die Rennen im 18. Jahrhundert. Damals waren die meisten Rennen bis zu sechseinhalb Kilometer lang. Zum Vergleich: Das längste der klassischen britischen Flachrennen für Dreijährige ist St. Leger und verläuft über eine Strecke von 2,8 Kilometern. Eines

Epsom Derby
Eines der bekanntesten Pferderennen der Welt ist das Epsom Derby in Großbritannien. Das Rennen findet jedes Jahr am ersten Mittwoch im Juni statt – erstmals 1780.

FLACHRENNEN

Amerikanische Rennen
In ganz Amerika finden Pferderennen statt. Anders als in Europa stehen die Pferde in Ställen direkt bei der Rennbahn und werden vor Ort trainiert.

der bekanntesten Rennen ist das Epsom Derby. Dabei hätte es genauso gut Epsom Bunbury heißen können, wie eine nette Geschichte erzählt. Angeblich waren sich der 12. Graf von Derby und Sir Charles Bunbury uneins, wie das Rennen heißen sollte; deshalb warfen sie einfach eine Münze. Das erste Rennen in Epsom fand 1780 statt.
Englische Auswanderer nahmen ihre Leidenschaft mit in die Neue Welt. So entstand 1664 unter dem ersten Gouverneur von New York, Richard Nicolls, die erste amerikanische Rennbahn. In dieser Reitsportdisziplin dürfte Amerika England den Rang inzwischen abgelaufen haben. Als Zentrum der Vollblutrennen gilt Kentucky mit dem bekannten Kentucky Derby in Louisville. In Europa sind – neben England – Irland, Frankreich und Italien führend.

Die Maktoum Familie
Ein Name, den man seit Ende des 20. Jahrhunderts im Zusammenhang mit Rennsport immer öfter hört, ist der des Scheichs von Maktoum – in den Vereinigten Arabischen Emiraten eine mächtige Familie. In Dubai, dem Wüstenparadies am Golf, haben sie das Godolphin Imperium errichtet. Die Stallungen beherbergen millionenschwere Galopper. Sie werden dort gezüchtet und die Zucht hat bislang sehr bemerkenswerte Pferde hervorgebracht. Berühmte Pferde, die mit dem Godolphin Imperium in Verbindung gebracht werden, sind Daylami, Kayf Tara, Dubai Millenium und Lammtara. Letzteres wurde für 30 Millionen US-Dollar an Japan verkauft. Ihre Zuchterfolge und das Rennzentrum, das die Familie in Dubai eröffnet hat und wo hoch dotierte Rennen veranstaltet werden, machten sie zu führenden Vertretern des modernen Rennsports.

Sankt Moritz
In dem bekannten Wintersportort Sankt Moritz werden im Schnee Pferderennen abgehalten. Die Tiere brauchen dafür einen besonderen Beschlag.

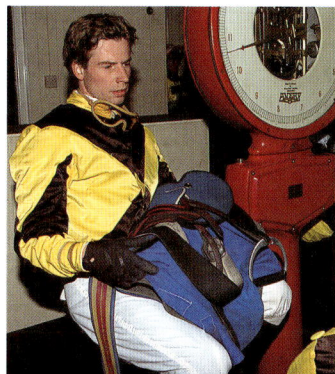

Auf die Waage
Jockeys müssen vor jedem Rennen samt Sattel und Satteldecke zum so genannten »Auswiegen« auf die Waage. Kontrolliert wird damit, ob das Pferd das Gewicht trägt, das für dieses Rennen vorgeschrieben ist. Nach dem Rennen werden die Jockeys nochmals gewogen.

Steeplechase

Ebenso wie Flachrennen sind Steeplechasen typisch für England und Irland. Doch zwischen einer Veranstaltung wie Ascot, das ohne elegante Damen mit ihren ausgefallenen Hüten kaum denkbar wäre, und dem Tumult einer Steeplechase liegen Welten. In Deutschland sind Rennen wie diese heftig umstritten und rufen immer wieder Tierschützer auf den Plan.

Neben England und Irland werden auch in Amerika, Frankreich und in Tschechien Steeplechasen veranstaltet. Ob beim Maryland Hunt Cup, beim Grand National in England, im französischen Auteuil und Pau am Fuß der Pyrenäen oder in Pardubice – bei all diesen Rennen müssen die Pferde ausgesprochen schwere, feste Naturhindernisse überwinden: Holzzäune, Erdwälle und Hecken, hinter denen sich meterlange Gräben verstecken. Zu ihrem Namen kamen die Steeplechasen – das können Gelände-Jagdrennen oder Hindernisrennen auf einer Bahn sein – im 18. Jahrhundert, als zwei Engländer mit ihren Pferden zwischen den Kirchtürmen bzw. den Kirchen von Buttevant und St. Leger umherjagten. »Steeple« heißt übersetzt »Kirchturm«.

Zwischen Höchstleistung und Grausamkeit

Das Grand National ist durchaus populär und viele Menschen begeistern sich für Steeplechasen und die dort herrschende Atmosphäre. Allerdings sind sie auch in Reiterkreisen heftig umstritten. Viele halten diese Art von Rennen für grausame Tierquälerei. Als eine der

Maryland Hunt Cup
Der Maryland Hunt Cup ist das bekannteste amerikanische Hindernisrennen. Die Strecke verläuft im Gelände über Holzzäune, die bis zu 1,60 Meter hoch sind. Am Rennen dürfen nur Amateure teilnehmen. Es wird nicht gewettet, kostet keinen Eintritt, und eine Siegertribüne gibt es auch nicht. Jay Trump gewann das Rennen 1963 und 1964. 1965 gewann er das Grand National.

Point to Point
Die Point-to-Point-Rennen sind etwas typisch Englisches und Irisches. Es sind Hindernisrennen für Amateure. Dennoch, die Teilnehmer sollten schon einige Erfahrung mitbringen. Von Februar bis Mai finden jedes Wochenende solche Veranstaltungen statt. Früher verlief die Rennstrecke durchs Gelände, heute jedoch werden auf Ovalbahnen Hindernisse aufgebaut. Sie gehen über eine Distanz von mindestens 4,8 Kilometern mit 18 Hindernissen.

ältesten und überaus schweren Steeplechasen gilt Pardubice. Seit 1874 findet sie jedes Jahr im Oktober statt. Es ist nicht ungewöhnlich, dass von den Startern nur ein kleiner Teil im Ziel ankommt. Immer wieder ereignen sich Unfälle, bei denen Pferd und Reiter schwer verletzt werden, und eine ganze Reihe von Pferden verloren beim Rennen ihr Leben. Immer wieder kommt es deshalb zu Protesten von Tierschützern. Aufgrund des Drucks aus der Öffentlichkeit wurde die Strecke teilweise ein wenig entschärft, aber – wie viele Menschen finden – bei weitem nicht genug.

Wusstest du …?

Nur sechs Pferde haben das Grand National, das in Aintree bei Liverpool stattfindet, zweimal gewonnen. Der Beste aber war Red Rum. Er ging aus dem Grand National in den Jahren 1973, 1974 und 1977 als Sieger hervor.

Cheltenham

Das Cheltenham National Hunt Festival ist in punkto Hindernis- und Gelände-Jagdrennen die größte Veranstaltung Englands. Das wohl bedeutendste Rennen dabei ist der Cheltenham Gold Cup. Arkle, das Pferd der Herzogin von Westminster, gewann dieses Jagdrennen in den 60er-Jahren des 20. Jahrhunderts drei Mal. Das ist eine Seltenheit.

Das Grand National

Das Grand National ist eines der schwersten Pferderennen der Welt. 1929 nahmen 66 Pferde daran teil – die größte Teilnehmerzahl, die es je gab. Es musste aus zwei Reihen gestartet werden.

Das Pferd in der Kunst

Pferde sind von jeher ein beliebtes Objekt der Kunst. Das zeigen schon die Höhlenzeichnungen von Lascaux, Pech-Merle oder Santander. Gleichgültig, ob die Menschen in prähistorischer Zeit die Pferde aus religiösen oder sonstigen Gründen an die Höhlenwände malten – auf ihre Art sind die Darstellungen Kunstwerke.

Macht und Ruhm

Die Kunst war und ist ein Spiegel unserer Gesellschaft und des Menschseins. Sie inspiriert uns und gipfelt wohl in den großen Kirchen Europas, die mit ihren himmelhohen Türmen Sinnbilder unseres Glaubens sind. Weit profanere Motive hatten oft Könige und andere Größen, die sich auf Bildern und in Skulpturen für die Nachwelt verewigen ließen. Sie engagierten die bekanntesten Künstler der Epoche, und nicht selten saßen die porträtierten Herren auf Pferden. Das gab dem Ganzen eine noch heroischere Note. Davon abgesehen diente das Pferd als solches vielen Malern und Bildhauern als Motiv. Sie versuchten seine Lebhaftigkeit und Schönheit auf der Leinwand festzuhalten oder ihr in Bronze Ausdruck zu verleihen.

Jagdszenen

Andere Künstler hatten sich darauf spezialisiert, Sportpferde und das Drumherum zu malen. In England entstand eine regelrechte Schule der Sportmalerei. Große Kunst war das meist nicht, zumal wenn man ihre Vertreter an Größen wie Velázquez (1599–1660), Rubens (1577–1640), Goya (1746–1828) oder Rembrandt (1606–1969) misst. Aber die Bilder zeigen die Begeisterung der damaligen Menschen fürs Reiten. Und die Pferdeporträts von George Stubbs (1724–1806) sind durchaus anerkannte Kunstwerke.

Das Pferd in der Kunst

Europäische Kunst

Ein wichtiger Vertreter der französischen Kunstszene des 19. Jahrhunderts ist Eugène Delacroix (1798–1863). In seinen Werken tauchen Araber mit ungezähmtem Blick auf. Einer der bekanntesten Neoklassizisten war Jacques Louis David (1748–1825). Sein Bild »Bonaparte überquert den Sankt Bernhard« zeigt Napoleon auf seinem Lieblingspferd, dem Araberschimmel Marengo.

In Europa gab und gibt es noch heute einige Bildhauer, die in der Welt der Kunst einen sehr guten Ruf genießen. Herbert Haseltine (1877–1962) erschuf die Statue des Pferdes »Man o' War« im Kentucky Horse Park.

Amerikanische Kunst

Anders als Europa konnte Amerika nicht auf die Tradition und die Inspiration der Renaissance zurückgreifen. Natürlich gab es dort trotzdem Künstler, auch wenn sie damals mit den europäischen nicht Schritt halten konnten. Herausragend war Frederic Remington (1861–1909). Aus seinen Bildern spricht die Hingabe, mit der er den amerikanischen Westen liebte. Seine Bronzestatue »Mann der Berge« ist ein weltweit anerkanntes Kunstwerk.

Reitermonument
Die Statue von Bartolommeo Colleoni steht im Zentrum Venedigs. Sie strahlt Macht und Stärke aus. Erschaffen hat sie der Renaissancekünstler Andrea del Verrocchio (1435–1488).

Impressionisten
Die Ballettszenen ebenso wie die Reitszenen von Edgar Degas (1834–1917) haben etwas unglaublich Lebendiges an sich. Dieses Bild einer Szene bei Longchamps ist typisch für seine Arbeit.

»Free Spirits at Noisy Water«
Diese riesige Skulptur besteht aus acht Pferden und steht im Hubbard Museum in Ruidosa Downs in Mexiko. Dave McGary (geboren 1958) hat sie erschaffen. Die Skulptur zeigt sieben verschiedene amerikanische Pferderassen und ein Paint Fohlen. Die Skulptur wiegt an die 2 300 Kilogramm. Ob es sich dabei um große Kunst handelt, daran scheiden sich die Geister.

Pferdekünstler
Niemand porträtierte Pferde anatomisch so exakt wie George Stubbs. Dieses Bild zeigt den Herzog von Dorset mit seinem Jagdpferd.

Jagd

Die Jagd, sei es zu Fuß oder zu Pferd, ist sicherlich eine der ureigensten Beschäftigungen des Menschen. Heutzutage aber überwiegt der sportliche Aspekt. Sehr umstritten sind so genannte Parforce- oder Hetzjagden: Das Wild wird mithilfe einer Meute, also mit Hunden, gejagt. Allgemein betrachtet spielten Jagden für die Entwicklung des modernen Pferdesports eine nicht unerhebliche Rolle.

Nachwuchs
Eine junge Reiterin überspringt auf ihrem Pony eine Steinmauer.

In England und in Irland ist der Jagdsport nicht nur besonders beliebt, er ist auch wirtschaftlich von Bedeutung und prägt die britische Pferdezucht. In Amerika, Kanada und Australien findet der Jagdsport ebenfalls immer mehr Anhänger. Die übliche Beute ist dort der graue Fuchs und der Kojote. Allerdings wurden in Amerika auch schon im 18. Jahrhundert Jagden veranstaltet. Siedler aus Europa hatten ihre Leidenschaft mitgebracht. Der amerikanische Präsident George Washington zum Beispiel soll ein passionierter Jäger gewesen sein.

Jagen in Frankreich

Frankreich hat die älteste Jagdtradition, und viele Fachbegriffe wie die Equipage, die Jagdgehilfen, gehen auf die französische Sprache zurück. Französischen Jagdhunden sagt man nach, sie hätten einen ausgesprochen guten Geruchssinn und ein bemerkenswertes Geläut; damit ist ihr Bellen und Jaulen während der Jagd gemeint.

Französische Jagd
Reiten Engländer eine Jagd, wird immer viel gesprungen. Anders in Frankreich, wo das Springen praktisch keine Rolle spielt. Trotzdem brauchen Pferd und Reiter viel Ausdauer.

Teilnehmer einer Jagd

Auch wenn es für Außenstehende auf den ersten Blick nicht immer erkennbar ist: Jagden laufen nach genauen Regeln ab. Das Gelände, auf dem gejagt wird, ist in Felder eingeteilt. Je nach Können ordnen sich die Teilnehmer einem Feld zu. So gibt es bei uns zum Beispiel nicht springende Felder für weniger sichere Reiter. Jedem Feld steht ein Master vor. Er übernimmt die Leitung. Der Huntsman führt das Signalhorn für die Hunde, und die Piköre haben dafür zu sorgen, dass die Meute zusammenbleibt. In Ländern, in denen lebende Füchse gejagt werden, erschallt der Jagdruf, sobald der Fuchs gesichtet wird; englische Jäger lassen so ihr »Tally-ho« ertönen.

Alternative Jagden

Eine Alternative zur »echten« Fuchsjagd ist die Schleppjagd. Auf die Hatz lebender Tiere wird hier verzichtet. Stattdessen wird eine künstliche Wildspur gelegt. Der Fachausdruck dafür lautet »Schleppe«. Notwendigerweise wird in diesem Fall der Jagdverlauf im Voraus festgelegt. Der Weg führt dabei über natürliche und eigens errichtete Hindernisse. In Deutschland ist die Jagd auf den Fuchs aus Tierschutzgründen verboten. Wird ohne Hunde gejagt, dann reitet eine Person, der »Fuchs«, dem Feld voraus. Er trägt den Fuchsschwanz an der Jacke. Zum Abschluss gibt es meist ein kurzes Rennen, bei dem die Teilnehmer der Jagd dem »Fuchs« seinen Schwanz zu entreißen versuchen. Wer ihn erwischt, darf im nächsten Jahr als Fuchs reiten.

Stelldichein

Stelldichein oder Meet ist der festgelegte Treff- und Startpunkt der Jagd. Vom Horn ertönt das Signal zum Aufbruch. Der Huntsman bläst das Signal für die Hunde.

Wusstest du …?

Bevor bei Jagden in Deutschland das letzte Stück geritten wird, rufen die Reiter ihr »Halali«, abgeleitet vom französischen Ruf »Da liegt er!«.

Springreiten

Das weltweit größte Springturnier findet in Deutschland statt: in Aachen. Beim CHIO in Aachen stehen aber auch Wettbewerbe in Dressur und im Gespannfahren auf dem Programm. Nicht umsonst wird es das »Weltfest des Pferdesports« genannt. Nirgendwo auf der Welt nehmen in den drei Disziplinen mehr Reiter, Fahrer und Pferde teil.

Als Besucher des CHIO – Abkürzung für »Concours Hippique International Officiel« – könnte man fast meinen, man befände sich auf einem Volksfest. Fast 300 000 Menschen haben die Veranstaltung im Jahr 2001 besucht. Die deutschen Medien haben insgesamt 32 Stunden lang darüber berichtet.

Federico Caprilli

Großen Einfluss auf die Entwicklung des Springsports – und des Reitsports überhaupt – hatte der italienische Kavallerieoffizier Federico Caprilli. Der Ausbilder an den italienischen Kavallerieschulen Pinerolo und Tor di Quinto gilt als Erfinder des modernen Springstils. Caprilli starb 1907 im Alter von 39 Jahren. Seit 1900 ist das Springreiten eine olympische Disziplin. Beim internationalen Turnier in Turin im Jahr 1902 waren Caprilli und seine Schüler den anderen Nationen deutlich überlegen.

Der leichte Sitz

Caprillis »leichter Sitz« wandte sich vor allem gegen die bis dahin extreme Versammlung der Pferde. Anstatt senkrecht im Sattel sitzen zu bleiben, neigte sich Caprilli beim Sprung nach vorne und ging möglichst sanft und geschmeidig in die Bewegung des Pferdes mit; dabei erhob er sich leicht aus dem Sattel. Die Steigbügel waren verkürzt, das Reitergewicht lag über der Schulter des Pferdes, die Hand bewegte sich mit nach vorne und ermöglichte es dem Pferd, den Hals zu strecken. Insgesamt wirkte die Bewegung nun viel harmonischer. Schnell breitete sich die Methode der Italienischen Schule auch in anderen Ländern aus.

Springturniere

In der ersten Hälfte des 20. Jahrhunderts, zwischen den beiden Weltkriegen, wurden Springturniere immer beliebter. Damals war der Sport noch sehr vom Militär beherrscht. 1920 fand in Hamburg erstmals das Deutsche Spring-Derby statt. Der Parcours gilt heute als ausgesprochen schwierig und umfasst auch Naturhindernisse. 1921 ist das Gründungsjahr der FEI, der Fédération Équestre Internationale, die später auch internationale Wettkampfregeln festlegte. Ein Zeitlimit für das Überspringen des Parcours gab es lange Zeit nicht. Auch die Briten und die Amerikaner hielten lange an überholten Regeln fest. Nach dem Zweiten

Besichtigung
Wettkampfteilnehmer beim British Derby Meeting begutachten die Hindernisse in der Hickstead All-England Jumping Arena. Das Derby, bei dem auch Naturhindernisse wie Graben, Wassergraben und Wälle gemeistert werden müssen, besteht seit 1961. Das Hamburger Derby wird seit 1920 veranstaltet.

> **Wusstest du …?**
>
> Die Royal Dublin Society organisierte 1864 in Irland ihre erste Schauspringveranstaltung. In Militärunterlagen empfahl die französische Kavallerie bereits 1788 Springtraining für die Soldaten.

Weltkrieg legte man schließlich internationale Wettkampfregeln fest; erst dann entwickelte sich der Sport in der heutigen Form.

Moderne Wettkampfregeln

Springwettbewerbe umfassen 6 bis 11 Hindernisse. Der Umlauf muss innerhalb eines bestimmten Zeitlimits gesprungen werden. Dabei ist ein Umlauf eine Runde durch den Parcours. Strafpunkte werden auferlegt für das Abwerfen von Hindernissen, wenn das Pferd verweigert oder ausbricht, für Stürze oder Zeitüberschreitung. Für verschiedene Prüfungen können sich die Richtverfahren ein wenig unterscheiden. Hier als Beispiel, wie nach dem so genannten Richtverfahren A für Standardprüfungen bewertet wird: Beim ersten Ungehorsam des Pferdes bekommt der Reiter drei Strafpunkte, beim zweiten sechs, beim dritten wird er disqualifiziert. Bei Stürzen wird der Reiter bereits nach dem zweiten Mal ausgeschlossen. Ausschluss erfolgt auch, wenn er die zeitliche Höchstgrenze, die für einen Umlauf vorgesehen ist, überschreitet. Vereinfacht ausgedrückt sind die Anzahl der Strafpunkte und die für den Parcours benötigte Zeit für die Platzierung

Royal Dublin
Die Dublin Arena in Irland ist in ganz Europa bekannt. Jedes Jahr im August findet hier die internationale Dublin Show statt.

ausschlaggebend. Bei Punktegleichstand entscheidet ein nochmaliger Umlauf, das so genannte Stechen, über den Sieger. Beim Springreiten winken den Siegern hohe Preisgelder, und die Veranstaltungen ziehen nicht nur Reiter an, sondern stoßen auch bei den Zuschauern und Medien auf reges Interesse.

Sydney 2000
Das Foto zeigt Laura Kraut bei der Olympiade 2000 in Sydney. Ihr Stil ist typisch für amerikanische Reiter. Ein schöner Sprung.

Vielseitigkeitsreiten

Vielseitigkeitsreiten ist eine Kombination aus Dressur, Geländereiten und Springen. Diese Disziplin stellt an Pferd und Reiter sehr hohe Anforderungen. Die Franzosen sagen dazu »concours complet«, was so viel heißt wie »vollständiger Wettbewerb«.

Gewinnerin
Das Foto zeigt die Britin Pippa Funnel. Mit Supreme Rock gewann sie die Badminton Horse Trials 2002.

Die Franzosen waren es auch, die 1902 mit ihrem Championnat du Cheval d'Armes den Grundstein für die Vielseitigkeit gelegt haben. Früher hieß die Vielseitigkeit »Military«, und wie der Name sagt, ist die Disziplin eine »Erfindung« des Militärs. An drei Tagen mussten die Soldaten und ihre Pferde ihr Können unter Beweis stellen. 1912 war das Military erstmals Teil der Olympiade. Damals nahmen nur Offiziere daran teil.

Zivilisten

Zivilisten beteiligten sich erst später an Military-Veranstaltungen, dann aber schon bald auch Frauen. Heute dürfte sich die Anzahl der Frauen und Männer die Waage halten. Besonders zahlreich vertreten unter den Vielseitigkeitsreitern sind die Briten. Der militärische Zweck solcher Veranstaltungen war es, Kondition, Geschwindigkeit, Ausdauer und Gehorsamkeit der Pferde in Stresssituationen zu testen, ebenso das Können der Reiter und ihre Urteilskraft. Bis zu einem gewissen Grad trifft das heute noch zu. Die Leistungen,

Risikosport
Dieser Sport zählt mit seinen schwierigen Geländeritten fraglos zu den sehr riskanten Disziplinen und ist entsprechend umstritten. Pferd und Reiter müssen sich zwar nach einem sorgfältig erarbeiteten Schema von den Einstiegsprüfungen bis zu den drei Tage dauernden Prüfungen der schweren Klassen qualifizieren, und beim Bau des Parcours wird auf Sicherheit geachtet – jedoch kommt es trotzdem bei jedem Wettkampf zu Stürzen. Viele ereignen sich, wenn – wie auf diesem Foto – die Pferde bei der Landung im Wasser vornüberfallen.

VIELSEITIGKEITSREITEN

Amerikanische Reiter
Dieses Foto zeigt den Amerikaner Wash Bishop beim Überspringen eines imposanten mehrstufigen Hindernisses.

die Dressurprüfungen auf dem Programm. Am zweiten Tag geht es ins Gelände. Die Geländeprüfung setzt sich aus verschiedenen Teilen zusammen: Geländestrecke, das heißt eine Wegstrecke von maximal 17 Kilometern, aufgeteilt in zwei Abschnitte; Rennbahngalopp mit etwa 3 Kilometern und 4 bis 10 Hindernissen. Sind diese Prüfungen absolviert, folgt eine zehnminütige Zwangspause, während der das Pferd vom Tierarzt untersucht wird. Danach folgt der Geländeparcours mit üblicherweise 15 bis 35, im absoluten Höchstfall 40 festen Hindernissen. Am letzten Tag steht das Springreiten an. Für alle Prüfungen bestehen Zeitlimits.

die Pferd und Reiter inzwischen bringen, sind im Vergleich zu früher deutlich gestiegen. Auch hinsichtlich der Gestaltung des Parcours sind heutige Standards höher. Eine in der ganzen Welt bekannte Vielseitigkeitsveranstaltung sind die Badminton Horse Trials. Der Herzog von Beaufort veranstaltete sie erstmals 1949 auf seinem Gut Badminton in Gloucestershire – und er ritt selbst mit. In England ist es die Top-Veranstaltung in dieser Disziplin.

Wettkampfregeln

Vielseitigkeitsprüfungen werden an einem, zwei oder drei Tagen abgehalten. Der Schwierigkeitsgrad variiert, wobei die Wettkämpfe der höchsten Leistungsklasse an drei Tagen abgehalten werden. Am ersten Tag stehen

Wegstrecke
Die Wegstrecke ist Bestandteil der Geländeprüfung. Reiter und Pferd können sich aufwärmen, bevor der Geländeparcours mit den festen Hindernissen ansteht.

Renn-Asse

Eines der bekanntesten Pferde überhaupt ist der Hengst Eclipse, geboren am 1. April 1764. Im selben Jahr gab es eine große Sonnenfinsternis, deshalb heißt er so. Eclipse wurde als Begründer der bedeutendsten Vollblut-Linie bekannt. Wie er selbst, so gehörten viele seiner Nachfahren zu den Siegern. Oder wie es der Besitzer von Eclipse ausdrückte: »Eclipse geht als Erster durchs Ziel, die anderen sind nicht einmal zu sehen.«

1769 und 1770 gewann Eclipse alle 18 Rennen, an denen er teilnahm. 1771 wollte keiner mehr gegen ihn antreten. Morgens lief Eclipse ein Viermeilenrennen, am Nachmittag drehte er wieder seine Runden und schleppte dabei rund 75 Kilo. Er war kein hübsches Pferd und gab im Galopp äußerst komische Geräusche von sich. Auch war er nicht gerade umgänglich, sodass man anfangs Probleme hatte, ihn zu trainieren. Aber er hatte einen unglaublich langen, raumgreifenden Schritt und war schnell. Sein Herz war überdurchschnittlich groß, es wog sechseinhalb Kilo und ist wohl mitverantwortlich für seine gute Kondition.

Big Red

Das beliebteste Pferd Amerikas ist ohne Zweifel Man o' War oder Big Red. Der Künstler Herbert Haseltine fertigte eine Statue von ihm, die jetzt im Kentucky Horse Park bei Lexington, Massachusetts, steht. In seiner ganzen Laufbahn wurde Big Red in 21 Rennen nur ein Mal geschlagen – als Zweijähriger. 1917 kam er zur Welt, 1947 starb er. Er stand auf der Faraway Farm. Dort besuchten ihn Tausende seiner Anhänger. Sein Geburtstag wurde gefeiert, er war Ehrenbürger der Stadt Lexington und Ehrenoffizier der US-Kavallerie. Als er starb, nahmen über 10 000 Menschen von ihm Abschied.

Red Rum

Auch die Steeplechase hat ihre Helden. Red Rum gewann dreimal das Grand National und hatte einen Fanklub, der mit dem eines Popstars konkurrieren könnte. Als er in »Rente« war, tauchte er bei Wohltätigkeitsveranstaltungen in ganz England auf. »Ginger« McCain trainierte Red Rum auf einem kleinen Gelände in der Hafenstadt Southport in Lancashire.

Arkle

Red Rum war der Held des Grand National, doch König des Cheltenham Gold Cup war Arkle. Dreimal gewann er den Gold Cup: 1964, 1965 und 1966. Arkle gewann weitere 24 Rennen und die von ihm erlaufenen Preisgelder summierten sich auf etwa 11 300 Euro, damals eine beträchtliche Summe. Anne, die Herzogin von Westminster, kaufte

Eclipse
Dieses Gemälde zeigt Eclipse. Es stammt von dem englischen Künstler und Pferdemaler George Stubbs (1724–1806). Das Skelett des Pferdes steht heute in London im Royal Veterinary College.

RENN-ASSE

Man o' War
Das beliebteste Pferd in Amerika, Big Red, hatte eine Publicity, um die ihn heute so mancher Popstar beneiden würde. Er starb 1947 im Alter von 30 Jahren und liegt im Kentucky Horse Park in Lexington begraben.

Red Rum
1977 gewann Red Rum sein drittes Grand National. Als er mit 30 starb, begrub man ihn auf dem Renngelände bei Aintree, wo heute eine Statue an ihn erinnert.

Shergar
Shergar war einer der wenigen, die das Irische und das Englische Derby gewannen. Nach 1981 nahm man ihn aus dem Rennsport und brachte ihn auf ein Gestüt in Irland. Irgendwann verschwand er – das Rätsel wurde nie gelöst.

Desert Orchid
Der Schimmel gewann das King George VI in Kempton dreimal: 1986, 1988 und 1989. 1989 triumphierte er auch beim Cheltenham Gold Cup.

ihn als Dreijährigen in Dublin. Das war 1960. Sie soll gesagt haben: »Ich werde Arkle nie beim Grand National laufen lassen, denn ich liebe ihn; er gehört zur Familie und ist mir kostbar.« Im Dezember 1966, beim Rennen King George VI in Kempton Park, zog sich Arkle einen Bruch in einem der Vorderbeine zu. Dennoch lief der Vorjahressieger weiter und ging nur eine Länge hinter dem Gewinner Dormant durchs Ziel. Er blieb sechs Wochen in Kempton, das Bein in Gips. Er wurde als VIP behandelt und die Öffentlichkeit wurde genau über seine Genesung informiert. Vielleicht hätte er wieder Rennen laufen können, aber das war der Herzogin zu riskant. Arkle durfte sich vom Rennsport verabschieden und ein gemütliches Leben in Irland führen.

Dubai Millennium
Dubai Millennium ist der Sieger des English Derby 1993. Im Sattel saß Frankie Dettori. Das Pferd stammt aus der Zucht der Maktoum Familie. Viele behaupten, es sei das ultimative Vollblutpferd.

Dressur

Renaissance ist die kunstgeschichtliche Periode des 15./16. Jahrhunderts. Schlagworte waren das »Wiederaufleben früherer Kulturerscheinungen« und die »Entdeckung der Welt und des Menschen«. Auch das Interesse an der Kunst des Reitens erwachte erneut.

Die Byzantiner waren erfahrene Pferdeleute und gründeten bereits im 12. Jahrhundert Reitzentren in Neapel. Genau dort eröffnete der Edelmann Federico Grisone 1532 die erste große Reitschule der Welt. Damit legte er den Grundstein für die »Hohe Schule«, die noch heute in der Spanischen Hofreitschule in Wien gepflegt wird. Vor dem Hintergrund der Hohen Schule entstand der heutige Dressursport. Tatsächlich umfassen Dressurprüfungen von hohem Schwierigkeitsgrad auch Lektionen der Hohen Schule: etwa die Piaffe – einen kadenzierten Trab, nahezu auf der Stelle – und die Passage, die aus der Piaffe entwickelt wird, wobei das Pferd mit der gleichen hohen Knieaktion und im gleichen Takt nach vorne tritt. Schon die Griechen und Römer kannten die Übungen, die wir Piaffen und Passagen nennen. Beides erfordert höchste Versammlung. In der Versammlung tritt die Hinterhand vermehrt unter den Körper, die Kruppe senkt sich. Der Hals ist aufgerichtet rund, der Kopf befindet sich in der Vertikalen.

Dressurprüfungen

Die Dressur ist vermutlich die Reitsportdisziplin, die die meisten Anhänger findet. Es gibt unzählige Wettkämpfe, angefangen bei ganz einfachen für Kinder über nationale Turniere verschiedenen Schwierigkeitsgrades und internationale Turniere bis zum Grand Prix und den Olympischen Spielen. In Deutschland sind die Dressurwettkämpfe in Klassen eingeteilt: Klasse E als Eingangsstufe, Klasse A steht für Anfänger, Klasse L für Leicht, Klasse M für Mittel und

Pirouette

Die Pirouette ist eine halbe oder ganze Wendung um die Hinterhand. Dabei soll sich das Pferd um den inneren Hinterfuß drehen. Man unterscheidet die Schritt- und die Galopppirouette. Letztere gehört zu den schwierigsten Galopplektionen der Hohen Schule. Sie erfordert höchste Versammlung und Taktreinheit.

DRESSUR

Passage
Hier zeigt eine Olympia-Teilnehmerin eine Passage. Das Pferd bewegt sich in kadenziertem Trab nach vorne. Höchste Versammlung ist notwendig. Bei der Piaffe tritt das Pferd beinahe auf der Stelle.

Figuren und die geforderten Übergänge zwischen den Gangarten werden komplexer und anspruchsvoller. Die Klassen L und M fordern unter anderem Galoppvolten und versammelten Galopp sowie – noch schwieriger – Schulter herein und Seitengänge im Trab. In Klasse S werden Lektionen der Hohen Schule verlangt. In den schweren Leistungsklassen gibt es auch eine Kür, eine freie Darbietung zu Musik mit selbst gewählten Lektionen. Höhere Prüfungen werden auf dem großen Viereck geritten, einfachere auf einem kleinen. Bewertet werden die Lektionen mithilfe einer Skala von 0 bis Bestnote 10.

Klasse S für Schwer. Bei den niedrigeren Klassen geht es darum, einfache Bahnfiguren und Gangartenwechsel zu beherrschen: in den Klassen E und A zum Beispiel Schlangenlinien und Wechsel vom Halten zum Trab und dann Wechsel vom Schritt zum Galopp und Volten im Trab. Mit zunehmendem Schwierigkeitsgrad wird ein höheres Maß der Versammlung verlangt, die

Die Dressur-Nation
Die Deutschen sind in der Dressur führend – im Grunde seit diese Disziplin existiert. Sie stehen häufig auf Siegertribünen, sind der Maßstab der Preisrichter, und der Erfolg der deutschen Reiter führt dazu, dass in anderen Ländern gerne deutsche Warmblutpferde im Dressursport eingesetzt werden. Dass Deutschland in der Dressur so stark ist, mag auch daran liegen, dass das Reiten in der Halle und im Dressurunterricht hier eine starke Tradition hat.

Von Anfang an
Dressur beginnt schon ganz früh, mit einfachen Übungen in den drei Gangarten Schritt, Trab und Galopp. Dennoch muss das Pferd ordentlich gehen, ruhig sein und auf die Hilfen reagieren.

Die deutschen Reiter/innen Nadine Capellmann, Klaus Husenbeth, Ann Kathrin Linsenhoff, Ulla Salzgeber, Martin Schaudt und Isabell Werth genießen internationale Bewunderung.

Distanzreiten

Distanzreiten gewinnt zunehmend an Bedeutung. Die Disziplin hat ihren Ursprung in Tests, mit denen die Ausdauer von Kavalleriepferden geprüft wurde. Inzwischen hat die Internationale Reiterliche Vereinigung – kurz FEI – Distanzreiten als eigene Disziplin anerkannt, sodass nun Europa- und Weltmeisterschaften im Distanzreiten ausgetragen werden.

Viele Ritte, die das europäische Militär früher veranstaltete, haben die Pferde völlig überfordert. Anders in Amerika: Die dort organisierten Ausdauertests für Araber und Vollblüter waren beispielhaft für fachmännisches Pferdetraining.

Tevis Cup

Einer der ersten zivilen Distanzritte war der Hundertmeiler von Vermont im Jahr 1936. Heute werden in den USA jährlich rund 500 Distanzritte veranstaltet. Am anspruchsvollsten ist der Tevis Cup. Er hat Maßstäbe gesetzt und dazu beigetragen, dass heute bei Distanzritten strenge tierärztliche Kontrollen üblich sind. Die Route verläuft von Tahoe City in Nevada nach Auburn in Kalifornien. Das Gelände ist oft steil und gefährlich, die klimatischen Bedingungen extrem. Australiens Pendant zum Tevis Cup ist der Tom Quilty. Auch er ist ein Hundertmeiler durch anspruchsvolles Gelände.

Araber

Wendell Robie hat den Tevis Cup ins Leben gerufen und den Wettkampf drei Mal gewonnen. Er ritt immer Araber (Seite 102/103). Auf Zähigkeit und Genügsamkeit wird bei der Zucht von Arabern Wert gelegt. Tatsächlich sind sie sehr ausdauernd, ihre Atmung und ihr Puls erholen sich unglaublich schnell. Kein Wunder, dass Araber und Pferde mit stark arabischem Einfluss die Distanzreiter-Szene dominieren. In den 20er-Jahren des 20. Jahrhunderts organisierte die British Arab Horse Society Distanzritte für Araber. Sie wollte damit Werbung für die Rasse machen und ihre Eignung für die Zucht von Kavallerie-Remonten unter Beweis stellen. In fünf Tagen mussten die Pferde – Stockmaß nicht höher als 1,50 Meter – 480 Kilometer zurücklegen, mit 82,5 Kilogramm auf dem Rücken!

Starkes Team
Ein erfahrenes Distanz-Team in einer Galopp-Phase. Das Pferd ist ein reinrassiger Araber. Araber sind für den Distanzsport bestens geeignet.

Hundertmeiler
Ein Wettkampfteilnehmer überquert auf seinem Araberschimmel einen Fluss. Das Foto entstand beim Exmoor Hundertmeiler, der jedes Jahr im Südwesten Englands stattfindet.

Distanzreiter-Vereinigungen

Auf der ganzen Welt gibt es heute Vereinigungen von Distanzreitern und eine internationale Organisation, die die Europameisterschaften organisiert. Distanzritte beginnen mit Geländestrecken ab etwa 30 Kilometern. Je höher der Schwierigkeitsgrad, desto länger die Distanzen – das geht bis zu den Hundertmeilern – und desto höher die Geschwindigkeit. Fester Bestandteil von Distanzritten sind tierärztliche Verfassungskontrollen. Wenn Puls, Atmung und Erholungspuls außerhalb der vorgeschriebenen Werte liegen, gibt es Strafpunkte.

Einfluss der Maktoum Familie

Die Herrscherfamilie der Maktoum hat bei der Zucht von Vollblütern und im Rennsport in jüngster Zeit erheblich an Bedeutung gewonnen. Auch beim Distanzreiten spielt die Famile aus Dubai in den Vereinigten Arabischen Emiraten eine wichtige Rolle. Scheich Mohammed und seine Familie nehmen selbst an Distanzrennen teil, und das mit einigem Erfolg. Zwischen Abu Dhabi und Dubai wurde ein Zentrum für Distanzreiten begründet und Dubai hat ein Weltchampionat im Distanzreiten ausgerichtet. Noch ist das Distanzreiten im

Ärztliche Kontrolle
Die tierärztlichen Verfassungskontrollen sind verpflichtend. Puls und Atmung werden geprüft und darauf geachtet, dass sich das Pferd schnell erholt. Ein Team von Helfern kümmert sich um die Pferde.

Wesentlichen ein Amateursport, aber er nimmt immer professionellere Züge an. Um heute an einem großen Distanzritt teilnehmen zu können, braucht man ein Team von Helfern.

Wüstenritt
Diese Araber sind in der Wüste von Dubai zu Hause. Hier fand der Dubai Ride 2001 statt. Die Mitglieder der Maktoum Familie sind begeisterte Distanzreiter.

Westernreiten

Der Ursprung des Westernreitens liegt in Spanien, genauer gesagt in dem altspanischen Reitstil der Vaqueros, den spanische Auswanderer mit nach Amerika gebracht haben. Auch in ihrer modernen, sportlichen Variante erinnern Stil, Ausrüstung und Lektionen daran, dass die Westernreiterei die Reitweise der Cowboys ist, geprägt durch die tägliche Arbeit mit Rindern.

Viele denken beim Wort »Westernreiten« an Pferde mit weichen Gängen, an bequeme Sättel, in denen man sich sicher fühlt, und an eine gewisse Lässigkeit. Bei Turnieren jedoch ist es mit der Lässigkeit schnell vorbei. Sie sind genauso streng geregelt wie vergleichbare Turniere in anderen Reitsportdisziplinen, und viel Wert wird auf Details gelegt.

Western Pleasure Class

Bei der Western Pleasure Class werden die Pferde mit einer Hand am losen Zügel in den Grundgangarten Schritt, Jog und Lope geritten. Lope ist ein langsamer, ruhiger Galopp. Die Pferde tragen den Kopf tief, der Hals ist relativ lang. Die Pferde befinden sich im Gleichgewicht und treten mit der Hinterhand gut unter den Körper. Auch das Rückwärtsrichten wird verlangt.

Trailprüfungen

In Amerika ist das Trail Riding eine beliebte Freizeitbeschäftigung und Trailprüfungen sind häufig Bestandteil diverser Westernshows sowohl in Amerika als auch in Europa. Sie werden ebenfalls mit einer Hand geritten. Beim Trail Riding müssen die Pferde einen Geschicklichkeitsparcours durchlaufen: Tore öffnen und schließen, über eine Kombination von Stangen reiten oder vorwärts und rückwärts durch eine Stangenformation hindurchgehen … Außerdem gibt es Holzbrücken, Wasser, Wippen und Flattervorhänge. Die Pferde müssen seitwärts treten, auf begrenztem Raum wenden, sich rückwärts richten lassen. Mitunter müssen die Teilnehmer Kleidungsstücke aus- und wieder anziehen. Geprüft wird der Ausbildungsstand des Pferdes und seine Nervenstärke.

Wusstest du …?

Die Spanier kannten zwei Arten, auf dem Pferd zu sitzen: à la Brida – mit langen Steigbügeln bzw. Steigbügelriemen – oder à la Gineta, also mit kurzen Steigbügeln.

Pleasure

Die Pleasure Class ist die geeignete Disziplin für die Westernreiter, die erst das kleine Einmaleins beherrschen. Dennoch gibt es auch hier strenge Regeln, sowohl was die Bewertung als auch was die Erscheinung und das Verhalten der Reiter anbelangt.

WESTERNREITEN

Trail Riding
Hindernisse testen die Fähigkeiten des Reiters und den Ausbildungsstand der Pferde. Die Pferde müssen ruhig bleiben. Dieses Pferd muss seitwärts treten und auf begrenztem Raum wenden.

Reining
Reining ist die Dressur des Westernreitens. Dabei muss der Reiter eine genau vorgeschriebene Aufgabe, ein so genanntes Pattern, ganz exakt ausführen. Ein Pattern besteht aus mehreren Einzelelementen. Bewertet wird der Sitz des Reiters und seine Hilfengebung. Je schneller das Reining geritten wird, desto schwieriger ist es. Reining-Prüfungen von hohem Schwierigkeitsgrad stehen den entsprechenden Dressurprüfungen in nichts nach. Die Bewertung ist streng, Pferd und Reiter müssen bestens ausgebildet sein.

Reining für Fortgeschrittene
Das Reining höheren Schwierigkeitsgrades umfasst alle Bewegungen des Westernreitens: Rückwärtsrichten, Spins (mehrere schnelle Hinterhandwendungen), Galoppwechsel, fliegende Galoppwechsel, Roll-Back (eine gesprungene Hinterhandwendung), schnelle und langsame Galoppzirkel und Sliding Stops. Dabei hält das Pferd aus dem Galopp an. Die Hinterbeine kommen tief unter den Körper und das Pferd rutscht auf den Hufen einige Meter über den Boden, bis es schließlich zum Stehen kommt.

»Profis«
Viele am Westernreiten Interessierte kennen wohl ihren Namen: Ute Holm hat bereits zahlreiche Baden-württembergische, Deutsche und Europameister-

schaften im Westernreiten gewonnen und gilt als eine der Königinnen der Disziplin. Dabei hat auch sie im klassischen englischen Reitstil angefangen. Wie die klassische Reitweise, so baut das Westernreiten auf Takt, Losgelassenheit, Anlehnung, Schwung, Geraderichten und Versammlung auf.

Wusstest du …?
»Dummy« ist beim Westernreiten eine künstliche Kuh, an der Roping geübt wird. Und in den USA ist das Wort »Lasso« nicht üblich; stattdessen spricht man von »Rope«.

Sliding Stop
Der Sliding Stop erfolgt aus einem schnellen Galopp. Das Pferd rutscht einige Meter auf den Hinterhufen dahin, bevor es zum Halten kommt. Der Zügelkontakt ist minimal.

Cutting

Das Westernpferd Nummer eins ist fraglos das Quarter Horse (Seite 130/131). Auf den Ranches ist das Cutting Pferd schon immer das wertvollste Pferd des Cowboys gewesen. Seine Aufgabe ist es, ein Rind oder nacheinander eine kleine Gruppe von Rindern von der Herde zu trennen und sie am Zurücklaufen zu hindern.

Reglements

Cutting ist aufregend. Ob Sport oder Farmarbeit – das Pferd hat die gleichen Aufgaben zu erfüllen. Im Sport ist ein gutes Cutting Pferd heute allerdings genauso viel Wert wie so manches Vollblut-Rennpferd. Zudem winken hohe Preisgelder, oft mehr als 2 Millionen US-Dollar. Sobald Pferd und Reiter mit den Rindern in der Arena sind, wählt der Reiter das Kalb aus, das von der Herde getrennt werden soll. Normalerweise wird es versuchen, wieder zur Herde zurückzukehren. Das gilt es zu verhindern. Das Pferd muss sehr selbstständig arbeiten. Cutting Prüfungen werden ohne

»Cow Sense«

Cutting Pferde brauchen viel Cow Sense: Der Instinkt spielt bei der Rinderarbeit eine große Rolle. Vergleichbar ist der Cow Sense mit dem Instinkt, den Schäferhunde beim Schafehüten brauchen.

Wusstest du …?

Das Quarter Horse ist mit rund einer Million registrierter Tiere die populärste Pferderasse der Welt. Sehr gerne werden Quarters auf Cutting Wettbewerben eingesetzt.

WESTERNREITEN

Team Roping
Team Roping wird in Zweiermannschaften ausgetragen. Der »Header« wirft sein Lasso über die Hörner des Stiers, der »Heeler« muss die Hinterbeine erwischen. Dann werden die Pferde einander gegenübergestellt. Der Stier steht, ohne ausbrechen zu können, in der Mitte.

Zügelhilfen geritten. Jeden Versuch der Kälber, sich wieder der Herde anzuschließen, blockiert das Pferd instinktiv. Es arbeitet ähnlich wie ein Schäferhund. Der Reiter hat zweieinhalb Minuten Zeit, das Können und die Reaktionsfähigkeit seines Pferdes zu demonstrieren. Der Reiter selbst muss bei so vielen schnellen, heftigen Bewegungen, Stopps und plötzlichen Starts sehr gut im Sattel sitzen. Natürlich müssen Cutting Pferde trainiert werden, doch darüber hinaus brauchen sie einen angeborenen »Cow Sense«.

Team Penning
Genauso spannend wie das Cutting ist das Team Penning, bei dem mehrere Reiter gemeinsam eine Gruppe Rinder von der Herde trennen. Das erfordert erfahrene Reiter und bestens trainierte Pferde, die schnell, ausdauernd und klug sind.

Weitläufiges Land
Cowboys legen – wie hier in Colorado – oft weite Strecken zurück. Der Quarter – folgsam, klug und trittsicher – eignet sich dafür bestens. Ein gut sitzender Sattel und eine dicke Satteldecke verhindern Scheuerstellen.

PFERDE IM SPORT

Hollywoodstars

Hollywood ist Amerika pur. Nirgendwo sonst auf der Welt haben derart viele Pferde in Filmen mitgewirkt wie in Hollywood. Aber schließlich hat ja auch nicht jedes Land einen Wilden Westen. Die Produktion von Western war mehr oder weniger ein eigener Industriezweig, der Tausende von Pferden einsetzte. Einige davon wurden zu großen Stars.

Der Pinto Fritz war der Pferdestar des Stummfilms. Er und sein Partner, der Cowboy-Darsteller William S. Hart, versuchten den Westen darzustellen, wie er wirklich war – na ja, wenigstens so ungefähr. Nie ließen sich die beiden doubeln, so gefährlich die Szene auch sein mochte. Stürze aus dem Galopp beherrschten sie perfekt. Sie sprangen von Klippen, tauchten in Flüsse, die mit einer Eisschicht bedeckt waren, und einmal sprangen sie sogar durch ein Glasfenster.

Trigger

Trigger dürfte das bekannteste unter den Hollywood-Pferden sein. Sein Partner war Roy Rogers, der »König der Cowboys«. Trigger beherrschte sechzig verschiedene Tricks. Auf Kommando legte er sich

Roy Rogers und Trigger
Trigger war ein wunderschöner Palomino und unglaublich fotogen. Palominos sind in Filmstudios, wo großen Wert auf ein interessantes Äußeres gelegt wird, sehr beliebt. Trigger reiste viel umher und hatte einen riesigen Fanklub.

Tom Mix auf Tony

Das Wunderpferd Tony in dem Film »Soft Boiled« aus dem Jahr 1924. Wie auch William S. Hart und Fritz ließen sich die beiden nie doubeln – eine Sache, die die Presseleute immer hervorhoben.

Stunt-Pferde

Im Zuge der Westernfilme entstanden Unternehmen, die Stunt-Pferde ausbildeten. Sie vollführten spektakuläre Stürze aus dem Galopp, vor allem in den für Wildwestfilme typischen Kampfszenen. Besonders kluge Pferde lernten eine Reihe spezieller Tricks.

Hinsetzen
Trickpferde können auf Kommando steigen, buckeln, tanzen, rückwärts gehen, sich verbeugen und sich sogar hinsetzen.

hin, stieg oder ging lahm. Er drehte 87 Filme und trat in 101 Fernsehshows auf. Trigger war ein überaus gut ausgebildetes Pferd und sehr intelligent. Seine Arbeit schien ihm Spaß zu machen und er wusste, wie er sich vor der Kamera zu benehmen hatte – ein Naturtalent. Er gähnte, wieherte, rechnete, beherrschte ein paar Tanzschritte und ging auf den Hinterbeinen 150 Schritte rückwärts. Der Trubel am Set schien Trigger zu gefallen, ebenso die Fülle von Aufmerksamkeit, die das Showgeschäft mit sich brachte. Das Duo machte Filmgeschichte. Trigger starb 1965 im Alter von 33 Jahren.

Tony

Eine andere Hollywoodgröße war Tony, ein talentierter Rotschimmel (Seite 100/101) mit weißer Blesse. 20 Jahre lang waren er und Tom Mix Partner. Wie Trigger war auch Tony ausgesprochen klug und beherrschte unzählige Tricks. Er konnte zum Beispiel Knoten aufmachen und seinem Partner auf diese Weise aus brenzligen Situationen helfen. War Tom in Schwierigkeiten, überbrachte Tony Botschaften und holte Hilfe. Gemeinsam bekämpften sie das Böse, quasi mit Hufen und Zähnen. Tom benutzte statt eines Gewehrs häufig seine Fäuste und schlug die Gauner k.o. Das war typisch für die Filme des Duos. In dem Film »Just Tony« spielte Tony sich selbst, ein Tribut Toms an seinen Partner. Tom kam 1940 bei einem Verkehrsunfall ums Leben, Tony starb vier Jahre später im Alter von 34 Jahren.

Statisten

Viele der Pferdestars waren Saddlebreds (Seite 133). Man sagt, sie hätten alles, was ein ausdrucksstarker Pferdeschauspieler braucht: Präsenz, Schönheit, Intelligenz und das entsprechende Temperament. Neben den Stars gibt es aber auch Hunderte von Statisten. Sie spielen bei großen Szenen in den Städten mit, stehen angebunden vor den Saloons und tragen die Helfer des Sheriffs. Ohne sie gäbe es keine Stars.

Beine über Kreuz
»Ich habe zwar nicht die leiseste Ahnung, warum ich so stehen soll, aber es ist mein Job, also mache ich's.«

Rodeo

Früher war das Rodeo der Zeitvertreib der Farmer. Heute ist ein riesiges Showgeschäft daraus geworden, das zahlreiche Zuschauer anzieht. Den Gewinnern winken hohe Preisgelder.

Beim Rodeo gibt es verschiedene Disziplinen: Saddle-Bronc Riding, Bareback Riding, Bull Riding, Steer Wrestling, Calf Roping und Team Roping. Weniger gefährlich, aber genauso spannend ist das Barrel Racing. Dabei rasen die Teilnehmer in halsbrecherischer Geschwindigkeit um große Öltonnen herum. Frauen stehen den Männern dabei in nichts nach. Beim Barrell Racing werden häufig Quarter Horses eingesetzt, weil sie so unglaublich schnell und wendig sind. Der große »Spaß« beim Rodeo ist das Cuck-Wagon

Auf die Plätze …
Das Planwagenrennen lässt Wildwest-Träume wahr werden. Im vollen Galopp rasen die Wagen die Bahn entlang, angefeuert von den so genannten »Hollers«, also den Brüllern.

Racing oder Planwagenrennen. Unriskant aber ist auch das nicht. Es findet auf einer ovalen Bahn statt, wobei je vier Pferde die etwas wackeligen Planwagen ziehen. Das Rennen erinnert entfernt an die Wagenrennen im alten Rom. Damals zogen die Pferde Streitwagen. Vermutlich waren die Wagenrennen der Römer jedoch noch wilder und gefährlicher.

Saddle-Bronc Riding

Saddle-Bronc Riding ist klassisches Rodeo. Der Reiter sitzt auf einem bockenden Pferd und muss sich acht Sekunden lang im Sattel halten. Dabei darf er sich nur mit einer Hand festhalten. Der Reiter steigt in einem engen Pferch auf das Pferd; sobald er sitzt, wird das Tor geöffnet, das Pferd stürmt heraus. Die Reiter hoffen, dass das Pferd gerade und rhythmisch bockt; dann ist es leichter zu sitzen, als wenn es den Körper verdreht. Ein gefährlicher Sport, doch schwere Unfälle ereignen sich relativ selten. Kritiker halten das Bronc-Reiten für Tierquälerei. Damit die Pferde überhaupt so bocken, legt man ihnen nämlich unter anderem einen Bockriemen unter die Lenden. Der fügt den Tieren heftige Schmerzen zu und kann zu Verletzungen führen.

Bareback Riding
Das Bareback-Reiten ist schwierig und gefährlich. Der Reiter sitzt ohne Sattel auf dem Pferd und hält sich mit einer Hand an der Schlaufe, die am Bauchgurt befestigt ist. Er bemüht sich, acht Sekunden auf dem Pferd zu bleiben, während dieses verzweifelt versucht, den Reiter loszuwerden.

RODEO

Barrel Racing
Gegen den Uhrzeigersinn reitet dieses Cowgirl um die Öltonne. Die Geschwindigkeit ist halsbrecherisch. Nur sehr gute Reiter auf sehr guten Pferden können am Barrel Racing teilnehmen.

Bareback Riding
Bareback-Reiten funktioniert im Prinzip wie das Bronco-Reiten, nur eben ohne Sattel. Es ist daher schwieriger und gefährlicher. Der Reiter kann sich an einer Schlaufe, die am Bauchgurt befestigt ist, festhalten. Anders als beim Bronco-Reiten mit Sattel trägt das Pferd beim Bareback Riding kein Stallhalfter.

Bull Riding
Die Reiter versuchen sich acht Sekunden lang auf dem Rücken eines riesigen Bullen zu halten. Bullen haben Hörner, die sie nutzen, wenn sich die Gelegenheit dazu bietet. Mehr als die anderen Disziplinen erinnert das Bull Riding an die Gladiatorenspiele im alten Rom. Hier sind Helfer nötig, die den Bullen davon abhalten, den Reiter anzugreifen, sobald er am Boden liegt.

Steer Wrestling
Beim Steer Wrestling springt der Reiter auf den Rücken des Ochsen, hält ihn an den Hörnern fest und bringt ihn zu Fall. Bei dieser Rodeodisziplin entscheidet die Zeit über die Note. Gewöhnlich liegt der Ochse nach wenigen Sekunden am Boden.

Calf Roping und Team Roping
Auch beim Calf Roping geht es um Geschwindigkeit. Der Reiter wirft das Lasso über den Kopf des Kalbs, wickelt das Lasso um den Sattelknauf, springt ab und fesselt mit einem anderen Seil die Füße des Kalbs. Ein gutes Pferd hält das Lasso stramm. Beim Team Roping fangen zwei Reiter mit Lassos gemeinsam einen Ochsen. Weil sie schnell, geschickt und klug sind, eignen sich Quarter Horses für diese Disziplinen besonders gut.

Calf Roping
Ein Kalb mit dem Lasso einzufangen ist eine alte Cowboy-Kunst. Im Sport muss heute nur alles viel schneller gehen. Die Teilnehmer haben ihre Aufgabe erfüllt, wenn das Kalb eingefangen und an den Füßen gefesselt ist.

Trabrennen

Schon die alten Griechen und Römer hielten Wagenrennen ab. Der Kampf um den Sieg war hart und blutige Unfälle an der Tagesordnung. Die leichtgewichtigen Wagen des römischen Zirkus können als Vorläufer der modernen Sulkys angesehen werden. Anders als die heutigen Sulkys wurden die römischen Triumphwagen jedoch von vier Pferden gezogen, die Brustblattgeschirre trugen.

Sulky-Rennen sind in den USA, in Australien, Skandinavien und Europa praktisch ebenso populär wie Galopprennen. Die Preisgelder sind vergleichbar hoch. Nur in Großbritannien und in Irland hat die Sportart eher wenig Anhänger.

Renn-Nation Amerika

Amerika ist in dieser Sportart führend. Mehr als 30 Millionen Menschen wetten und beobachten Rennen auf 70 Rennbahnen, die oval geformt und mit wetterfestem Belag sowie Flutlicht ausgestattet sind. Das Standardbred (Seite 134) gilt als weltbestes Pferd für Sulky-Rennen und spielt in der amerikanischen Szene die führende Rolle.

Traber

Die meisten Standardbreds sind Gangpferde (Pferde, die laterale Gänge beherrschen). Konventionelle Traber (sie bewegen die Beine beim Trab diagonal) sind in Amerika nicht so populär. In Europa, einschließlich Skandinavien und Russland, bevorzugt man dagegen Traber. Deshalb spricht man bei uns von Trabrennen. In Frankreich werden gelegentlich Trabrennen im Sattel abgehalten. Anderswo ist das nicht üblich. Bei Trabrennen sind die Pferde vor einen Sulky gespannt. Nirgends treten konventionelle Traber gegen Gangpferde an.

Traber – Red Mile
Dieses Rennpferd beim Red Mile Raceway in Lexington, Kentucky, läuft im Trab. Die meisten amerikanischen Pferde, die vor dem Sulky laufen, sind Gangpferde. In Europa werden Traber bevorzugt.

Wusstest du …?

Cardigan Bay, ein neuseeländisches Standardbred, ist eines der berühmtesten Sulky-Rennpferde der Welt. Er gewann 80 Rennen und hielt zwei Weltrekorde. Er war das erste Standardbred, das auf einer Postkarte verewigt wurde.

TRABRENNEN

Red Mile
Eine der bekanntesten Rennbahnen Amerikas ist die Red Mile, »Rote Meile«, in Lexington, Kentucky. Dort findet eines der bekanntesten Rennen für Traber, das Futuity, statt – ein sehr prestigeträchtiges Rennen. Alle amerikanischen Rennbahnen sind mit Flutlicht ausgestattet. Und die Zuschauerräume sind ausgesprochen komfortabel. Das macht den Besuch einer amerikanischen Rennbahn sehr angenehm.

Gangpferd
Das Foto zeigt ein Standardbred im Pass. Der Gang ist lateral. Das Pferd trägt ein spezielles Beingeschirr. Es soll verhindern, dass das Pferd in den Galopp fällt und dafür eine Strafe kassiert.

Gangpferde
In den USA werden Gangpferde aus einem zweiten Grund bevorzugt: Sie fallen nicht so leicht in den Galopp wie Traber. Passiert es dennoch, wird das Pferd zurückpariert und muss auf der Außenbahn gehen. In Deutschland wird ein Traber, der in den Galopp fällt, disqualifiziert. Um Gangartfehler zu verhindern, tragen die Pferde mitunter Beingeschirre, die die Beine mithilfe von Schlingen oberhalb des Karpal- und Sprunggelenks miteinander verbinden. In Deutschland ist das verboten. Sehr viel Wert wird auf den Hufbeschlag gelegt und auf einen guten Beinschutz. Der Beschlag soll die absolut geraden Bewegungen unterstützen. Gamaschen und Glocken verhindern, dass sich das Pferd beim Laufen selbst tritt. Passiert das bei Geschwindigkeiten von bis zu 65 Stundenkilometern, kann es böse Verletzungen zur Folge haben. Die meisten Pferde tragen Nasenriemen, die mit Schaffell überzogen sind; sie sollen das Sichtfeld einschränken und so ein Scheuen der Pferde verhindern.

Der Sulky
Bei Rennen, die mit Sulkys ausgetragen werden, hängt die Geschwindigkeit stark vom Design und Gewicht der Wagen ab. Der erste Sulky kam 1892 auf den Markt. In den 70er-Jahren des 20. Jahrhunderts führte der Ingenieur Joe King Verbesserungen ein: Er konstruierte gerade und kürzere Deichseln und verwendete für den Bau der Sulkys Stahl anstelle von Holz. Fazit: Die

Fälle, in denen ein Pferd es schaffte, eine Meile in weniger als zwei Minuten zurückzulegen, stiegen von 685 im Jahr 1974 auf 1849 im Jahr 1976.

Startmaschinen
Die moderne, fahrbare Startmaschine war eine wichtige Erfindung. Sie gewährleistet einen fairen Start: Auf einem Lastwagen sind zwei bewegliche Flügel montiert. Er steht etwa eine halbe Runde vor der Startmarke. Die Traber werden an den Wagen herangerufen. Das Auto fährt langsam an; kurz vor der Startmarke beschleunigt es auf ca. 80 Stundenkilometer – die Pferde können nicht mehr mithalten. Das Auto entfernt sich und klappt die Flügel auf, um die Bahn zu verlassen.

Höher, weiter, schneller

Höchstleistungen und Rekorde haben etwas Faszinierendes. Das Negative daran: Sie schrauben die Ansprüche in die Höhe und können zu ungesundem Ehrgeiz führen.

Wer hat die längste …, wer war das schnellste …, wer schaffte den höchsten …? Rekorde und Spitzenleistungen! Wann sich hinter den Zahlen wirklich Statistiken verbergen, wann Übertreibungen und wann Binsenweisheiten – diese Frage muss manchmal der eigene Menschenverstand beantworten.

Das Pferd, das am längsten gelebt hat, war Old Billy. Er stammt aus Lancashire in England, wurde 1760 geboren und arbeitete bis 1819 als Kanalpferd. Am 27.11.1822 starb er im Alter von 62 Jahren. Unter den Vorfahren von Old Billy waren vermutlich auch Cleveland Bays.

Hoch und weit

Den offiziellen Hochsprungrekord hält das 15-jährige Rennpferd Huaso unter seinem Reiter Captain Alberto Morales. 1949 überwanden sie ein 2,47 Meter hohes Hindernis. Es gab sogar Pferde, die höher sprangen. Aber damals führte man noch keine Statistiken. In Richmond, Virginia, brachte es die Vollblutstute Heatherbloom 1902 auf 2,50 Meter. Im Sattel saß Dick Donnelly. Den Weitsprungrekord halten Something und Andre Ferreira. Something kam 1975 in Johannesburg, Südafrika, auf eine Weite von 8,40 Meter. Die Rekordhöhe beim Reiten im Damensattel beansprucht die Schauspielerin und Bühnenschriftstellerin Carolyn Woffard für sich und ihr polnisches Warmblutpferd Solidarity. Das Pferd – Spitzname Giraffe, Stockmaß 1,73 Meter – sprang 1996 über ein 1,70 Meter hohes Hindernis – ungewöhnlich für Pferde, die mit Damensattel geritten werden; die Hindernishöhe liegt in diesen Fällen eher bei etwa 1,10 Metern.

Geschwindigkeit

Der Geschwindigkeitsrekord bei Pferden stammt aus dem Jahr 1945: Am 5. Februar brachte es das Rennpferd Big Racket auf 69,62 Stundenkilometer. Zwischen 1922 und 1925 hielt sich R. C. Andrews in der

2,47 m

Hochspringer
Innerhalb von Springwettbewerben gab es früher eine eigene Disziplin, in der ausschließlich Hochsprünge überwunden werden mussten. Das findet man praktisch nicht mehr. Was es noch gibt, sind Mächtigkeitsspringen, bei denen in mehreren Umläufen sehr hohe Hindernisse überwunden werden müssen, die von Mal zu Mal höher werden.

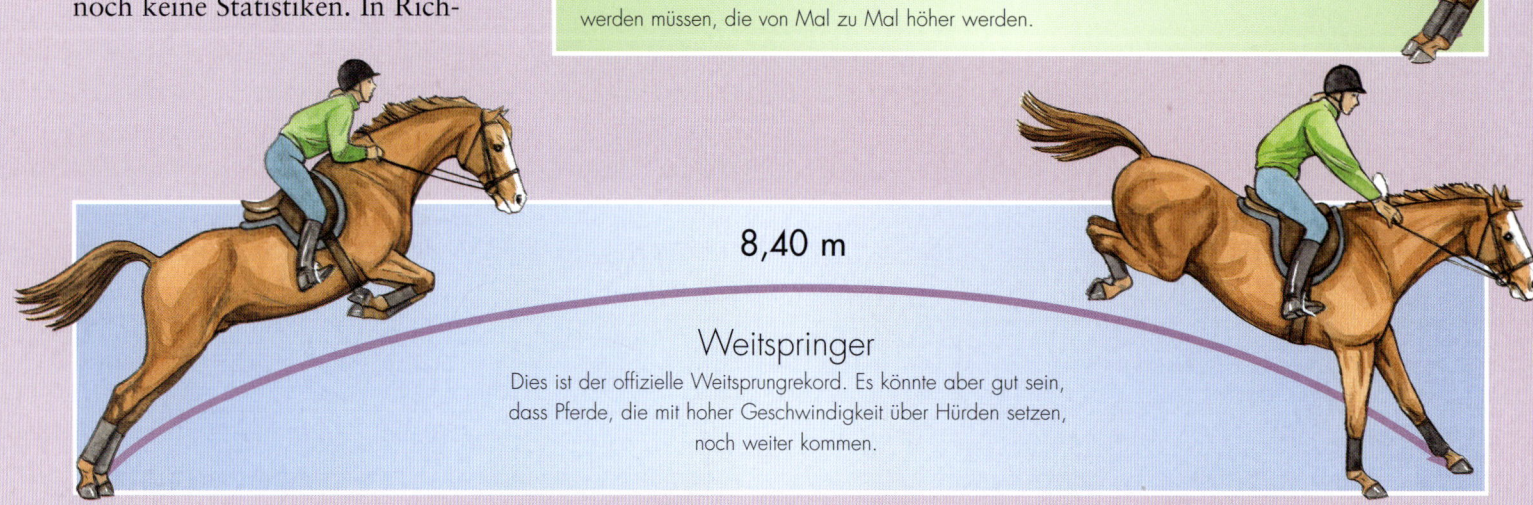

8,40 m

Weitspringer
Dies ist der offizielle Weitsprungrekord. Es könnte aber gut sein, dass Pferde, die mit hoher Geschwindigkeit über Hürden setzen, noch weiter kommen.

Wüste Gobi auf und stellte Forschungen über den Mongolischen Kulan *(Equus hemionus hemionus)* an. Er behauptete, die Tiere könnten, wenn sie von Autos gejagt würden, 56 bis 64 Stundenkilometer erreichen. Ein Hengst lief 26 Kilometer weit bei einer Durchschnittsgeschwindigkeit von 48 Stundenkilometern.

Groß und klein

Von einem winzigen Pony, der Stute Sugar Dumpling, berichtete D. P. Willoughby (The Empire of Equus, 1974). Der Knirps hatte angeblich nur 51 cm Stockmaß und wog 13,6 Kilogramm. Smith McCoy hatte sie in Roderfield, West Virginia/USA gezüchtet. Sie starb 1965. Manche behaupten, Falabellas seien mitunter kleiner – 35 bis 38 cm Stockmaß. Große Zugpferde gab es, so scheint es, einige: den Apfelschimmel Dr. Le Gear, ein Percheron, der es auf 2,10 Meter Stockmaß und 1359 Kilogramm brachte. Er wurde 1902 geboren, gehörte einem gewissen Dr. Le Gear und starb 1919 in St Louis, USA. Brooklyn Supreme, ein Brabanter (Belgisches Kaltblut), 1930 in Minneapolis, USA, geboren, lebte bis 1950. Er war 15 cm kleiner als Dr. Le Gear, wog aber 1452 Kilo und war wohl das schwerste Pferd. Das größte Pferd war vermutlich der Shire-Wallach Sampson, später Mammut genannt. Er wurde 1946 in Bedfordshire, England, geboren und hatte als Vierjähriger ein Stockmaß von 2,18 Metern.

Ausdauer

Einige Achal-Tekkiner legten 1935 eine Strecke von 4128 Kilometern zurück – von Ashkabad nach Moskau; 960 Kilometer davon führten durch die Wüste. Die Wüstenpferde brauchten dafür 84 Tage, bei minimaler Versorgung mit Wasser.

Mähne und Schweif

Das Magazin »Nature« berichtet in seiner Ausgabe vom Januar 1892 von einem Percheron mit einer 13 ft (ca. 4 m) langen Mähne und einem 10 ft (ca. 3 m) langen Schweif. 1942 besaß der Kalifornier George Zillgitt aus Inglewood eine Stute namens Maud. Ihre Mähne soll 5,49 Meter lang gewesen sein, ebenso der Schweif.

Zwerge und Riesen
Das kleinste Pferd der Welt würde dem größten etwa bis zum Knie reichen.

Polo

In Persien und China spielte man schon vor 2500 Jahren Polo. Das Polo-Spiel, wie wir es kennen, stammt aus Indien, aus dem Kachar-Tal im Bundesstaat Manipur. Dort ist es eine Art Nationalsport und wird auf kleinen, lebhaften Manipuri Ponys gespielt. Sie sind kaum größer als 1,27 Meter Stockmaß. Die Inder wiederum hatten das Polo-Spiel von den Tibetern, die dazu »pulu« sagen.

Britische Kolonialherren haben das Spiel aufgegriffen und 1859 gründeten Kapitän Robert Stewart und Leutnant Joseph Sherer den ersten europäischen Poloklub. Ausgehend von Manipur breitete sich das Spiel über Britisch Indien aus; 1869 erreichte es auch England. Im selben Jahr veranstalteten die 10. Husaren ein Polo-Match. Sie nannten es Hockey auf dem Pferderücken. Jede Seite schickte acht Spieler aufs Feld. Bald spielten die Herrschaften in Hurlingham, nahe London. In der Folgezeit war es die Hurlingham Polo Association, die Spielregeln festlegte. Abgesehen von ein paar Änderungen in den frühen Jahren des Polo-Spiels gelten diese Regeln noch heute.

Schnell und wild
Polo wird im Galopp gespielt. Es ist das schnellste Spiel der Welt und für die Spieler sehr anstrengend. Sie versuchen zu verhindern, dass ihre Gegner den Ball bekommen. Strenge Spielregeln sollen das Verletzungsrisiko mindern.

POLO

Polo im Pony Club
In den englischen »Pony Clubs« wird oft mit Begeisterung Polo gespielt. Und in vielen gibt es gute Spieler. Jedes Jahr werden Wettkämpfe abgehalten. Der Holzball befindet sich auf diesem Foto gerade unter dem Braunen links außen.

Überlegenheit der Argentinier

Die Briten brachten den Sport 1877 nach Argentinien und im Jahr darauf begannen die Amerikaner mit Begeisterung und sehr gut Polo zu spielen. Seither sind Amerika und Argentinien die führenden Nationen in dieser Sportart. Argentinische Spieler und ihre Ponys (Seite 156) haben das Spiel stark beeinflusst. Seit 1886 gehörten vier Polo-Spieler zu einem Team und man spielte auf einem Spielfeld von 180 x 273 Metern.

Spielregeln

Ziel ist es, den Ball – früher war er aus Weidenholz, heute zunehmend aus Plastik – mit einem Schläger ins gegnerische Tor zu schießen. Die Schläger bzw. Sticks sind aus Bambus. Die Polo-»Ponys« haben heute ein Stockmaß von etwa 1,51 Metern. Obwohl sie eigentlich Pferde und keine Ponys sind, nennt man sie nie Pferde. In dem Viererteam sind die Spieler mit den Nummern eins und zwei die Stürmer, die Nummer drei spielt im Mittelfeld; diese Position ist die wichtigste. Die vier ist die Verteidigung. Gemäß ihrem Können werden den Spielern Zahlen von –2 bis 10 zugeordnet. Man nennt das Handicap. Die Amerikaner haben ein System ausgeklügelt, wonach nun die Mannschaft mit den niedrigeren Handicaps Vorteilstore erhält. Die Gewinnchancen sollen so ausgeglichen werden. Ein Spiel dauert etwas weniger als eine Stunde. Es ist in Spielzeiten von je 7,5 Minuten, die *Chukkas*, eingeteilt. Treffen sehr gute Spieler aufeinander, werden fünf oder sechs Chukkas gespielt, bei niedrigeren Leistungsgruppen nur vier. Das Spiel ist so schnell und anstrengend, dass die Ponys nach jeder Chukka ausgewechselt werden. Kein Pony spielt mehr als zwei Chukkas pro Match. Deshalb braucht jeder Polo-Spieler mindestens zwei, in höheren Leistungskategorien drei Polo-Ponys.

Ein schwieriger Sport

Polo ist nicht nur schnell, sondern auch komplex. Der Schiedsrichter achtet auf die Einhaltung der Regeln und bestraft Verstöße. Die Spieler dürfen einander nicht den Weg abschneiden. Gezieltes Anrempeln und Zickzack-Reiten, um einen anderen zu behindern, sind ebenso verboten wie der Missbrauch des Schlägers. Für all das gibt es Strafen. Allerdings ist es erlaubt, den Schläger des Gegners zu klauen und ihn »vom Ball zu reiten«. Diesen Kniff müssen Polo-Spieler beherrschen. Dazu legt man sein Knie vor das Knie des Gegners und drückt ihn vom Ball weg.

Hinter den Kulissen
Pferdepfleger trainieren eine Gruppe Ponys. Die meisten von ihnen tragen argentinische Halfter. Häufig reisen die Stallburschen mit den Ponys mit. Sie sind Pferdekenner, die in ihrem Land mit den Ponys und dem Polo-Spiel groß werden. Sie bilden ihre Ponys über die Saison hinweg aus. Polo ist ein hartes Spiel. Die hohe Geschwindigkeit, die schnellen Wendungen und Stopps belasten die Beine der Pferde hochgradig. Auf die Beine muss Acht gegeben werden. Gamaschen und Bandagen sollen sie schützen und stützen. Ein Polo-Spieler braucht maximale Kontrolle übers Pferd, muss bei den Zügelhilfen aber zugleich darauf achten, dass das Gebiss das Pferdemaul nicht verletzt.

Asiatische Spiele

Spiele auf dem Pferderücken haben auch in Zentralasien, im Iran, in Afghanistan sowie in Usbekistan, Tadschikistan und anderen Ländern der ehemaligen Sowjetunion Tradition. Einige dieser Spiele ähneln entfernt dem Polo-Spiel, andere wieder sind harte Wettkämpfe.

Buzkashi ist ein recht rohes Spiel, bei dem rund hundert Reiter um eine tote Ziege kämpfen. Anders *Kyzkuu*, das auf die Reitervölker der Steppe und ihre Tradition des Brautraubs zurückgeht. Varianten dieses Spiels gibt es in vielen Ländern Asiens: Ein Haufen Männer verfolgt eine Frau. Alle versuchen ihr mindestens einen Kuss zu rauben. Die Frau jedoch ist mit einer Peitsche ausgestattet, die sie auf ihrem Weg zum Ziel durchaus gegen ihre Verfolger einsetzen darf. Sie kann aber auch ihrem Lieblingswerber nachgeben. Ringen auf dem Rücken von Pferden nennt man *Oodarysh* oder *Sais*. Dieser Sport ist in Kasachstan und Kirgisien populär. Darüber hinaus gibt es in Zentralasien eine Reihe sehr akrobatischer Reiterspiele.

Schweinejagd
Auf dem Rücken ihrer Pferde und mit Speeren bewaffnet, jagten die Menschen vor 3000 Jahren Wildschweine.

Olga Tartish
Olga Tartish ist angeblich eine Art Polo. Es wird bei kirgisischen Hochzeiten gespielt. Auch beim Olga Tartish spielt ein totes Tier eine Rolle. Es ist ein hartes Spiel, Regeln existieren praktisch nicht.

Im 19. Jahrhundert betreiben die in Indien lebenden britischen Kolonialherren die Wildschweinjagd zu ihrem Vergnügen. Heute sind es indische Offiziere, die gelegentlich Wildschweinjagden organisieren, unter anderem in den Flusstälern entlang des Ganges. Die Jagd ist gefährlich, Männer und Pferde brauchen Mut. Sobald das Wildschwein aus dem Unterholz hervorbricht, stellen ihm drei Männer nach. Der Weg führt meist über steinigen Untergrund mit Löchern und durch ausgetrocknete Flussbette. Wegen hoher Gräser und Büsche sehen die Reiter nicht, wohin sie reiten. Also muss der Reiter ganz auf sein Pferd vertrauen und sich darauf verlassen, dass es seinen Weg finden wird, während der Reiter nach dem Wildschwein Ausschau hält.

ASIATISCHE SPIELE

Polo-Pioniere

In Manipur, einem kleinen indischen Bundesstaat zwischen Assam und Burma, spielte die Bevölkerung ein Spiel, das sie *Kari-jal-bazee* nannten. Die Briten übernahmen das Spiel und entwickelten daraus Mitte des 19. Jahrhunderts ihr Polo-Spiel. Nach Manipur war das Spiel aus Tibet gekommen und nun breitete es sich über Britisch Indien in die ganze westliche Welt aus. In Manipur war *Kari-jal-bazee* Volkssport und jeder noch so kleine Ort hatte sein Team. Die Ausrüstung der Spieler erschien den Briten etwas eigenwillig: Die Männer ritten barfuß, trugen Turbane und Sarongs. Ihre Ponys waren flink, tapfer und durchaus in der Lage, einen ausgewachsenen Mann zu tragen, obwohl sie ein Stockmaß von 1,27 Metern kaum überschritten. Das Foto stammt aus dem Jahr 1885.

Kadir Cup

In Zeiten britischer Kolonialherrschaft organisierten zahlreiche Klubs Wildschweinjagden mit dem Speer. Jeder Klub bewegte sich innerhalb bestimmter Reviergrenzen und war für die Einhaltung der Regeln verantwortlich. Zudem hatte jeder Klub eigene Wildhüter, so genannte *Shikaries*, die die Beute lokalisierten.
Das »blaue Band« der Wildschweinjagd war ein Wettbewerb beim Kadir Cup in der Nähe von Meerut. Erstmals fand er 1874 statt und dann jährlich bis 1939.

Tent Pegging

Tent Pegging – übersetzt: ein Zelt mit Heringen oder Pflöcken befestigen – ist weniger gefährlich und bei praktisch allen berittenen Armee- oder Polizeieinheiten sowie bei Zivilisten in Indien und Pakistan beliebt.

Wusstest du …?

Das Nationalgetränk in weiten Teilen Asiens ist *Kumyss*, ein von den Mongolen erfundenes alkoholisches Getränk aus Stutenmilch.

Regeln beim Tent Pegging

Ein Reiter oder ein Team von vier Reitern galoppiert eine präparierte Strecke entlang. Dort befindet sich ein Pflock, den der Reiter aufspießen und 15 Meter auf seiner Lanze tragen muss. Gelingt es ihm, erhält er die Höchstpunktzahl. Noten gibt es auch für den Stil. Marwari- und Kathiawari-Pferde (Seite 129) sind gute Tent Pegger. Wie viele andere hat auch diese Sportart einen militärischen Hintergrund: Beim Angriff auf ein feindliches Lager war es eine mögliche Taktik der Kavallerie, durch die Zeltreihen zu galoppieren und die Heringe oder Pflöcke der Zelte zu lösen. Das Chaos, das dadurch entstand, kann man sich vorstellen.

Tent Pegging

Das Foto ist in Windsor, England, aufgenommen. Der Reiter spießt gerade den Pflock auf. Der Sport geht auf eine Kriegstaktik der Kavallerie zurück. Begeisterte Tent-Pegging-Fanatiker wollen angeblich sogar, dass der Sport als olympische Disziplin eingeführt wird.

Reiterspiele

Reiterspiele sind die vergnügliche Variante des Leistungsvergleichs. Bei diesen Geschicklichkeitswettbewerben werden Kisten gestapelt, Kartoffeln in Eimer geworfen oder Slalomrennen geritten. Besonders in England sind solche Reiterspiele für Kinder und Jugendliche – dort *Gymkhanas* genannt – verbreitet.

Auch in Indien und vielen anderen Ländern haben Reiterspiele eine lange Tradition. Sie sind ein gutes Training und machen Spaß. In vielen asiatischen Ländern nehmen Erwachsene an Reiterspielen teil. Viele der asiatischen Reiterspiele stammen ursprünglich aus der Mongolei. Die Mongolei ist das Land, in dem es pro Einwohner die meisten Pferde gibt. Reiterspiele werden aber auch in Russland und den ehemaligen Teilrepubliken Russlands organisiert.

Ponyklubs

Ihre Wurzeln haben die Reiterspiele hauptsächlich in England, Amerika und Australien. 1929 wurde in England der »Pony Club« gegründet, eine internationale Organisation für junge Reiter. Inzwischen hat der Pony Club weltweit an die 100 000 Mitglieder. Und sie alle veranstalten Reiterspiele. Außer dem Reiten lernen die Jugendlichen viel über das Wesen ihrer Pferde. In Deutschland sind Reiterspiele längst nicht so populär wie in England, aber auch bei uns steigt ihre Beliebtheit.

Meisterschaft der Reiterspiele

In England wird bei der Horse of the Year Show in London sogar jedes Jahr eine Meisterschaft der Reiterspiele abgehalten. Prinz Philip rief die Meisterschaft 1957 ins Leben. Deshalb wird sie von manchen noch »Prinz-Philip-Spiele« genannt. Die Teilnehmer

Kartoffelrennen
Um eine Kartoffel bei gestrecktem Galopp in einen Eimer zu werfen, musst du ganz schön gelenkig sein. Außerdem brauchst du ein verlässliches Pferd. Die Reiterin hier macht das perfekt.

REITERSPIELE

Hindernisrennen für zwei
Steig ab, gib dein Pferd deinem Mitspieler/deiner Mitspielerin, klettere und krieche schnell über die Hindernisse und darunter hindurch. Achtung, nicht umwerfen! Und weiter geht es. Nun ist dein/e Partner/in dran.

dürfen nicht älter als 15 Jahre alt sein, ihre Ponys nicht größer als 1,47 Stockmaß haben. Genauso toll wie die Teilnehmer – sie reiten einfach klasse – sind die Pferde, die genau wissen, was sie zu tun haben. Solche Ponys sind ziemlich wertvoll. Die meisten guten Reiterspiel-Ponys haben Welsh Ponys als Vorfahren.

Slalom und Sackhüpfen

Man kann sich für Reiterspiele alle möglichen Aufgaben ausdenken. Eine sehr bekannte ist das Slalomreiten: Es geht darum, mit Tempo in Schlangenlinien durch eine Reihe von Stangen zu reiten. Beim Sackhüpfen stülpt sich der Reiter einen Sack über die Beine und hüpft so schnell wie möglich; das Pferd läuft nebenher. Außerdem gibt es diverse Stafettenrennen. Dazu kann es gehören, dass ein Reiter vom Pferd ab- und ein anderer aufspringt. Aufspringen ist nicht leicht zu lernen und erfordert viel Geschicklichkeit.

Wer ist der Schnellere?

Um schnell über umgekehrte Blumentöpfe zu balancieren, darf man nicht gerade wackelig auf den Beinen stehen. Und Reiterspiele bieten noch mehr: Lanzen-

und Schwertspiel – keine Angst, es geht nicht ums Kämpfen, außerdem sind die »Waffen« aus Bambus und Holz – Fahnenrennen, Rennen über kleine Hindernisse und alles, was man sich sonst noch ausdenken kann. Die Liste der Spiele ist unendlich. Bei den Reiterspielen ist der Spaß das Wichtigste. Trotzdem bereiten sich die Teilnehmer intensiv darauf vor und tragen die Spiele auch ernsthaft aus. Was du brauchst, ist Gleichgewichtsgefühl, Gelenkigkeit, Geschicklichkeit, reiterliches Können, Mut und Respekt vor dem Pferd.

Balanceakt
So schnell es geht, läuft die Reiterin über die Blumentöpfe. Dafür braucht sie Geschick und Gelenkigkeit, aber auch ein zuverlässiges Pony. Die beiden sind scheinbar ein ganz gutes Team.

Fahrsport

Schon im 19. Jahrhundert wurden in Europa Fahrturniere organisiert. Als Wettkampfsport anerkannt sind sie seit 1969. Besonders Vielseitigkeitsprüfungen für Wagenpferde können ganz schön aufregend sein, wenn die Wagen durchs Gelände fahren. Dieser Prüfungsteil wird auch als Marathon bezeichnet. Ganz und gar elegant ist dagegen die Dressur.

Neben der Dressur mit Gespannkontrolle (die Erscheinung von Pferd, Wagen und Fahrer wird geprüft) und der Geländefahrt, auch Marathon genannt, gibt es bei der Vielseitigkeitsprüfung für Wagenpferde eine Prüfung im Hindernisfahren. Damit sind diese Wettkämpfe ähnlich aufgebaut wie die dreitägigen Vielseitigkeitsprüfungen für Reiter. Sie werden für Vier-, Zwei- und Einspänner sowie Tandems (die Pferde sind hintereinander angespannt) ausgeschrieben. Pferde und Ponys dürfen teilnehmen.

Dressur

Wie die Vielseitigkeit der Reiter, so beginnt der Fahrwettbewerb mit der Dressur. Verglichen mit den Reitern sind die Lektionen, die verlangt werden, einfach: Wechsel durch die Bahn zum Beispiel oder Wendungen. Gespanne sind allerdings auch schwerer zu manövrieren. Die Richter bewerten unter anderem den Fahrstil, die Regelmäßigkeit der Gänge und die Stellung der Pferde.

Marathon

Auf die Dressur folgt der Marathon. Geprüft werden Ausdauer und Kondition der Pferde sowie das Können des Fahrers. Die Geländestrecke ist etwa 24 bis 27 Kilometer lang. Sie enthält jede Menge natürliche und künstliche Hindernisse: Wasser, Hügel oder Bäume. Es wird nur im Trab oder im Schritt gefahren, Galopp ist nicht erlaubt. Die Strecke ist in verschiedene Sektionen unterteilt und muss auf Zeit geritten werden. Die Gefährte erreichen Geschwindigkeiten bis etwa 18 Stundenkilometer. Allerdings ist auch eine Pause vorgeschrieben und ein Tierarzt führt eine Kontrolluntersuchung durch. Der Sport ist nicht ungefährlich und gerade auf den Geländestrecken ereignen sich immer wieder Unfälle.

Hindernisfahren

Das Hindernisfahren entspricht dem Springparcours beim Reiten. Dabei müssen die Wagen durch einen Parcours aus Kegeln – ähnlich den orangefarbenen, die

Wasser
Wasserhindernisse gehören zu den Geländestrecken immer dazu. Der Fahrer muss entschieden und gut sein, die Pferde brauchen Mut und dürfen nicht zögern.

wir aus dem Straßenverkehr kennen – herumfahren. Bis zu 20 Hindernisse werden aufgestellt. Die Zeit, die den Fahrern zur Verfügung steht, ist knapp.

Fahrpferde

Gewöhnlich werden auf Fahrwettbewerben Warmblüter eingesetzt, der holländische Gelderländer zum Beispiel oder der Holsteiner. Man trifft ebenfalls Cleveland Bays, Welsh Cobs oder Fell Ponys an. Die Ungarn, ein Volk mit langer Tradition im Fahren, haben im 15. Jahrhundert die »Kocsi«, die Kutsche, erfunden. Sie haben Lipizzaner mit Brustblattgeschirren angespannt. Allerdings sind die ungarischen Lipizzaner größer als die der Wiener Hofreitschule.

Scurry

Diese Art von Rennen für Ponys ist eine britische Spezialität. Unglaublich schnell flitzen die Wagen über eine Rennbahn, auf der zahlreiche Hindernisse aufgebaut sind. Scurrys gibt es für kleinere und für größere Ponys. Die Wagen sind leicht. Die Besatzung besteht aus zwei Leuten: Fahrer und Beifahrer.

Tandem
Ein Tandem zu fahren ist schwer. Würde das führende Pferd die Nerven verlieren und umkehren, wäre alles verloren. Das Wichtigste ist es also, das leitende Pferd zum Vorwärtsgehen anzuspornen.

Scurry
Der Beifahrer sitzt hinter dem Fahrer. Er muss sich halsbrecherisch in die Kurven legen, damit der Wagen nicht kippt. Die Ponys müssen schnell, geschickt und gelenkig sein.

Pferdeleistungsschauen

Wenn Züchter Pferdeleistungsschauen besuchen, befinden sie sich gewissermaßen beim Einkaufsbummel. Sie können sich in Ruhe die Pferde ansehen, die für die Zucht zur Verfügung stehen, und überlegen, welche ihnen gefallen. Viele Besucher und Teilnehmer gehen zum Vergnügen auf Pferdeleistungsschauen, ohne Interesse an Geschäften. Sie wollen einfach dabei sein und Leute treffen.

Pferdeleistungsschauen werden praktisch für alle Pferderassen veranstaltet, auch für Fahrpferde. Für einen Züchter heißt es schon etwas, wenn zum Beispiel seine Stute als Siegerin aus einer renommierten Pferdeleistungsschau hervorgeht; letztlich wirkt sich das auf den Verkaufspreis des Pferdes oder sogar von dessen Nachkommen aus. Je nach Alter der Pferde und Art der Veranstaltung werden die Pferde an der Hand vorgestellt oder geritten. Die Richter beurteilen das Äußere der Pferde – Kopf, Hals, Schulter usw. –, ihre Erscheinung, ihr Auftreten, ihre Gänge und ihr Benehmen. Die Pferde werden in der Bahn im Schritt und im Trab vorgestellt. Die Person, die sie vorführt, hält sie am Strick und läuft nebenher. Werden die Pferde unter dem Sattel vorgestellt, wird ihre Ausbildung ebenfalls bewertet.

Laien und Profis

Neben den Schauen für Profis gibt es bei uns auch Veranstaltungen für Laien, etwa im Rahmen mancher Pferdemärkte. Daran dürfen auch »Durchschnittspferde« unabhängig von ihrer Rasse teilnehmen. Unterteilt wird dabei häufig in die Kategorien Pony und Pferd. Die Besitzer führen wie gehabt ihre Pferde an der Hand im Schritt und im Trab vor. Und mit ein bisschen Glück bekommen die Pferde bzw. die Besitzer eine Schleife. Professionelle Pferdezüchter sind auf diesen Schauen in der Regel nicht vertreten.

Hengstparaden

Bei Pferdeamateuren und -profis gleichermaßen beliebt sind in Deutschland die Hengstparaden. Die Haupt- und Landesgestüte der einzelnen Bundesländer führen sie einmal pro Jahr durch. Früher dienten die Veranstaltungen ausschließlich dazu, den Züchtern einen Überblick über den Hengstbestand zu geben. Heute sind daraus beliebte Schauereignisse geworden. Tausende von Besuchern pilgern jedes Jahr zu den Hengstparaden und bekommen einiges zu sehen: Quadrillen, Hengste vor prunkvollen Kutschen oder römischen Streitwagen, Dressur- und Springvorführungen, Wagen, die um Hindernisse flitzen, atemberaubende Kunststücke und natürlich jede Menge wunderschöne Pferde.

Typisch britisch

In England gibt es zudem so genannte »working-hunter classes«, also »Jagd-Leistungsprüfungen«. Bei diesen Veranstaltungen absolvieren die Pferde auch einen

Saddlebred
Pferd und Reiter sind herausgeputzt. Das Saddlebred ist eine beeindruckende Erscheinung – auch wenn die Trainingsmethoden, die den besonderen Gang noch fördern, häufig kritisiert werden.

Springparcours. Umgekehrt wird auf den Pferdeschauen für Hunter, also für Jagdpferde, nicht gesprungen. Manche Pferdemenschen, vor allem jene, die nicht aus England kommen, mögen das ein bisschen eigenartig finden.

Amerikanische Extravaganz

In Amerika existiert ein wahrer Pferdeschau-Zirkus. Die Konkurrenz ist hart und die Veranstaltungen sind vollkommen kommerzialisiert. Verglichen mit Europa sind alle amerikanischen Pferdeschauen groß, die Top-Shows könnte man guten Gewissens als riesig bezeichnen. Es gibt unzählige Vorführungen, alle sehr farbenprächtig. Man kommt sich beinahe wie bei einer Theateraufführung vor. Die Paraden zum Beispiel sind wunderschön anzusehen. Unter dem Showaspekt betrachtet sind amerikanische Pferdeschauen einfach Spitzenklasse. Kritisiert wird dagegen immer wieder, dass zu viel Wert auf den Schaueffekt gelegt wird. So ist es bei uns verrufen, die hohe Knieaktion durch schwere Gewichte an den Hufen zu verstärken oder den Schweif durch operative Eingriffe zum Hochstehen zu bringen.

Kinder führen vor
Dieses Foto zeigt eine Schauveranstaltung, auf der Kinder ihre Pferde oder Ponys vorstellen. Sowohl die Tiere als auch die Pferde sind schön herausgeputzt.

Jagdpferde
Auf amerikanischen Schauen ist es üblich, Hunter beim Springen vorzuführen; bei der Benotung wird viel Wert darauf gelegt. Die Vorstellungen sind ein guter Test für potenzielle Jagd- und Springpferde. Dieses Team springt perfekt.

PFERDE DIESER WELT

Kabardiner Herde
Der Kabardiner stammt aus dem Kaukasus. Er gilt als eines der besten Bergpferde. Kabardiner sind ausgesprochen trittsicher und haben einen guten Orientierungssinn.

Was ist eine Rasse?

Auf diese Frage bekommt man unter Umständen unterschiedliche Antworten – je nachdem, ob ein Amerikaner oder ein Europäer sie beantwortet. Die Vorstellungen, was eine Rasse ausmacht, gehen nämlich auseinander: In Amerika gelten manche Kreuzungen oder Pferde bestimmter Farben als eigene Rasse, werden aber bei uns nur als »Typ« bezeichnet, zum Beispiel der amerikanische Morab.

Rassen und die dazugehörigen Stutbücher sind eine relativ neue Erfindung. Wenige Stutbücher – abgesehen von denen der Vollblüter und Araber – sind mehr als etwa 100 Jahre alt. Vor der Einführung der Stutbücher, Gestütbücher oder Stammbücher bezeichnete der Begriff »Rasse« mehr oder weniger eine Gruppe Pferde, die in einem bestimmten Gebiet lebten. Wegen derselben Umweltbedingungen und der verwandtschaftlichen Beziehungen ähnelten sich die Tiere in Größe, Körperbau, Fellfarben, Zeichnungen sowie Charakter. Heute ist mit »Rasse« eine Gruppe von Pferden gemeint, die über einen längeren Zeitraum gezielt gezüchtet werden, um bestimmte Eigenschaften im Charakter, im Exterieur und in der Bewegung zu erhalten.

Das geschlossene Stutbuch

Als Rassepferd gilt ein Pferd, dessen Vorfahren – also Eltern, Großeltern usw. – im Stutbuch der betreffenden Rasse eingetragen sind. Man unterscheidet offene und geschlossene Stutbücher. In geschlossene Stutbücher werden nur reinrassige Pferde aufgenommen, das heißt alle Vorfahren müssen derselben Rasse angehören; Einkreuzungen fremder Rassen sind nicht erlaubt. Es ist jedoch möglich, Halbblut-Tiere zu registrieren, zum Beispiel Halbblut-Araber oder Halbblut-Dartmoor.

Junge Araber
Jeder dieser reinrassigen Araber hat einen Stammbaum, der Generationen zurückreicht. Ihre Vorfahren waren genauso reinrassig wie sie selbst. Wichtige Zuchtlinien können Hunderte von Jahren zurückverfolgt werden. Die reinrassige Zucht macht ihren Charakter und ihr Aussehen auch so unverwechselbar.

WAS IST EINE RASSE?

Auf dieser Seite stehen der Name der Eltern, Geburtsdatum und -ort. Ein offizieller Stempel und eine Unterschrift beglaubigen die Eintragungen.

Aus dieser Seite wird ersichtlich, auf welche Pferde die Eltern des Tieres zurückgehen. In diesem Fall haben sie ihre Vorfahren in Nonius- und Furioso-Pferden.

Pedigree
Dieser Stammbaum oder das Pedigree dieses Tschechischen Warmbluts deckt mehrere Generationen ab. So lässt sich nachprüfen, wie und wo das Pferd gezüchtet wurde.

Das offene Stutbuch

Die Zuchtverbände europäischer Warmblüter führen offene Stutbücher. Ein Grund mag sein, dass diese Zuchten unter den Folgen der beiden Weltkriege litten: Es gab Verluste, Zuchten wurden unterbrochen. In diesem Fall kann ein Pferd registriert werden, wenn seine Eltern dieser Rasse angehören oder nachweislich von – vom Zuchtverband ausgewählten – fremden Rassen abstammen. Das räumt den Züchtern bei der Kreuzung mehr Spielraum ein, wobei sie dennoch die Zuchtziele (Gebäude, Charakter, Verwendbarkeit) anstreben. Innerhalb der Rasse gibt es also eine größere Variationsbreite. Alle europäischen Warmblüter tragen in Anteilen das Blut von Vollblütern in sich. Viele haben arabische Vorfahren. Der Selle Français trägt viel Vollblut in sich; auch Anglo-Araber und Französische Traber wurden eingekreuzt. Beim Holländischen Warmblut, das auf einen Mix aus Gelderländer, Groninger und Vollblut zurückgeht, haben die Züchter Oldenburger, Trakehner und Hannoveraner eingekreuzt.

Typen
Es gibt Pferde- oder Ponytypen, die nicht als Rasse anerkannt werden, zum Beispiel Polo-Ponys, Hunter oder Palominos. In den meisten Ländern gilt der Palomino als Farbtyp. Darüber hinaus existieren in Amerika Kreuzungen bestimmter Rassen, deren Verbände die Anerkennung dieser Pferde als eigene Rasse beanspruchen. Anderswo würde man sie als Pferdetyp klassifizieren. Das Pferd rechts auf dem Foto könnte man als Farbtyp bezeichnen, aber im Grunde ist es nur ein Beispiel für eine zufällige Kreuzung.

Vollblut, Warmblut und Kaltblut

Zunächst kann man Pferde in leichte Pferde, schwere Pferde und Ponys einteilen. Diese Kategorien reichen aber nicht. Unterschiedliche klimatische und natürliche Lebensbedingungen prägen die Pferde. In tropischen Gegenden zum Beispiel gibt es Pferde, die zwar sehr klein sind, aber nicht dem schweren, für Kraft stehenden Pferd entsprechen.

Ponys
Ihrer kompakten Statur und ihrem dichten Fell verdanken es die Ponys, dass sie nicht so viel Wärme verlieren. Merkmale wie diese haben sie entwickelt, um im rauen Klima zu überleben. Sie sind anders gebaut als Pferde, im Verhältnis zu ihrer Größe sind die Beine kurz.

Verallgemeinert lässt sich sagen, dass die langbeinigen, leichten Pferde mit feiner Haut und feinem Fell aus den heißen, trockenen Klimazonen stammen, während die trägeren, kurzbeinigen, schweren Pferde mit tiefer Brust und großen Hufen vom nordeuropäischen Waldpferd abstammen. Die Waldpferde lebten in feuchten, sumpfigen Gegenden mit üppiger Vegetation. Ponys sind anders proportioniert, mit tiefem Rumpf und – im Verhältnis zur Größe – kurzen Gliedmaßen. Sie besitzen ein dichtes Fell, das sie bestens gegen Kälte und Nässe schützt. So haben sie sich ihrer Umwelt angepasst; schließlich stammen sie aus den kälteren, nördlichen Gegenden, aus Hochmooren und Bergen. Pferde werden in Vollblüter, Warmblüter und Kaltblüter eingeteilt.

Die Vollblüter
Araber mit lückenlos reinblütigem Stammbaum ohne Einkreuzungen sind Vollblüter. Die Araber, die seit rund 5 000 Jahren reinrassig gezüchtet werden, sind der

Vollblut
Das Araber-Pferd stammt aus der Wüste. Es ist *das* Vollblutpferd. Über einen Zeitraum von 5 000 Jahren wurde diese Rasse rein gezüchtet, ohne Einkreuzungen anderer Rassen. Das ist einzigartig. Der Araber gilt als »Urquell« der anderen Pferderassen.

VOLLBLUT, WARMBLUT UND KALTBLUT

Inbegriff eines Vollblutpferdes. Sie gelten als der »Urquell« anderer Pferderassen. Außer ihnen zählen das Englische Vollblut und der Anglo-Araber, eine Kreuzung aus Englischem Vollblut und Araber, zu den Vollblütern. Das Englische Vollblut stammt direkt von Arabern ab und wird seit 300 Jahren systematisch gezüchtet. Ihre Pedigrees sind hervorragend. Araber und Englisches Vollblut gelten als etwas Besonderes und haben den größten Einfluss auf andere Pferderassen ausgeübt. Vollblüter sind edel, zierlich und sehr sensibel. Umstritten ist, ob man den ausdauernden Berber und den edlen Andalusier in die Kategorie der Vollblüter aufnehmen soll. Beim Berber ist der Ursprung der Rasse nicht völlig klar. Die Geschichte der Andalusier wiederum lässt darauf schließen, dass wiederholt Pferde fremder Rassen eingekreuzt wurden. Dennoch ist der Andalusier im Aussehen und im Charakter ebenso unverkennbar wie der Araber und hat viele andere Rassen beeinflusst.

Warmblut und Kaltblut

Der Begriff Kaltblut bezeichnet die schweren Pferderassen Europas. Als Warmblüter gelten in Deutschland Pferderassen, die weder Vollblut noch Kaltblut, noch Pony sind. International spricht man von Halbblut, wobei der Begriff Warmblut heute auch anderswo

Warmblut
Dieses deutsche Sportpferd ist ein Warmblüter. Warmblüter liegen hinsichtlich äußerer Erscheinung und Temperament zwischen Voll- und Kaltblut.

verwendet wird. Warmblüter liegen im Typ zwischen Kalt- und Vollblut – sowohl hinsichtlich Körperbau als auch Temperament. Sie besitzen nicht die Bedächtigkeit der Kaltblüter, sind aber auch nicht so erregbar wie Vollblüter – ideale Voraussetzungen für ein Sportpferd.

Kaltblut
Diese Pferde stammen von den Waldpferden Europas ab, die in kalten Sumpfgegenden lebten. Die heutigen, gezielt gezüchteten Kaltblut-Rassen sind nicht mit den Waldpferden von damals vergleichbar, doch ihr »kaltes« Element – das Behäbige, Langsame – geht auf ihre Vorfahren zurück.

Das Gebäude

Als Gebäude bezeichnet man den Körperbau der Pferde, also das Skelett und den Muskelapparat. Das Pferd soll in seiner Erscheinung wohlproportioniert, symmetrisch und harmonisch sein.

Die korrekten und symmetrischen Proportionen eines gut gebauten Pferdes tragen zu seinem natürlichen Gleichgewicht und seiner Leistungsfähigkeit bei. Die Bewegung oder Aktion wird ebenfalls vom Körperbau beeinflusst – im Positiven wie im Negativen. Da die körperlichen Voraussetzungen das Pferd in seinen Bewegungsmöglichkeiten begrenzen, ist der Körperbau auch für das Temperament maßgeblich. Verlangt man von einem Pferd mehr, als es aufgrund seines Gebäudes leisten kann, so wehrt es sich. Ein gut gebautes Pferd wird – bei gleichen Bedingungen – länger gesund und arbeitsfähig bleiben als ein schlecht gebautes. Die körperlichen Voraussetzungen entscheiden mit darüber, wie und wo die Pferde eingesetzt werden. Auf dem einen Ende der Messskala liegt die auf Kraft ausgerichtete Struktur schwerer Zugpferde, auf der anderen der die Schnelligkeit begünstigende Körperbau des Englischen Vollbluts. Dazwischen gibt es jede Menge Varianten.

Der Rücken

Es gibt einige Faustregeln, wie das Gebäude eines Pferdes beschaffen sein sollte. Ein Kriterium ist die Gurtentiefe. Der Brustkorb des Pferdes soll breit, tief und lang sein; nur so finden die inneren Organe genug Platz. Sehr schnelle Pferde besitzen einen flacheren Brustkorb. Pferde haben 18 Rückenwirbel; acht von ihnen sind über die Rippen fest mit dem Brustbein verbunden. Man sagt, der Rücken soll so lang sein, dass Vorderbeine, Rücken und Hinterbeine ein Rechteck bilden. Stuten haben normalerweise im Verhältnis zu ihrem Körper einen längeren Rücken als

Gelenke und Knochen

Für die Gelenke und Knochen der Pferde gibt es Fachbegriffe. So können Pferde in verständlicher Weise beschrieben werden. Besonders wichtig ist das zum Beispiel für die Richter bei Zuchtschauen oder für Veterinärmediziner. Solche speziellen Bezeichnungen gibt es auch für die Fellfarben und die Zeichnungen, wobei dennoch kleine Varianten vorkommen.

DAS GEBÄUDE

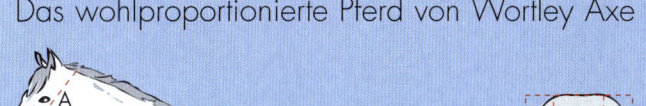

Das wohlproportionierte Pferd von Wortley Axe

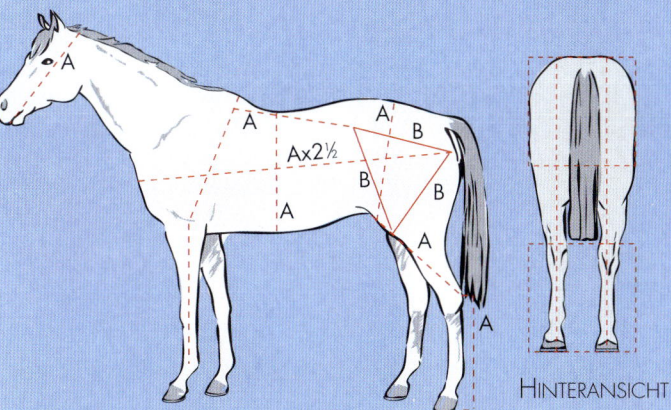

HINTERANSICHT

Professor Wortley Axe gab im 19. Jahrhundert Richtlinien für die Beurteilung des Gebäudes leichter Pferde heraus. Folgende Linien sollen gleich lang sein:

A = Kopflänge
Sprunggelenk zum Boden
Sprunggelenk zur Kniekehle
Kastanie zum Fuß
Körpertiefe am Gurt
Kniekehle zur Kruppe
Widerrist zum Hüftgelenk

Die Linien vom Fesselkopf zum Ellenbogen und vom Ellenbogen zum Widerrist sind etwa gleich lang.

B = Sitzbeinhöcker zum Hüftgelenk
Sitzbeinhöcker zum Knie
Knie zum Hüftgelenk

Eine Linie vom Sitzbeinhöcker trifft das Sprunggelenk und verläuft weiter nach unten am Röhrbein entlang.

Hinteransicht – Die Seite eines jeden Quadrats entspricht der Länge des Pferdekopfes. Die aufrechte Linie verläuft durch die Mitte des Sprunggelenks und des Fesselkopfes.

Hengste und Wallache. Ist der Abstand zwischen der letzten Rippe und dem Hüftknochen zu groß, sagen manche, das Pferd habe »eine Rippe zu viel« – ein ernster Mangel im Gebäude, ein Manko an Stabilität.

Die Schulter

Ein weiteres wichtiges Kriterium ist die Schulter. Für einen freien, raumgreifenden, federnden Gang soll die Schulter lang und schräg sein. Das Schultergelenk sollte verhältnismäßig weit vorne liegen, der Oberarm nicht zu kurz sein. Schultergelenk und Oberarm sollen einen rechten Winkel bilden. Damit die Bewegungsfreiheit der Vorderbeine nicht behindert wird, muss zwischen Ellenbogenhöcker und Brustkorb genügend Platz sein. Die Beine betrachtet man am besten erst von hinten bzw. vorne und dann von der Seite.

Gebäudemängel

Mängel im Gebäude beeinflussen die Bewegungs- und Leistungsfähigkeit des Pferdes. Doch nicht jede Abweichung vom Ideal ist ein ernsthafter Mangel. Um festzustellen, ob die Hinterbeine eines Pferdes korrekt stehen, denkt man sich eine Linie vom Sitzbeinhöcker zum Boden. Hier einige Beispiele für Fehlstellungen.

Gutes Verhältnis von Hüfte und Sitzbeinhöcker
Kräftiger Unterschenkel

REGELMÄSSIG

DIVERSE FEHLSTELLUNGEN IM VERGLEICH (BEI UNS Z. B. SÄBELBEINIG, UNTERSTÄNDIG ETC. GENANNT)

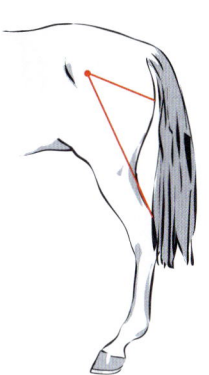

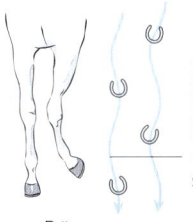

Die Vorderbeine beschreiben beim Laufen einen kreisförmigen Bogen nach außen. In Europa gilt das als Fehler.

BÜGELN

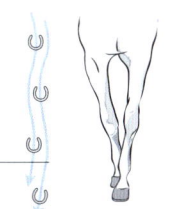

Das Pferd schwingt nach innen, sodass die Beine sich ein wenig überkreuzen. Das Pferd stolpert leichter.

SCHNÜREN

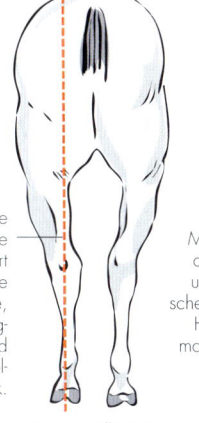

Eine senkrechte Linie führt durch die Hinterbacke, das Sprunggelenk und das Fesselgelenk.

REGELMÄSSIG

Die Muskulatur der Ober- und Unterschenkel (die Hosen) ist mangelhaft.

FUCHSLENDIG

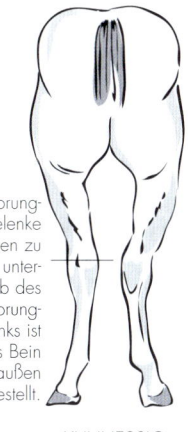

Die Sprunggelenke stehen zu eng, unterhalb des Sprunggelenks ist das Bein nach außen gestellt.

KUHHESSIG

REGELMÄSSIG

BODENWEIT

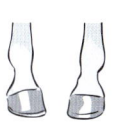

BODENENG

Bewegung und Gänge

Als die drei Grundgangarten gelten Schritt, Trab und Galopp. Dazu kommt der Renngalopp, den manche als eigene Gangart werten, weil aus dem Dreitakt des Galopps ein Viertakt wird. Pferderassen wie Isländer und etliche amerikanische Gangpferde beherrschen auch Tölt oder Pass.

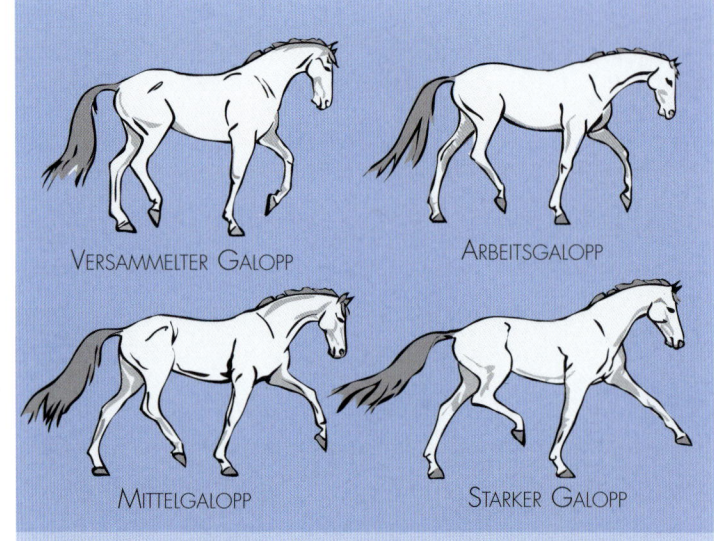

Tempi
Die Extreme sind der versammelte Trab und der starke Trab. Dazwischen liegen der Arbeitstrab – dem versammelten Trab näher – und der Mitteltrab, der in Richtung starker Trab geht. Auch der Galopp wird in versammelten Galopp, Arbeitsgalopp, Mittelgalopp, starken Galopp eingeteilt.

Im Unterricht werden die drei Grundgangarten Schritt, Trab und Galopp weiter unterteilt. Beim *Mittelschritt* treten die Hinterhufe über die Spur der Vorderhufe hinaus. Für den *versammelten Schritt* geht das Pferd in einem höheren Grad der Versammlung und ist entsprechend aufgerichtet. Die Silhouette des Pferdes erscheint kompakter. Die Schritte werden kürzer und erhabener. Der Hinterhuf tritt jetzt höchstens in die Spur der Vorderhufe, aber nicht darüber hinaus. Im *starken Schritt* treten die Hinterhufe deutlich über die Spur der Vorderhufe hinaus, weiter als beim Mittelschritt. Die Silhouette ist länger. Zur Erholung kann das Pferd das Schritttempo gehen, das ihm angenehm ist. Es darf den Kopf nach unten nehmen und den Hals strecken.

Gangpferde

Der Pass ist ein lateraler Gang. Die Beinpaare einer Seite fußen jeweils gleichzeitig auf (Standardbred, Seite 134). Die meisten Gangpferde sind in Nord- und Südamerika zu Hause. Von den europäischen Rassen beherrscht nur der Isländer (Seite 155) einen Spezialgang, den Tölt. Tölt ist ein Viertakt, im Grunde mit der gleichen Fußfolge wie beim Schritt, nur eben gelaufen. Den Passgang der indischen Marwari (Seite 129) nennt man in ihrer Heimat »Revaal«. Zu den amerikanischen Gangpferderassen gehören Saddlebred (Seite 133), Missouri Foxtrotter und Tennessee Walker (Seite 135). In Mexiko beherrscht der Galiceno (Seite 139) den Pass, und Südamerika hat seine Pasos (Seite 138). Diese Spezialgangarten sind bequem, rhythmisch und schwungvoll. Die Saddlebred beherrschen den »slow gait«, einen Tölt, und den schnellen »rack«, den Renntölt, zwei Viertakter mit hoher Knieaktion. Der Gang des Missouri Foxtrotter ist ungewöhnlich. Vereinfacht ausgedrückt geht das Pferd vorne im Schritt, während es hinten trabt. Er beherrscht auch den ganz gewöhnlichen Schritt im Viertakt. Das Pferd läuft dabei lebendig und wirft die Beine weit nach vorne. Die Spezialität des Tennessee Walker ist »running walk«, ein weicher Renntölt.

Galopp
Der Galopp ist ein Dreitakt. Beim Renngalopp kann ein Viertakt daraus werden. In diesem Fall kommt es, wenn das rechte Bein führt, zu folgender Fußfolge: links hinten, rechts hinten, links vorne, Schwebephase (kein Bein hat Kontakt zum Boden) und dann rechts vorne.

BEWEGUNG UND GÄNGE

Schritt
Schritt ist eine Bewegung im Viertakt. Die vier Hufe treten nacheinander auf. Die Fußfolge ist zum Beispiel links hinten, links vorne, rechts hinten und rechts vorne. Drei- und Zweibeinstütze wechseln ab.

Trab
Der Trab ist ein Zweitakt. Die jeweils diagonalen Beinpaare schwingen gleichzeitig nach vorne und fußen auch gleichzeitig auf, also zum Beispiel erst links hinten und rechts vorne, danach rechts hinten und links vorne. Das Beinpaar, das den nächsten Tritt macht, fußt ab, bevor das andere Beinpaar, das sich schon in der Vorwärtsbewegung befindet, auf dem Boden ankommt; so entsteht ein Augenblick der Schwebe.

Galopp
Galopp ist ein schwungvoller Dreitakt. Der Rechtsgalopp hat folgende Fußfolge: linkes Hinterbein, gleichzeitig linkes Vorderbein und rechtes Hinterbein und schließlich rechtes Vorderbein. Anschließend befindet sich das Pferd in einer Schwebephase. Und daran schließt sich der nächste Sprung an.

Farben und Zeichnungen

In den Papieren eines Pferdes ist nicht nur die Fellfarbe festgehalten. Auch die weißen Zeichnungen, die meist am Kopf und an den Beinen auftreten, werden eingetragen. Sie dienen der Identifizierung der Pferde.

Die gängigsten Fellfarben sind: Rappe, Brauner, Fuchs, Schimmel. Als junge Pferde sind Schimmel oft noch dunkel und werden mit der Zeit immer weißer. Braune und Füchse gibt es in verschiedensten Schattierungen. Falben haben gelb-beiges Fell; Mähne, Schweif und Kötenbehang sind schwarz. Oft haben sie einen Aalstrich. Falbe ist die Farbe der primitiven Pferderassen. Ein Pferd hat Stichelhaare, wenn es Fleckchen mit weißen Haaren im Fell hat. Fliegenschimmel sind durch kleine braune Punkte auf weißem Fell gekennzeichnet. Das fuchsfarbene Fell der Rotschimmel ist mit weißen Haaren durchsetzt. Weißisabellen haben cremefarbene Haare. Das Deckhaar der Albinos ist weiß. Sowohl bei den Weißisabellen als auch bei den Albinos schimmert die pigmentlose, rosafarbene Haut durch das Fell. Der Palomino, auch Isabell genannt, hat goldfarbenes Fell mit weißem Mähnen- und Schweifhaar. Schecken sind gefleckt; ihr Fell ist mehrfarbig. Sind es mehr als zwei Farben, so nennt man sie gemischte Schecken. Schwarz-weiße Schecken heißen Rappschecken, fuchsfarben-weiße Schecken nennt man Fuchsschecken. Die amerikanischen Bezeichnungen für die Fellfarben sind oft bildhafter und unterscheiden viel mehr Schattierungen; so sprechen sie zum Beispiel von »Wildleder« oder »Kürbis«. Pintos sind Schecken, wobei man zwischen Tobiano und Overo unterscheidet. Die Amerikaner sprechen auch von »lehmfarben« und meinen damit ein Pferd mit rotgelbem Fell. Ein Sorrell ist ein Rotbrauner.

Vorlieben

»Ein gutes Pferd kann keine schlechte Farbe haben« – ein Spruch, den nicht jeder Pferdebesitzer beherzigt. Viele mögen keine verwaschenen, blassen Farben. Oft verbinden sich mit Farben spezielle Vorstellungen. Falben sagt man nach, sie seien hart und widerstandsfähig. Füchse, besonders Stuten, werden mit einem feurigen Temperament in Verbindung gebracht. Und schwarze Pferde wurden gemieden, weil sie an Beerdigung und Tod erinnerten. Auch gegenüber Schecken existierten Vorurteile; heute sind sie aber in Mode. Schimmel, so sagte man, seien etwas für

Vererbung der Farbe

Manche Fellfarben sind dominant, andere rezessiv. Bei Pferden ist weiß gegenüber schwarz, braun und fuchsfarben dominant; braun gegenüber schwarz. Und fuchsfarben ist gegenüber allen anderen Farben rezessiv. Sind die Eltern eines Fohlens also ein Brauner und ein Fuchs, wird das Fohlen ein Brauner, während zwei Füchse immer einen Fuchs ergeben.

BRAUNER

RAPPE

DUNKELBRAUNER

FUCHS

FARBEN UND ZEICHNUNGEN

Zeichnungen

Die Zeichnungen sehen in Wirklichkeit nicht immer genauso aus wie in den Büchern. Die beiden Fotos rechts belegen das. Das linke Pferd hat beinahe ein weißes Gesicht, eine Laterne, etwa zu drei Vierteln. Das rechte hat eine unregelmäßige Blesse.

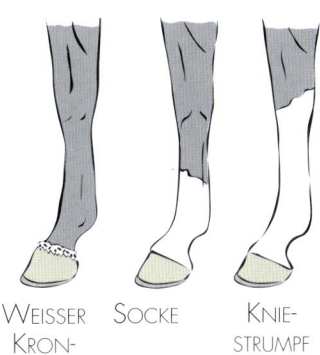

WEISSER KRONRAND   SOCKE   KNIESTRUMPF

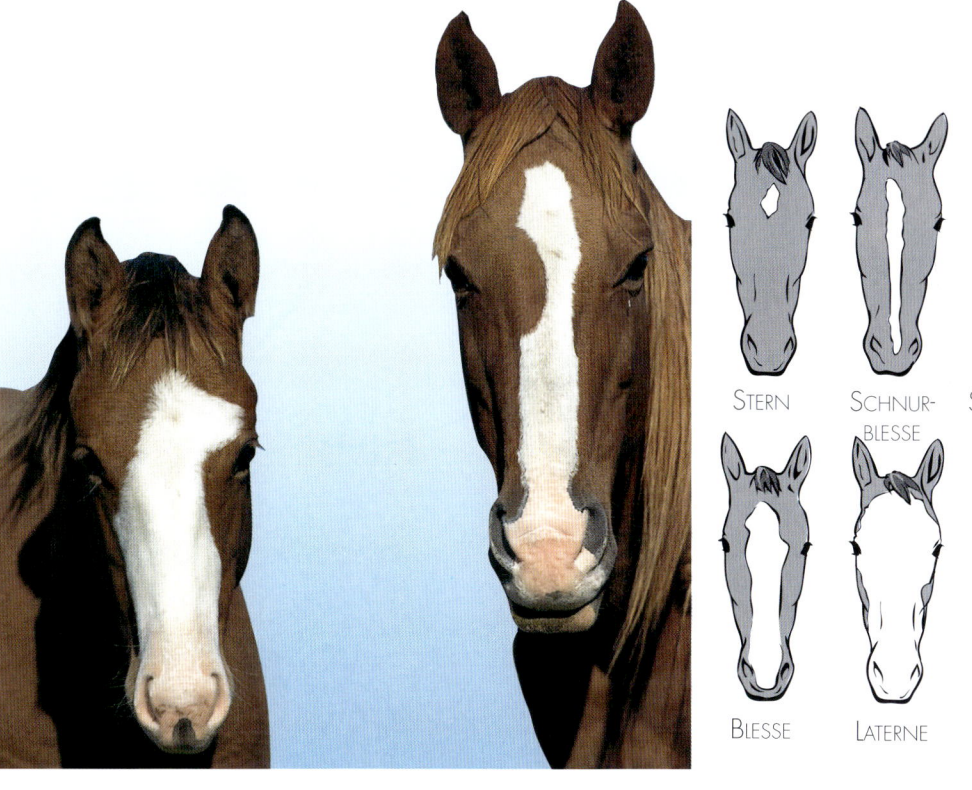

STERN   SCHNURBLESSE   SCHNIPPE

BLESSE   LATERNE   MEHLMAUL   WEISSE LIPPEN

reiche Leute – weil man viel Zeit ins Putzen investieren muss und sich nur reiche Leute jemanden leisten können, der das an ihrer Stelle tut.

Abzeichen

Abgesehen von den Brandzeichen – hervorgerufen durch einen Heiß- oder Kaltbrand – sind Abzeichen etwas Natürliches. Meist sind es weiße Stellen im Gesicht und an den Beinen. Auch Wirbel dienen der Identifikation und werden in die Papiere eingetragen.

Im Osten sind sie bedeutungsvoll: Im 14. Jahrhundert verfasste der Hindu Asva Sastra eine Liste mit 117 Unheil bringenden Abzeichen, die meisten davon Wirbel. Legendär ist der »Daumenabdruck des Propheten«: Es handelt sich um Wirbel neben der Kehle; Mohammed habe diese Stelle am Hals berührt, als er mit seiner rechten Hand seine fünf besten Stuten segnete. Diese fünf Stuten gelten als die Begründerinnen der Rasse der Araber, und die besten Nachkommen erben angeblich dieses Abzeichen.

FALBE

SCHIMMEL   ROTSCHIMMEL

SCHECKE

PALOMINO/ISABELL

RASSEN

Araber

Die Araber gelten als die älteste Pferderasse der Welt. Sie sind wunderschön und besitzen eine hohe »Vererbungskraft«, also die Fähigkeit, ihren Charakter und ihr Aussehen an ihre Nachkommen zu vererben. Die Geschichte des Arabers reicht über 5 000 Jahre zurück, bis zu den Wildpferden im heutigen Jemen und zu Bax, dem Ururenkel Noahs. Die Legende sagt, er habe Araber gezähmt, als erste Pferde überhaupt.

Jahrhundertelang wurden andere Pferderassen mithilfe der Araber veredelt und neue hervorgebracht. In vielen Pferderassen fließt deshalb arabisches Blut. Für die Entwicklung des Englischen Vollbluts spielte er eine entscheidende Rolle. Das Vollblut ist größer, schneller, wertvoller und heute auch bedeutender als der Araber – die Robustheit und die Ausdauer seiner Ahnen erreicht das Vollblut jedoch nicht.

Das arabische Pferd ist in jeder Hinsicht einzigartig: seine schwebenden, federnden Gänge, der Bogen, den sein Hals beschreibt, und die Art, wie er seinen Schweif trägt. Zurückzuführen ist sein auffälliges Erscheinungsbild auf Besonderheiten im Knochenbau. Araber haben 17 Rippen, 5 Lenden- und 16 Schweifwirbel. Bei anderen Rassen beträgt das Verhältnis 18 zu 6 zu 18.

Araber sind lebhaft, sogar feurig, und dabei doch sanft und umgänglich.

Einzigartiger Charakter

Der Araber kann von allen Pferderassen am besten unterschieden werden. Abgesehen von seiner Körperhaltung liegt das an dem für Araber typischen »Hechtkopf«.

Die Mitbah, also der Winkel, in dem der Kopf am Genick ansetzt, verleiht dem Hals seinen Bogen und gibt dem Kopf große Bewegungsfreiheit in alle Richtungen – eine Spezialität der Araber, die bei anderen Pferderassen nicht vorkommt. Die Kopfform ist konkav und hat den typischen »Araberknick«. Das Maul ist sehr klein, jedoch mit ausgesprochen großen Nüstern. Die Augen stehen weit auseinander und liegen tief am Rand der Jibbah, der vorgewölbten Stirn der Araber.

ARABER

STECKBRIEF	
Farbe	alle
Herkunft	Mittlerer Osten, heute weltweit
Einsatz	Reitpferd
Stockmass	um 1,49 bis 1,54 m

PFERDE DER WELT

Englisches Vollblut

Das Vollblut hat seinen Ursprung im England des 17. und 18. Jahrhunderts. Als Stammväter der Rasse gelten drei orientalische Zuchthengste, die die Engländer damals importiert haben: Byerley Turk, Darley Arabian und Godolphin Arabian. Diese Hengste, gekreuzt mit einheimischen Rennpferden – einer Mischung aus Berbern, Spaniern und den aus der Region stammenden Galloway-Pferden und Irischen Hobbies –, begründeten letztlich die vier berühmten Linien der Rennzucht: Herod, Eclipse, Matchem und Highflyer.

Das erste Stutbuch, in dem die Stammbäume aller Vollblutpferde notiert sind, erschien 1793; der Begriff Vollblut tauchte in der zweiten Auflage von 1821 zum ersten Mal auf.

STECKBRIEF	
Farbe	alle
Herkunft	England, heute weltweit
Einsatz	Rennpferd, Sportpferd
Stockmass	um 1,55 bis 1,70 m

Auf Schnelligkeit gezüchtet

Unverkennbares Merkmal des Vollbluts sind seine langen Gliedmaßen – ein Zeichen seiner Schnelligkeit. Wegen ihres anmutigen Körperbaus sehen die Pferde edel aus. Anders als Araber haben sie ein gerades Profil. Feine Haut bedeckt den klar geschnittenen, schmalen Kopf. Die Blutgefäße treten deutlich hervor. Augen und Nüstern sind groß; die Ohren – länger als die des arabischen Pferdes – sind beweglich und wachsam. Vollblüter besitzen viel Ganaschenfreiheit. Vollblutpferde werden schneller reif als Pferde anderer Rassen, und so laufen sie häufig schon mit zwei oder drei Jahren Rennen.

Andalusier

Außer dem Araber hat der Andalusier 300 Jahre lang bis zum Ende des 18. Jahrhunderts die Pferde dieser Welt geprägt. Genauer gesagt war es das iberische Pferd; dazu rechnet man neben den Andalusiern die portugiesischen Altér Real und Lusitanos. Spanier führten die Pferde im 16. Jahrhundert auf dem amerikanischen Kontinent ein. Noch heute haben sie auf amerikanische und europäische Zuchten großen Einfluss. Vermutlich entstand der Andalusier durch die Kreuzung von Berber-Hengsten aus Nordafrika mit in Spanien beheimateten Sorraia- und Garrano-Stuten. Über weitere Zuchtversuche ist wenig bekannt. Andalusier eignen sich hervorragend für den Fahrsport und für Lektionen der Hohen Schule. In Spanien und Portugal werden sie beim Stierkampf eingesetzt.

Das Pferd des Adels

Der Andalusier, so schrieb William Cavendish, Herzog von Newcastle, ist »... das edelste Pferd der Welt ... und dasjenige, das am Tag des Triumphs am besten zu einem König passt.« Die stolze Körperhaltung, unterstrichen durch das üppige Mähnen- und Schweifhaar, und die erhabenen, hervorragenden Gänge tragen zum Ruf dieser Pferderasse bei.

STECKBRIEF

FARBE	Braune, Schimmel
HERKUNFT	Spanien, Portugal
EINSATZ	Reit- und Kutschpferd
STOCKMASS	um 1,52 bis 1,55 m

Cleveland Bay

Dieses kräftige braune Pferd stammt aus Cleveland im Nordosten Englands. Als sein Vorfahr gilt der Chapman, ein Packpferd reisender Handelsleute und eingesetzt, um Eisenerz aus Minen in den Bergen zu transportieren. Im 17. Jahrhundert wurden Berber aus Tangier in den Nordosten Englands importiert, und als Spätfolge des Civil War (1640–1645) lebten viele Andalusier in der Gegend. Sie alle beeinflussten den Cleveland Bay. Seitdem ist er reinrassig, auch wenn immer wieder Clevelands mit Vollblütern gekreuzt werden, um leichtere, schnellere Pferde zu züchten. Reine Clevelands ergeben hervorragende, schwergewichtige Jagdpferde und großartige Springer. Vor der Kutsche sehen sie besonders elegant aus.

Stärke
Cleveland Bays sind Braune mit schwarzen Punkten. Nur die Beine unterhalb der Sprunggelenke, die Mähne und der Schweif dürfen andersfarbig sein. Manche haben Ramsnasen, ein spanisches Erbe aus dem 17. und 18. Jahrhundert. Der kräftige Rücken ist manchmal ein wenig lang – typisch für Pferde, die sowohl im Fahrgeschirr als auch unterm Sattel zu Hause sind. Der Cleveland Bay verfügt über eine Menge Kraft und gute Gänge.

STECKBRIEF	
FARBE	Braune mit schwarzen Punkten
HERKUNFT	Nordosten Englands, heute weltweit
EINSATZ	Fahr- und Reitpferd, Landwirtschaft
STOCKMASS	um 1,63 bis 1,70 m

Hackney

Hackneys mit ihrer ausgesprochen hohen Knieaktion sind die am meisten Aufsehen erregenden Wagenpferde der Welt. Ihre Beinbewegungen werden als leichtfüßig, spannungsgeladen und »zackig« beschrieben. Diese Trabaktion ist angeboren, kann aber durch Training sowie besondere Hufstellung und Beschlag verstärkt werden; man lässt etwa zu diesem Zweck die Hufe länger wachsen als bei anderen Pferden. Der Hackney (französisch *haquenee* = »Gaul« oder Wallach) stammt von britischen Trabern, den Norfolk Roadsters und Yorkshire Hackneys, ab. Beide waren im England des 18. Jahrhunderts weit verbreitet. Heute trifft man Hackneys überwiegend auf Schauveranstaltungen, aber auch bei Fahrwettbewerben. Außerdem gibt es das Hackney Pony (bis 1,40 m Stockmaß), das auf die Fell Ponys der Britischen Inseln zurückgeht.

Einfach brillant

Der Hackney besitzt einen bemerkenswerten Körperbau und – besonders erwähnenswert – eine exzellente Knieaktion. Letzteres wird verstärkt, indem man die Hufe länger wachsen lässt als gewöhnlich. Künstliche Hilfen, wie sie in den USA zum Beispiel auf den American Saddlebred Shows zu sehen sind, werden nicht verwendet. Der Kopf ist schmal und fein, mit geradem Profil. Der schön geformte Hals scheint fast gerade über den kräftigen Schultern zu stehen. Anders als viele Reitpferde hat der Hackney einen flachen, niedrigen Widerrist. Der Körper ist kompakt mit großer Gurtentiefe. Die kurzen Beine sind korrekt gebaut. Das Fell des Hackney ist, wie bei seinen Urahnen, den Arabern und Vollblütern, fein und seidig.

Steckbrief

Farbe	Braune, Rappen, Füchse
Herkunft	England
Einsatz	Fahrpferd
Stockmass	um 1,46 bis 1,55 m

Selle Français

Das *Cheval de Selle Français*, das französische Reit- oder Sattelpferd, ist robust, lebhaft und vielseitig – wie andere europäische Warmblutpferde. Wie bei allen Warmblütern spielt das Vollblut für die Zucht des Selle Français eine wichtige Rolle. Von ihm hat es, was ein Sportpferd braucht: Größe, Schnelligkeit und Mut. Dennoch gelten schnelle Normänner als Begründer der Rasse. Diese wiederum entstanden durch Kreuzung von Vollblütern mit den Vorfahren der Hackneys, den Norfolk Trabern. Heute stammen viele französische Reitpferde von Vollbluthengsten ab. Der Selle Français ist ein vielseitiges Sportpferd mit besonderem Springvermögen. Für Rennen, die Nichtvollblütern vorbehalten sind, wird ein leichterer Typ Selle Français mit hohem Vollblut-Anteil gezüchtet. Auch dieses Pferd springt gut.

Erfolgreiche Mischung

Wie bei allen Warmblütern variiert der Selle Français im Aussehen, bedingt durch die unterschiedlichen Erbanlagen. Viele tendieren in Richtung Vollblut. Den Bau von Schulter und Hals und die damit höhere, etwas kürzere Bewegung haben sie jedoch von den robusten Normännern, den Begründern der Zucht. Der Kopf ist nicht unelegant, jedoch bei weitem nicht so schmal und edel wie der des Vollbluts.

STECKBRIEF	
FARBE	vor allem Füchse; auch andere Farben
HERKUNFT	Normandie, Frankreich
EINSATZ	Sport- und Freizeitpferd
STOCKMASS	um 1,65 m

Friese

Der Friese geht auf das Marschpferd der Nordseeküste zurück. Während der Besetzung der Niederlande durch Spanien im 16. und 17. Jahrhundert wurde es mit spanischen Pferden gekreuzt. Daraus entstand der Friese, der seinerseits in viele Pferderassen eingekreuzt wurde. Die Dales und Fell Ponys bekamen mithilfe friesischer Pferde eine kräftigere Statur. Dank ihres spanischen und auch arabischen Blutes gelten Friesen nicht als Kaltblüter. Der Friese ist ein relativ kleines, starkes Pferd, er ist gelehrig und ohne großen Aufwand zu halten. Heute werden Friesen in der Landwirtschaft und als Wagenpferde eingesetzt, sind auf Dressurturnieren zu bestaunen, und noch immer ziehen sie bei Beerdigungen den Wagen mit dem Sarg.

Pferd für Beerdigungen

Den kleinen, kräftigen Friesen erkennt man sofort an seiner rabenschwarzen Fellfarbe, dem wallenden Mähnen- und Schweifhaar – ein Erbe der spanischen Vorfahren – und am üppigen Kötenbehang. Die Hufe, die in ihren Proportionen zum Körper passen, sind nicht annähernd so groß wie die schwerer Kaltblüter. Gewöhnlich ist ihr Hufhorn schwarz und fest. Während die kraftvollen Schultern, der flache Widerrist und die hohe Aktion typisch für ein Wagenpferd sind, werden Friesen – wenn auch schwach im Galopp – gerne geritten, besonders als Dressurpferde.

Steckbrief

Farbe	Rappen
Herkunft	Niederlande
Einsatz	Fahr- und Reitpferd, Landwirtschaft
Stockmass	um 1,55 m

Trakehner

Der Trakehner ist das Klassepferd Europas. Seine Geschichte reicht zurück ins 13. Jahrhundert. Damals begann der Deutsche Ritterorden in Ostpreußen, heute Polen, in großem Stil Pferde zu züchten. 500 Jahre später gründete Preußenkönig Friedrich Wilhelm I. das große Königliche Trakehner Gestüt. Daraus entstammten elegante Fahrpferde, später Remonten für die Armee und Schlachtrösser. Man achtete bei der Auswahl der Zuchtpferde sehr auf ihre Leistung. Vollblüter und Araber veredelten die Zucht und zu Beginn des 20. Jahrhunderts waren fast alle Trakehner-Zuchthengste Vollblüter. Der bekannteste unter ihnen war Perfectionist, Sohn des Hengstes Permission. 1896 gewann er das Englische Derby und St. Leger. Sein Sohn Tempelhüter gilt als Stammvater der modernen Trakehner. Auf der Flucht vor der russischen Armee legten die Trakehner-Stuten und ihre Fohlen im Zweiten Weltkrieg 1450 Kilometer zurück. Nur 1200 Pferde überlebten. Mit ihnen wurde die Zucht fortgesetzt. Häufiger als andere Pferde beeindrucken Trakehner im Turniersport.

STECKBRIEF	
Farbe	alle
Herkunft	Ostpreußen, jetzt Deutschland
Einsatz	Sport- und Freizeitpferd
Stockmass	1,60 bis 1,65 m

Qualitätspferd

Der Trakehner, in dessen Adern Blut von Arabern und Vollblütern fließt, hat mehr Klasse als viele andere Warmblüter. Beinahe könnte man ihn als die kräftigere Variante des Vollblutpferdes bezeichnen. Sein Kopf ist nobel, mit schönen wachen Ohren und einem unverwechselbaren Gesichtsausdruck – freundlich und edel. Der Trakehner hat einen gefälligen Körperbau, die Hufe sind hart und schön geformt. Sein Erscheinungsbild ist einheitlicher als das anderer Warmblüter.

Hannoveraner

Der Hannoveraner dürfte das zahlenmäßig stärkste und bekannteste europäische Warmblutpferd sein, ein athletisches Dressur- und Springpferd. Die Hannoveraner Zucht begann 1735 in Celle. Ziel war ein Pferd, das sich eignete, Kutschen und Wagen zu ziehen; es sollte auch in der Landwirtschaft arbeiten. Bald kreuzte man den Hannoveraner mit Vollblütern und Trakehnern, um ein weniger schweres, eher leichtfüßiges Pferd zu erhalten. Die Prägung durch das Vollblut nahm zu; Mitte des 19. Jahrhunderts lag der Erbanteil der Vollblüter wohl bei 35 Prozent. Hannoveraner Zucht unterliegt heute strengen Prüfungen, bei denen Wert auf ein ausgeglichenes Temperament und Verlässlichkeit gelegt wird.

Stärke und Lebhaftigkeit

Das Erscheinungsbild des Hannoveraners variiert stark. Charakteristisch sind jedoch breite Hinterbacken und eine flache Kruppe. Der Kopf ist ausdrucksvoll und klar geschnitten, der Körper stark und kompakt. Abgesehen von der Form der Kruppe (diese findet man so auch bei anderen Warmblütern) besitzt der Hannoveraner wenig spezifische Kennzeichen. Bemerkenswert sind seine Gänge – raumgreifend, sehr energisch und elastisch. Hannoveraner sind kräftig gebaute Pferde, nicht sehr schnell, trotzdem ausgesprochen athletisch.

STECKBRIEF

FARBE	alle
HERKUNFT	Deutschland
EINSATZ	Sport- und Freizeitpferd
STOCKMASS	um 1,60 bis 1,70 m

Holsteiner

Wie alle deutschen Warmblüter entstand der Holsteiner durch Kreuzung verschiedener Pferderassen. Mehr als andere haben die Holsteiner Züchter in den Jahren nach dem Zweiten Weltkrieg Vollblüter eingesetzt. Bemerkenswert ist auch die Einkreuzung von Yorkshire Coach Horses, die jedoch schon früher stattfand. Sie vererbten dem Holsteiner ein ausgeglichenes Temperament und den charakteristischen Bewegungsablauf. Auch spanische Pferde haben das ehemals etwas grobe, aber kräftige und verlässliche Pferd veredelt. Heute ist der Holsteiner ein Sportpferd, das sich für alle Disziplinen eignet. Er brilliert sowohl als Springpferd als auch als Dressurpferd.

Der Jagdtyp

Der moderne Holsteiner ist ohne Frage ein Reitpferd. Von der früher hohen Knieaktion, dem Erbe seiner Kutschpferd-Vorfahren, ist nur wenig geblieben. Die hohe Qualität der Gänge kennzeichnet die Rasse: ausbalanciert, rhythmisch, gerade. Im Ideal ähnelt der Holsteiner dem Englischen oder Irischen Hunter: der gleiche aufmerksame Kopf, ohne eine Spur von Grobheit, die früher mit der Rasse in Verbindung gebracht wurde. Der Schweif mag manchmal ein wenig niedrig angesetzt sein, wird aber immer schön getragen.

STECKBRIEF	
FARBE	alle
HERKUNFT	Deutschland, Schleswig-Holstein
EINSATZ	Sport-, auch Fahr- und Freizeitpferd
STOCKMASS	um 1,63 bis 1,73 m

Oldenburger

Er ist das schwerste deutsche Warmblutpferd. Die Grafen von Oldenburg begründeten die Zucht. Graf Anton Günther von Oldenburg (1583–1667) – mit seinem Leibpferd Kranich – war zu seiner Zeit ein bedeutender Hippologe. Der Oldenburger entstand durch Kreuzung von Friesenstuten mit spanischen, italienischen und orientalischen Hengsten. Heraus kam ein Landwirtschafts- und Kutschpferd, das man auch reiten konnte. In der Folgezeit wurde die Zucht vom Englischen Halbblut beeinflusst, später auch vom Yorkshire Coach, Cleveland Bay, Vollblut und dem Normänner. Der moderne Oldenburger ist zwar nicht schnell, aber ein exzellentes Spring- und Dressurpferd mit ausgesprochen guten Hufen – besser als bei manchen anderen Warmblütern.

STECKBRIEF	
FARBE	meist Braune, Rappen
HERKUNFT	Oldenburg, Deutschland
EINSATZ	Sportpferd, Freizeit- und Fahrsportpferd
STOCKMASS	1,65 bis über 1,70 m

Schwergewicht
Das Pferd ist kräftig gebaut, mit tiefer, muskulöser Brust. Es hat aber nicht die für den Galopp so günstige Schulter des Vollbluts. Die Gliedmaßen sind kurz und kräftig, bestens geeignet, den schweren Körper zu tragen. Der Röhrbeinumfang beträgt direkt unter dem Gelenk 23 cm aufwärts. Den Kopf beschreibt man am besten als groß und schlicht, aber edel.

Holländisches Warmblut

Die Geschichte des Holländischen Warmbluts ist die Erfolgsstory der Warmblut-Zucht nach dem Zweiten Weltkrieg: Es wurde geschickt vermarktet und avancierte zu einem Pferd von internationalem Ruf. Die Niederländer besaßen ursprünglich zwei einheimische Landpferderassen: den Groninger aus dem Norden und den Gelderländer aus dem Süden; der erste war ein einfaches Arbeitstier mit einer kräftigen Kruppe, der zweite war hochwertiger, ausdauernder und besaß die besseren Schultern. Im Wesentlichen kreuzten die holländischen Züchter diese beiden Rassen, frischten die Zucht mit ein wenig Vollblut-Blut auf, würzten das Ganze mit etwas Trakehner, Oldenburger und Hannoveraner und schufen so ein Sportpferd von Weltklasse.

STECKBRIEF	
FARBE	alle
HERKUNFT	Niederlande
EINSATZ	Sportpferd, Freizeit- und Fahrsportpferd
STOCKMASS	um 1,63 m

Turnierpferd
Die kluge, gezielte Mischung aus kräftigen Landpferden mit ausgewählten Vollblütern und verwandten Warmblütern hat ein attraktives und vielseitiges Pferd hervorgebracht. Das Holländische Warmblut ist ein nahezu ideales Reitpferd mit hervorragenden Gängen.

Gelderländer

Er war die größte aller Promenadenmischungen. Seine Zucht begann im 19. Jahrhundert in der niederländischen Provinz Geldern. Als Basis dienten einheimische Stuten. Ziel war ein Kutschpferd mit guter Aktion, das auch geritten und als Wirtschaftspferd benutzt werden konnte. Also kreuzten die Züchter ihre Stuten mit Hengsten der Rassen Cleveland Bay, Norfolk Roadster, Englisches Halbblut, Araber, Anglo-Araber, Nonius, Furioso, Oldenburger, Orlow, Friese und Hackney. Die heutigen Gelderländer sind hervorragende Kutschpferde, kraftvoll, mit hoher Knieaktion. Bei internationalen Fahrwettbewerben sind sie sehr erfolgreich.

STECKBRIEF	
FARBE	vor allem Füchse
HERKUNFT	Niederlande
EINSATZ	Kutschpferd
STOCKMASS	um 1,52 bis 1,62 m

Elegantes Kutschpferd
Gelderländer haben den für Kutschpferde typischen kurzen Hals. Besonders schnell ist das Pferd nicht – seine Statur steht dem entgegen –, die Gänge sind jedoch erhaben, die Bewegungen rhythmisch. Oft hat er auffällige weiße Zeichnungen an den Beinen und am ramsnasigen, wohlproportionierten Kopf.

Belgisches Warmblut

Traditionell kümmern sich die Züchter des Belgischen Warmbluts eher um schwere Pferde für die Landwirtschaft. Erst vor relativ kurzer Zeit kam das Belgische Warmblut zur europäischen Warmblutfamilie. In den 1950er-Jahren wurden leichtere belgische Landpferde mit Gelderländern gekreuzt. Es entstand ein schwergewichtiges Reitpferd – verlässlich, aber nicht besonders sportlich. Zehn Jahre später züchtete man mit Holsteinern und mit Selle Français. Dann kamen Vollblüter hinzu, um schnellere, vielseitigere Pferde mit mehr Ausdauer zu erhalten, schließlich noch Anglo-Araber und Holländische Warmblüter. Das sicherte ein ruhiges Temperament. Die Rasse ist auf internationalen Springturnieren zunehmend erfolgreich und macht in Dressurwettbewerben auf sich aufmerksam. Dort kann ein höherer Schritt von Vorteil sein.

Sportpferd
Ein gutes Reitpferd, keinesfalls ohne Talent! Das Belgische Warmblut hat viel von der physischen Stärke seiner Ahnen aus der Landwirtschaft behalten. Trotzdem garantiert der wohlproportionierte Körperbau ein korrektes Pferd mit lebhaften, geraden Gängen. Die Schritte sind etwas hoch, die breiten Lenden sind auffallend kräftig.

STECKBRIEF	
FARBE	alle
HERKUNFT	Belgien
EINSATZ	Sport- und Freizeitpferd
STOCKMASS	um 1,65 m

Lipizzaner

Die Lipizzaner der Spanischen Hofreitschule Wien genießen Weltruhm. Die Pferde haben ihren Namen von der Ortschaft Lipizza, wo Erzherzog Karl II. 1580 das Österreichisch-ungarische Hofgestüt gründete. Die Zucht begann mit 6 Hengsten und 24 Stuten, die 1581 aus Spanien importiert wurden. Infolge des Ersten Weltkriegs kamen die Lipizzaner 1920 in das Gestüt Piber, Österreich. Lipizza wurde italienisch, heute gehört es zu Slowenien. Auch während des Zweiten Weltkriegs mussten die Mutterstuten ausquartiert werden. Man brachte sie nach Hostau in die damalige Tschechoslowakei. Vorübergehend standen die Pferde sogar unter dem Schutz der US-Armee. Der damalige Direktor der Hofreitschule befürchtete ein Aussterben der Rasse, sollten sie an Russland fallen, und wandte sich deshalb an den General Patton. Erst 1947 kehrten sie nach Piber zurück. Lipizzaner sind in der Regel Schimmel; traditionsgemäß wird jedoch ein brauner in der Hofreitschule gehalten. Die Fohlen kommen immer braun oder schwarz zur Welt und werden erst später zu Schimmeln. Abkömmlinge königlicher Lipizzaner werden auch in Ungarn, Rumänien und der früheren Tschechoslowakei gezüchtet, sie unterscheiden sich jedoch von dem Typ Pferd, der in Piber gezüchtet wird. Natürlich werden Lipizzaner geritten, machen sich aber auch hervorragend vor der Kutsche.

STECKBRIEF	
FARBE	Schimmel, gelegentlich Braune
HERKUNFT	einst Österreich-ungarische Monarchie
EINSATZ	Reit- und Fahrpferd
STOCKMASS	um 1,50 bis 1,55 m

Das klassische Pferd

Die Lipizzaner vom Gestüt Piber sind kräftig und kompakt, mit einer starken Hinterhand. Zugleich sind sie elegant. Ein etwas anderer Typ Lipizzaner kommt in Ungarn vor. Er ist etwas größer, leichter und sehr frei in seinen Bewegungen.

Kladruber

Das Gestüt Kladruby wurde im 16. Jahrhundert gegründet. Der Kladruber ist spanischer Herkunft. Er sollte ein Wagenpferd für festliche Anlässe sein. Kladruber sind entweder Schimmel oder Rappen. Frühe Pferde dieser Rasse gehen auf Lipizzaner-Kreuzungen zurück. Die ehemals mächtigen barocken Pferde mit ihrer Ramsnase und ihrer kurzen, hohen Aktion wurden durch Englische Halbblut-Zuchthengste ein wenig veredelt. Heute ist der Kladruber sowohl ein schwergewichtiges Reitpferd als auch ein hervorragendes Fahrpferd. Aber er ist eher langsam, vor der Kutsche wie unterm Sattel.

STECKBRIEF	
Farbe	Schimmel, Rappen
Herkunft	ehemalige Tschechoslowakei
Einsatz	Fahr- und Reitpferd
Stockmass	1,65 bis 1,70 m

Königliches Kutschpferd
Ein mächtiges, barockes Fahrpferd mit prächtiger Bewegung! Die Erscheinung des Kladrubers ist majestätisch und eindrucksvoll. Es gibt ein Gestüt, in dem Schimmel gezüchtet werden, sowie ein Gestüt, in dem man sich auf Rappen spezialisiert hat. Das Bild zeigt ein Zwölfer-Gespann, eine ungewöhnliche Sache.

Französischer Traber

Im 19. Jahrhundert waren Trabrennen in Frankreich sehr populär. So entstand ein französisches Trabrennpferd der Superlative. Gezüchtet wurde es in der Normandie, auf der Grundlage von Norfolk Roadstern, Englischen Halbblütern und später – um sie noch schneller zu machen – Vollblütern und importierten Standardbreds. Es ist ein zähes Pferd, unterm Sattel und im Geschirr einzigartig schnell. Der Französische Traber hat quasi mitgeholfen, ein Sportpferd – das Selle Français – zu kreieren, das mit anderen europäischen Sportpferden gut mithalten kann.

Schnell und zäh
Der Französische Traber ist bekannt für seinen raumgreifenden Trab. Seine Schulter ist schräg und kräftig, die Hinterhand hat einen starken Schub. Die Kruppe ist breit und abschüssig, der Kopf hübsch.

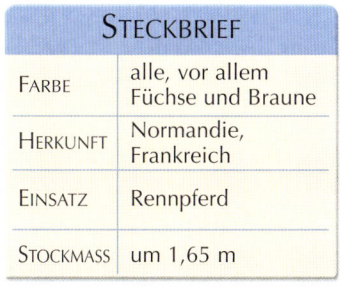

STECKBRIEF	
Farbe	alle, vor allem Füchse und Braune
Herkunft	Normandie, Frankreich
Einsatz	Rennpferd
Stockmass	um 1,65 m

Esel und Zebras

Esel und Zebras stammen aus Afrika und Asien, wobei der domestizierte Esel in Nordafrika beheimatet ist und das Zebra in Südafrika lebt. Halbesel sind in West- und Zentralasien anzutreffen, vor allem in der Mogolei, in Indien und im Mittleren Osten. Esel, Halbesel und Zebras gehören zur Famile der Equiden. Doch unterscheiden sie sich deutlich – untereinander wie auch vom Pferd.

Die Kastanien sind Höcker aus Horn an den unteren Gliedmaßen der Pferde und ein Überbleibsel aus der Zeit, als Pferde noch Mehrzeher waren. Bei Eseln, Halbeseln und Zebras findet man sie an den Vorderbeinen, bei Pferden an Vorder- und Hinterbeinen. Esel, Halbesel und Zebras besitzen fünf Lendenwirbel statt sechs, die Ohren sind lang, der Rücken gerade. Die Hufe sind schmaler und an den Seiten gerade. Die Mähne steht aufrecht, der Schwanz hat einen buschigen Schopf. Stuten tragen elf Monate, Esel sogar 370 Tage. Esel wiehern nicht – sie schreien.

Halbesel
Die zoologische Bezeichnung für den Halbesel lautet: *Equus hemio-*

Das Steppenzebra
Das »Tigerpferd« (*Equus burchelli*), wie das Steppenzebra auch genannt wird, ist das häufigste der afrikanischen Zebras. Sie wirken oft ein wenig pummelig.

ESEL UND ZEBRAS

nus onager. Der Begriff »Halbesel« ist missverständlich: Der Halbesel ist keine Kreuzung aus Esel und einer anderen Tiergattung, sondern eine Tiergattung, die Charakteristika von Pferden und Eseln vereint und ein paar ganz eigene besitzt. So sind die Knochen der unteren Gliedmaßen länger als bei anderen Equiden. Zu den Halbeseln zählen Mongolischer Kulan *(Equus hemionus hemionus)*, Tibetischer Kiang *(Equus hemionus Kiang)* und Indischer Onager *(Equus hemionus Khur* oder *Ghoor-khur* – übersetzt: »wildes Maultier«, aber das ist er natürlich nicht). Der Ghoor-khur lebt in Wüsten Nordwest-Indiens. Der wild lebende Persische Onager ist ausgestorben, nur in Zoos gibt es noch einige Populationen.

Gattung und Arten

Wie alle Lebewesen haben sich die Unterarten ihren Lebensbedingungen angepasst. Sie haben lange Beine und eine hohe Kruppe. Diese Besonderheit im Körperbau – er erinnert an Windhunde – macht die Tiere schnell (Geschwindigkeiten bis zu 56 oder 64 Stundenkilometern). Von den Halbeseln erinnert der Kulan am meisten an ein Pferd, was seine Hufe, seine Ohren und seine Lautgebung anbelangt. Die Nüstern allerdings sind größer als die der Pferde und domestizierten Esel – eine Anpassung an die dünne Luft, in der er lebt.

Hausesel

Die domestizierte Form des Esels, den Hausesel *(Equus asinus)*, findet man weltweit. Von seinen körperlichen Voraussetzungen her gesehen fühlt er sich in warmen Gegenden am wohlsten. Männchen und Weibchen sind etwa gleich groß und messen bis zur Schulter rund einen Meter. Allerdings gibt es deutlich größere und kleinere Exemplare. Der Andalusische Esel kann ein Stockmaß von 1,52 Metern erreichen, der Baudet de Poitou bis 1,63 Meter. Am anderen Ende der Messlatte liegen die Zwerge Siziliens und Indiens mit einem Stockmaß um 61 Zentimeter. Die meisten weisen Aalstrich und Schulterkreuz auf. Es gibt schwarze, weiße, graue, gescheckte und sogar getüpfelte Esel.

Zebras

Von den Zebras, die einst in unzähligen Herden in Afrika lebten, haben nur drei Arten überlebt. Das größte ist das Grevyzebra *(Equus dolichohippus)* mit einem Stockmaß von bis zu 1,32 Metern. Proportionen und Farbgebung unterscheiden ihn von anderen Zebras; er ist näher mit primitiven Pferden verwandt. Am häufigsten ist das Steppen- oder Burchellzebra *(Equus burchelli)*. Außerdem gibt es das Bergzebra. Bis ins 19. Jahrhundert existierte noch eine Unterart des Steppenzebras, das Quagga. Heute ist sie ausgestorben. Das Quagga war schnell, zierlich und seine Streifen waren weniger offensichtlich. Anders als die anderen Zebras, die als wild gelten, hatte das Quagga den Ruf, zahm und umgänglich zu sein. Im Karoo National Park in Südafrika versucht man heute, das Quagga rückzuzüchten – wie es scheint, mit einigem Erfolg. Das neue Quagga ist ein hübsches, graziöses kleines Tier, schön gezeichnet und aller Wahrscheinlichkeit nach auch umgänglich, sodass man es in Zukunft trainieren kann.

Bergzebra
Das Bergzebra ist dem Steppenzebra zahlenmäßig unterlegen. Man erkennt es an der besonderen Anordnung der Streifen. Zebras sind normalerweise wilde Tiere, die man nicht zähmen kann.

Quagga-Rückzucht
Das Quagga hat den Ruf, zahm und umgänglich zu sein. Einst lebte es im Süden Afrikas. Der Mensch jedoch machte Jagd auf das Tier und rottete es aus. Das war um 1870. Rückzuchten haben nun eine moderne Version des Quagga geschaffen.

Hausesel
Den allseits beliebten Hausesel findet man auf der ganzen Welt. Sowohl in Europa als auch in Amerika kümmern sich Verbände um die Eselszucht. Früher war die Eselsmilch sehr gefragt. Sie gilt als äußerst gesund.

Württemberger

Der Württemberger, ein weniger bekannter Warmblüter, wird in Marbach, dem ältesten deutschen Haupt- und Landesgestüt (Gründung 1573), gezüchtet. Anglo-Normänner prägten die Entwicklung des Württembergischen Warmbluts. Als sich die Anforderungen weg vom vielseitigen Pferd hin zum Sportpferd änderten, kreuzte man die Stuten, in denen bereits Araber-Blut floss, mit Trakehnern. 1960 kam der bekannte Trakehner-Zuchthengst Julmond nach Marbach. Heute veredelt man die Rasse mit Vollblütern. Der moderne Württemberger ist ein rittiges Pferd mit ausgeglichenem Charakter, geeignet für internationale Wettkämpfe.

Rundumpferd
Württemberger sind gute Reitpferde. Eine gewisse Einheitlichkeit im Typ ist erkennbar, wenngleich er keine augenfälligen Merkmale aufweist. Württemberger gelten als robust, ausgeglichen und einfach zu halten. Unter ihnen finden sich auch sportliche Pferde mit Talent zum Springen.

STECKBRIEF	
FARBE	Braune, Rappen, Füchse
HERKUNFT	Deutschland
EINSATZ	Sport- und Freizeitpferd
STOCKMASS	um 1,60 m

Nonius

Der Nonius ist ein wichtiger Bestandteil der ungarischen Warmblut-Zucht. Hervorgebracht wurde er vom ungarischen Staatsgestüt Mezöhegyes. Stammvater der Rasse war Nonius Senior, angeblich ein nicht gerade schönes Pferd, das die Armee 1813–1814 im Krieg gegen die Franzosen erbeutete. Er soll der Sohn eines Englischen Halblut-Zuchthengstes sein. 1816 brachte man ihn nach Mezöhegyes. Trotz seiner Mängel zeugte er mit verschiedensten Stuten hochwertige Nachkommen – ebenso den bedeutenden Nonius IX. Gekreuzt mit Vollblütern, bringen Nonius-Stuten Reitpferde von guter Substanz, mit Sprungtalent hervor. Der kleinere Nonius, mit mehr Araber-Blut, ist ein vielseitiges Reit- und Fahrpferd.

Doppelt fit
Der Nonius ist ein gutes Arbeitspferd, allerdings nicht sehr attraktiv. Er eignet sich zum Reiten wie zum Fahren. Sein Hals ist nicht vorbildlich, der Kopf kann etwas grob sein und die Kruppe fällt mitunter stark ab. Trotzdem findet man oft Nonius-Vorfahren in den Stammbäumen unbekannterer Warmblüter.

STECKBRIEF	
FARBE	meist Braune
HERKUNFT	Ungarn
EINSATZ	Reit- und Fahrpferd
STOCKMASS	klein um 1,55 m, groß um 1,65 m

Furioso

Der Furioso (oder Furioso North Star) entstand im ungarischen Staatsgestüt Mezöhegyes. Man kreuzte Nonius-Stuten mit dem Englischen Vollblut-Zuchthengst Furioso (er hinterließ 95 Söhne) und North Star, einem tadellosen Zuchtpferd mit einer Linie zu Eclipse, dem besten Rennpferd überhaupt. North Star brachte viele gute Rennpferde für den Fahrsport hervor. 1885 wurden die beiden Linien gekreuzt. Furioso gewann schließlich die Oberhand. Der Furioso ist ein vielseitiges Reitpferd mit vielen Eigenschaften der Vollblüter und einigem Potenzial als Turnierpferd. Im Ersten Weltkrieg, in den frühen Jahren des 20. Jahrhunderts, nutzte die Kavallerie in ganz Europa Furiosos und North Stars als Remonten.

Kavallerist
Der Furioso wird in der Gegend zwischen Österreich und Polen gezüchtet. Er ist attraktiver als der Nonius und genauso robust. Den klugen Kopf hat er von seinen Vollblut-Vorfahren geerbt, mit spitzen Ohren und einem manchmal etwas eckigen Maul. Nur selten trägt er Abzeichen.

STECKBRIEF
FARBE	alle
HERKUNFT	Ungarn
EINSATZ	Reit- und Fahrpferd
STOCKMASS	um 1,60 m

Knabstrupper

Heute gibt es nur wenige reinrassige Knabstrupper. Die meisten ähneln den modernen Appaloosa. Früher war die alte dänische Rasse sehr beliebt. Sie soll von einer gefleckten spanischen Stute abstammen, die einem Fleischer namens Flaebe gehörte; er habe sie an einen Richter Lunn verkauft, der dann mit der Stute auf seinem Gut Knabstrupp züchtete. 1808 kreuzte er sie mit einem Frederiksborger Zuchthengst und begründete damit die robusten, aber schnellen Knabstrupper mit dem beliebten gefleckten Fell.

Zirkuspferd
Das Fell der Knabstrupper sieht aus wie das der Appaloosa, und genau wie diese verdanken sie die Zeichnung einem gefleckten Typ spanischer Pferde. Der Knabstupper, der hier zu sehen ist, ist ein Qualitätspferd. Die ursprüngliche Rasse war schwerer, grober, mit einem geraden oder ramsnasigen Profil.

STECKBRIEF
FARBE	Schimmel mit dunklen Flecken
HERKUNFT	Dänemark
EINSATZ	Reit- und Zirkuspferd
STOCKMASS	um 1,55 m

Achal-Tekkiner

Die Achal-Tekkiner stammen aus Turkmenistan, einem Gebiet nördlich des Iran und östlich des Kaspischen Meers. Geheimnisvolle Geschichten ranken sich um dieses Pferd. Vor rund 3 000 Jahren war die Hauptstadt Ashkhabad das Zentrum für Pferderennen – eine Leidenschaft der Turkmenen. Noch heute ist sie das Zentrum der Achal-Tekkiner-Zucht. Um 500 v. Chr., so heißt es, ritt das 30 000-Mann-Heer des Perserkönigs Darius auf Pferden dieser Gegend. Heute streiten sich Fachleute, ob es den Achal-Tekkiner schon vor dem Araber gab oder ob er eher von diesem beeinflusst wurde. Jedenfalls ist der Achal-Tekkiner ein Wüstenpferd mit dünner Haut und feinem Fell, unempfindlich gegen Hitze und enorm ausdauernd. Er ähnelt quasi der arabischen Rennlinie Munaghi. Der Achal-Tekkiner ist etwas Besonderes, obwohl er – zumindest nach westlichen Standards – keinesfalls perfekt gebaut ist.

Er wird mit Begeisterung für Rennen eingesetzt. Auf langen Strecken in der Wüste ist er unschlagbar und er taucht zunehmend im Turniersport auf. Ein Achal-Tekkiner gewann 1960 bei der Olympiade in Rom Gold in der Dressur. Ob der Achal-Tekkiner noch immer reinrassig ist, ist ebenso umstritten wie seine Verwandtschaft mit dem Araber.

Einzigartige Farbgebung

Kein Pferd gleicht diesem Pferd der Wüste, auch wenn es nach westlichen Standards einige Mängel im Körperbau aufweist. Es ist schlank und langbeinig, hat einen lang gezogen Körper, der Brustkasten wirkt flach. Auch die Gliedmaßen sind nicht ideal. Auf der Hinterhand ist der Achal-Tekkiner häufig fassbeinig oder kuhhessig, die Vorderbeine stehen zu eng. Der lange, dünne Hals ist hoch aufgerichtet. Aber der Kopf mit seinem geraden Profil ist fein und ausdrucksvoll. Die Farben variieren. Am meisten fasziniert der Falbe mit seinem gold- oder silberfarbenen metallischen Schimmer. Das ist einzigartig und wunderschön.

STECKBRIEF	
FARBE	Braune, Falben, oft mit metallischem Glanz
HERKUNFT	Turkmenistan
EINSATZ	Reit-, Distanz-, Turnier-, Rennpferd
STOCKMASS	um 1,52 m

Orlow-Traber

Der Orlow-Traber ist ein russisches Pferd, um 1780 von Graf Alexeij Grigoriewitch Orlow eigens für schnelle Kutschfahrten entwickelt. Graf Orlow erwarb angeblich von einem türkischen Sultan den arabischen Schimmel-Zuchthengst Semetanka, den er wie dessen Sohn Polkan und Enkel Bars I zur Zucht mit überwiegend holländischen und dänischen Stuten benutzte. So entstand der Orlow. Er war nie so schnell wie ein Amerikanisches Standardbred. Aber aus einer Kreuzung dieser beiden Pferde entstand ein schnellerer russischer Traber. Den ursprünglichen Orlow benutzte man weiterhin, um andere Pferderassen wie den Don zu verbessern.

STECKBRIEF	
FARBE	v. a. Schimmel, auch Rappen und Braune
HERKUNFT	Russland
EINSATZ	Kutsch- und Fahrsportpferd
STOCKMASS	um 1,60 m

Ein russisches Original
Der Orlow ist eine der bedeutendsten russischen Pferderassen. Innerhalb der Zucht, die alles in allem wohlproportioniert ist, gibt es fünf Typen. Trotz des arabischen Einflusses ist der kleine Kopf gelegentlich grob. Der lange, hoch angesetzte Schwanenhals ist für die Rasse charakteristisch.

Don

Der Don – aus den Don-Steppen Südost-Russlands – war das Pferd der Donkosaken, der russischen Kavallerie. Diese sehr guten Reiter halfen 1812–1814 die Truppen Napoleons zu vertreiben. Als Vorfahren des Don gelten die Steppenpferde der Nomaden, speziell die mongolischen Nagai. Im 18. Jahrhundert holte man Turkmenen – Wüstenpferde, die mit den Achal-Tekkinern verwandt sind – und Gebirgspferde aus den Karabakh-Bergen in die Steppe und züchtete mit ihnen. Später halfen Orlow-Traber und Anglo-Araber, die Rasse zu veredeln. Zu Beginn des 20. Jahrhunderts war der Don ein eigenständiger Typ. Als Kavalleriepferd war er robust, einfach in der Haltung und konnte im Geschirr gehen.

STECKBRIEF	
FARBE	Füchse, Braune, oft mit Goldglanz
HERKUNFT	Don-Steppen, Russland
EINSATZ	Kavallerie, Remonte, Reit- und Fahrpferd
STOCKMASS	um 1,53 m

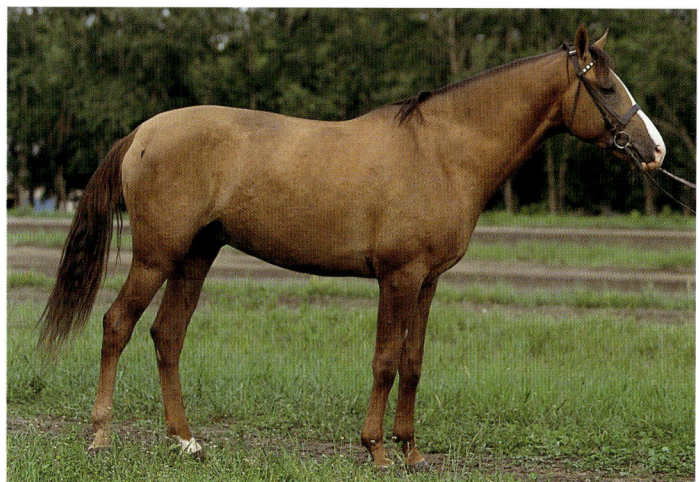

Die Remonte
Der Don wird als »massiv gebaut«, mit einer »starken Konstitution« beschrieben. Letzteres kann nicht geleugnet werden. Doch hat er Mängel, die zu einer wenig freien und wenig eleganten Bewegung führen. Er hat einen flachen Widerrist, gerade Schultern und Fehler in den Gliedmaßen, die zu beinahe aufrecht stehenden Fesselgelenken führen können. Wenig Freiheit im Genick macht es dem Don schwer, sich zu biegen und am Zügel zu gehen. Dennoch ist er ein brauchbares Pferd, eine Remonte der Armee, und kann im Geschirr wie auch unterm Sattel gehen.

Altér Real

Die Zucht des Altér Real begann 1748 in Portugal im königlichen Gestüt – es lag in der Ortschaft Vila de Portel und wurde später nach Altér do Chao verlegt. Das portugiesische »real« heißt »königlich«, und um Königliches ging es: Das Gestüt hatte die Aufgabe, die königlichen Ställe mit exquisiten Kutschpferden zu bestücken; zugleich sollten sie sich für die Kunst der Hohen Schule eignen. Den modernen Altér Real kann man – nach vielen fehlgeschlagenen Einkreuzungsversuchen – als Zweig der großen spanischen Familie bezeichnen, wo auch seine Ursprünge liegen. Die portugiesische Schule der Reitkunst arbeitet ausschließlich mit den Altér Real. Geschätzt wird die hohe, extravagante Knieaktion und die edle Erscheinung. Altér Real sind auch in portugiesischen Arenen anzutreffen, wo die Stiere nicht im Ring getötet werden.

Pferd der Hohen Schule

Der Altér ist augenfällig ein Ibérer, dennoch unterscheidet er sich von anderen iberischen Rassen, besonders wegen der Form seines Rückens. Die Folge ist eine beeindruckende, nach oben gerichtete Bewegung. Die Schrittlänge ist kurz, die Knieaktion recht hoch. Der kurze, muskulöse Hals wird in natürlicher Aufrichtung getragen. Der Kopf ist klein und intelligent, mit konkavem Profil. Mähne und Schweif sind üppig.

STECKBRIEF

FARBE	Braune
HERKUNFT	Portugal
EINSATZ	Hohe Schule, Kutschpferd
STOCKMASS	um 1,52 bis 1,62 m

Lusitano

Dieses lebhafte, außerordentlich wendige Pferd ist die portugiesische Variante des spanischen Andalusiers. Beide teilen die genetischen Anlagen – trotz kleinen Unterschieden im Körperbau. Der Lusitano ist rundum iberisch und steht im Ruf, das mit Abstand beliebteste Pferd der Campinos – der portugiesischen Hirten – zu sein. Auch die reiterlich perfekten Cavalieros, die ihre Kunst bei der Corrida im Wettkampf mit den Stieren zeigen, würden kein anderes Pferd wählen.

Der Lusitano ist aber auch ein vielseitiges Reitpferd, das bei internationalen Turnieren zunehmend Erfolg hat. Auch als Kutschpferd macht es sich prächtig. Die Rasse ist zwar feurig, zugleich aber von Natur aus freundlich und ohne Tücken.

Held der Corrida

Der Lusitano ist im Gesamteindruck ein edleres Pferd als der Altér Real. Er ist genauso wendig, aber schneller in den Bewegungen. Die auffällige, nach oben gerichtete Aktion der iberischen Rassen hat er sich bewahrt. Der Kopf ist fein und intelligent, mit einem hübschen Maul und kleinen wachen Ohren. Der Hals ist kurz und wird hoch und stolz nach oben gewölbt getragen. Die Lenden sind ausnehmend stark, was der Hinterhand viel Kraft und Schub verleiht und zu der außergewöhnlichen Wendigkeit dieses äußerst verantwortungsvollen und mutigen Pferdes beiträgt.

STECKBRIEF	
FARBE	Schimmel, Braune
HERKUNFT	Portugal
EINSATZ	Hohe Schule, Freizeitpferd
STOCKMASS	um 1,53 bis 1,63 m

Hispano-Araber

Der Hispano-Araber steht für den Versuch, die Qualitäten des iberischen Pferdes mit denen der Araber oder Anglo-Araber zu verbinden. Wohlüberlegte Kreuzungen sollen ein edles, lebhaftes Pferd hervorbringen. Im Wesentlichen gelingt das, wenngleich es im Einzelnen Pferde geben wird, die mehr arabischen oder mehr iberischen Charakter haben. Der arabische Einfluss auf den Körperbau dieser Pferde ist unverkennbar – besonders kann man das am Kopf und in einigen Fällen an der Bewegung sehen. Der kräftige Rücken, die Lenden und die Kruppe sind spanisches Erbe.

STECKBRIEF	
Farbe	alle
Herkunft	Spanien, Portugal
Einsatz	Reitpferd
Stockmass	um 1,52 bis 1,62 m

Elegante Kreuzung

Kein Wunder, dass der arabische Einfluss bei diesem eleganten Reitpferd leicht auszumachen ist – offensichtlich ist dies am Kopf und in den Bewegungen. Spanische Einflüsse zeigen sich an Rücken, Kruppe und Hinterläufen, die denen der Araber überlegen sind.

Berber

Unzählige Pferderassen dieser Welt hat der Berber beeinflusst. Als Reitpferd trifft man ihn außerhalb Afrikas kaum. Neben dem Araber ist er quasi die zweite Gründerrasse; manche behaupten, die Berber seien älter als die Araber. Wer seine Vorfahren sind, lässt sich nicht sicher sagen. Wahrscheinlich wurden im 7. und 8. Jahrhundert, als die Mauren Spanien eroberten, Araber und Berber bzw. Berber und iberische Pferde gekreuzt. Lange war der Berber das Reitpferd der berühmten französischen Spahi-Kavallerie. Das arabische Blut ist ihm heute kaum anzusehen. Er ist kein wirklich schönes Pferd, hat aber alle Qualitäten eines Wüstenpferdes: zäh, ausdauernd und lebhaft, wenn auch etwas launisch.

Ursprünglich

Der reinrassige Berber ist leicht gebaut, mit flacher und steiler Schulter – für ein derart wendiges Pferd ungewöhnlich. Die Rasse hat etwas Ursprüngliches. Der schmale, ramsnasige Kopf – dem der frühen Pferde nicht unähnlich – verstärkt diesen Eindruck. Dennoch ist der Berber auf kurzen Strecken ein sehr schnelles Pferd.

STECKBRIEF

FARBE	oft Schimmel, auch Braune und Rappen
HERKUNFT	Nordafrika
EINSATZ	Reitpferd
STOCKMASS	um 1,42 bis 1,52 m

Caspian

Unter wissenschaftlichen Gesichtspunkten ist der Caspian das interessanteste und faszinierendste Pferd der Welt. Wegen seiner Größe zählt man es zwar zu den Ponys, aber was seine Eigenschaften und seine Proportionen anbelangt, ist es ein richtiges Pferd. Ende des 19. Jahrhunderts ging die Wissenschaft davon aus, dass vor der Domestikation der Pferde vier Equus-Typen existierten. Typ vier war ein kleines, sehr edles Pferd – ähnlich einem Miniatur-Araber – gewissermaßen der Prototyp des arabischen Pferdes. Um 1960 entdeckte die Reisende Louise L. Firouz dieses Minipferd an den Küsten der Kaspischen See und gründete in Norouzabad, Iran, ein Gestüt. Später entstanden auch Gestüte in England und USA. Der Caspian besitzt einige physiologische Besonderheiten, das haben neuere wissenschaftliche Forschungen gezeigt: Schulterblatt und Scheitelbein (Kopf) sind anders geformt als beim Pferd, und im Oberkiefer hat er einen zusätzlichen Backenzahn. Interessant ist das Pferdemotiv auf dem Siegel von König Darius dem Großen (um 500 v. Chr.). Dieses Pferd ähnelt dem Caspian. Wenn die Annahmen stimmen, ist der Caspian die älteste existierende Pferderasse, abgesehen vom Asiatischen Wildpferd. Der moderne Caspian, dessen positive Eigenschaften durch die Zucht herausgearbeitet werden, ist schnell, mit langen, raumgreifenden und freien Bewegungen. Und er ist ein guter Springer. Auch im Geschirr macht er sich prima, ist umgänglich und ein ideales Pferd für Kinder.

Miniaturpferd

Der moderne Caspian ist praktisch ein Pferd im Miniformat mit guten Proportionen. Besonders offensichtlich ist das in der Schulter, die ihm den langen Schritt ermöglicht. Die eigenwillig gewölbte Stirn verleiht dem Kopf etwas Besonderes. Ansonsten ist der Kopf kurz, überzogen mit einer feinen Haut. Das kleine Maul läuft nach vorne schmal zu. Die Augen sind groß und werden mit denen einer Gazelle verglichen. Die Ohren sind klein. Der Zuchtstandard gibt eine maximale Länge von höchstens 11,4 cm vor.

STECKBRIEF	
Farbe	Braune, Schimmel, Füchse
Herkunft	Nord-Iran
Einsatz	Reit- und Fahrpferd
Stockmass	um 1,15 m

Marwari

Der aus Rajasthan stammende Marwari ist neben seinem Verwandten, dem aus Gujerat stammenden Kathiawari, das außergewöhnlichste Pferd des indischen Subkontinents. Gezüchtet wird es von den Rathors, den traditionellen Herrschern von Marwari (Jodhpur). Es genießt wie seine Herrscher – sie galten als Verkörperung des Rajput-Kriegerideals – einen kriegerischen Ruf. Die Ursprünge des Marwari liegen wohl bei den Wüstenpferden Turkmenistans; dazu kam arabischer Einfluss. Dieses reine Wüstenpferd erkennt man an seinen beweglichen, nach innen geschwungenen Ohren. Zum Repertoire der Rasse gehört der Revaal, ein bequemer, schneller Passgang. Der Marwari eignet sich für die Hohe Schule, die in Rajput Tradition hat. Das Interesse, die Rasse wieder aufleben zu lassen, ist heutzutage groß.

STECKBRIEF	
Farbe	alle, Schecken
Herkunft	Rajasthan, Indien
Einsatz	Reitpferd
Stockmass	um 1,49 bis 1,55 m

Kriegspferd
Die Sichelohren sind das Markenzeichen des Marwari. Bemerkenswert sind aber auch der normalerweise edle Kopf und das feine, seidige Fell.

Mongolisches Pferd

In manchen Regionen der Mongolei gibt es mehr Ponys als Menschen. Den Charakter haben die zähen Pferde von ihren Vorfahren, den Asiatischen Wildpferden, ebenso ihre Vererbungskraft. Diese offenbart sich von der Wüste Gobi bis zum Polarkreis und Äquator. Die Mongolenpferde brauchen extrem wenig Futter; selbst härteste klimatische Bedingungen machen ihnen nichts. Ihre Ausdauer ist enorm. Sie legen 80–95 Kilometer am Tag zurück, wenn es sein muss 190, sogar in unwegsamem Gelände. Pferderennen über Strecken zwischen 30 und 65 Kilometer haben in der Mongolei Tradition.

STECKBRIEF	
Farbe	alle
Herkunft	Mongolei
Einsatz	Reitpferd
Stockmass	um 1,25 bis 1,45 m

Hübsch ist …
… das Foto eines tibetischen Pferdes bzw. eines Mongolenpferdes in Tibet. Der Kopf dieser Pferde ist groß, der Hals kurz und gerade. Meist stehen sie kuhhessig, ihr Widerrist ist flach. Manchmal ist die Kruppe höher als der Widerrist, aber ihre Leistungen beeinträchtigt das nicht.

Quarter Horse

Das Quarter Horse ist rundum amerikanisch. Seine Anhänger behaupten, es sei das populärste Pferd der Welt – mit über 1 Million offiziell registrierter Pferde. Die Quarter-Zucht begann im 17. Jahrhundert in Virginia und den Küstensiedlungen. Man kreuzte Spanier, Berber und Araber mit Importen aus England. Diese Pferde – stämmig, mit einem Stockmaß von 1,50 bis 1,55 Metern und mit starker Hinterhand – wurden vielseitig eingesetzt: als Arbeitstiere auf Farmen, zum Tragen von Lasten, Holzrücken, Reiten und Fahren. Ihren Namen haben sie von der Gewohnheit der Siedler, Rennen über eine »Quarter Mile« (etwa 0,4 km) zu veranstalten. Eine so kurze Rennstrecke – sie führte meist quer durchs Gebüsch oder die Plantagen – erfordert natürlich einen Blitzstart. Nach wie vor sind Quarter-Horse-Rennen beliebt, und mittlerweile locken hohe Preisgelder. Im Westen hat sich das Quarter Horse wegen seiner Schnelligkeit, seines Gleichgewichtssinns und seiner Geschicklichkeit als Cowboypferd einen Namen gemacht. Zudem ist es ein ideales Pferd für Wanderritte.

Symmetrische Bewegung

In seiner Gesamtheit wirkt das Gebäude des Quarter Horse kompakt und muskulös. Besonders die Hinterhand ist stark entwickelt, dabei absolut wohlproportioniert. Der Hals ist ebenfalls muskulös, aber lang und biegsam. Ein gewölbter Hals wäre im Hinblick auf die Arbeit, die der Quarter verrichtet, unerwünscht. Dem Quarter Horse wird nachgesagt, es könne auf einem 10-Cent-Stück wenden.

STECKBRIEF	
FARBE	Füchse, aber auch andere Farben
HERKUNFT	Virginia, USA
EINSATZ	Reit- und Fahrpferd
STOCKMASS	um 1,50 bis 1,55 m

Morgan

Ein ausgesprochen kleiner Hengst, ursprünglich Figure genannt, begründete die erste dokumentierte Zucht dieser Rasse. Später wurde er umbenannt in Morgan, nach seinem Besitzer Justin Morgan. Der Lehrer und Gastwirt kam 1795 in den Besitz des zweijährigen Pferdes – eine Auslöse für Schulden. Figure – mit Stockmaß von nur ca. 1,40 Metern – hatte eine Reihe von Besitzern. Als man merkte, dass er sowohl im Geschirr als auch unterm Sattel schneller war als alle in der Gegend, wurde er extrem hart herangenommen – beinahe 30 Jahre lang: Er zog den Pflug, rückte Holz, erledigte jede Art von Zugarbeit. Ob auf Zugwettbewerben, bei Wetten, bei Kutschrennen oder unterm Sattel, nie wurde er geschlagen. Als Zuchthengst gab er seinen besonderen Charakter an seine Nachkommen weiter. Alle modernen Morgan gehen auf einen seiner Söhne – Sherman, Woodbury und Bullrush – zurück. Seine Abstammung liegt im Dunkeln. Man nimmt jedoch an, dass er in Westspringfield, Massachusetts, geboren wurde. Manche behaupten, die Vollblüter Wildair oder True Briton zählten zu seinen Vorfahren, andere vermuten eine Verwandtschaft zu Friesen; wieder andere vertreten die Meinung, er sei der Sohn eines Welsh Cob, was gut möglich wäre. Wie auch immer, in den Adern zahlreicher amerikanischer Pferderassen fließt Morgan-Blut. Der heutige Morgan ist vielseitig und nimmt an jeder Art von Turnier teil. Lange Zeit diente er als Kavalleriepferd.

Vielseitigkeit
Der Morgan ist ein kompaktes, gut bemuskeltes Pferd mit einer ausnehmend korrekten Hinterhand. Sein Rumpf ist wohlgeformt, sein Rücken breit, die Brust weit und tief. Er erscheint extrem symmetrisch. Sein klar geschnittener Kopf verjüngt sich zu einem hübschen Maul. Die Augen sind groß und glänzend, die Ohren spitz und stehen auseinander.

STECKBRIEF	
FARBE	Braune, Rappen, Füchse
HERKUNFT	Massachusetts, USA
EINSATZ	Reit- und Fahrpferd
STOCKMASS	1,41 bis 1,53 m

American Saddlebred

Das American Saddlebred ist hauptsächlich auf Shows zu sehen. Es verfügt entweder über drei Gänge – erhabenen Schritt, Trab und versammelten Galopp in verkürztem Tempo – oder über fünf Gänge: zusätzlich den stolzierenden »slow gait« und den »rack«, einen extravaganten Viertakt. Viele finden dies brillant, aber gekünstelt – Letzteres auch wegen der extrem langen Hufe, die hohe, durch eine Operation verstärkte Schweifhaltung usw. Dabei ist das Pferd ein zierliches Fahrpferd und – mit normalen Hufen – ein exzellentes Spring- und Reitpferd. Ursprünglich stammt es aus den Südstaaten, gezüchtet als vielseitiges Nutzpferd, das einen Reiter über lange Strecken auf rauem Boden trug. Das Saddlebred stammt von Kanadischen und Narragansett Passgängern ab, die auf den Plantagen arbeiteten. Diese kreuzten die Züchter mit Morgan-Pferden und Vollblütern.

STECKBRIEF	
Farbe	alle
Herkunft	Kentucky, USA
Einsatz	Reit- und Fahrpferd
Stockmass	um 1,55 bis 1,65 m

Brillanz

Die Konturen des American Saddlebred ähneln denen des Hackney, sind aber klar die eines Reitpferdes. Die für gewöhnlich korrekten Gliedmaßen und Füße – mit langen Fesseln – garantieren dem Reiter einen bequemen, weichen und schwungvollen Ritt.

Morab

Der Morab gehört zu den jüngeren in Amerika »erfundenen« Rassen – im Wesentlichen handelt es sich um eine Mischung aus Morgan und Araber. Man kennt die Kreuzung seit über 100 Jahren. Als eigenständige Rasse wird sie außerhalb Amerikas nicht anerkannt – außer von den entsprechenden Zuchtverbänden, die die jeweils eigene Version des Morab fördern. Die Morab Horse Association führt ein detailliertes Zuchtbuch. Sie versucht durchzusetzen, dass all jene Pferde als Morab registriert werden können, die zu 25 bis 75 Prozent auf Kreuzungen von Morgan und Arabern zurückgehen. Bislang ist der Morab uneinheitlich im Erscheinungsbild, aber es gibt attraktive, im Zuchtbuch registrierte Pferde. Den Namen Morab hat der Zeitungsmagnat William Randolph Hearst geprägt. Er hatte seine Morgan-Stuten mit Araber-Hengsten gedeckt und sich so eine Herde gezüchtet, geeignet für die Arbeit auf dem rauen Gelände seiner kalifornischen Ranch.

STECKBRIEF	
Farbe	alle
Herkunft	USA
Einsatz	Reitpferd
Stockmass	um 1,45 bis 1,55 m

Uneinheitlichkeit

Dieses Beispiel unterstreicht, dass der Morab kein eigenständiger Typ ist. Das erschwert es, die Versuche, eine eigene Rasse zu kreieren, zu schätzen. Einige Merkmale des Arabers sind erkennbar, vor allem der Kopf; umgekehrt ist das Pferd nichts Besonderes und hat zu lange Beine.

American Standardbred

Das American Standardbred ist heute das populärste Trabrennpferd der Welt. Der Begriff Standardbred tauchte erstmals 1879 auf. Er ergab sich aus der Praxis, einen Geschwindigkeitsstandard als Qualitätsmerkmal für das American Trotting Register einzuführen. Nur wenn ein Pferd diesen erreichte, konnte man es dort registrieren lassen. Der Standard wurde bei 2 Minuten und 30 Sekunden für eine Meile festgesetzt. Standardbreds laufen entweder Trab oder Pass. Der Pass ist für gewöhnlich schneller und wird daher bevorzugt. Als erster Passgänger lief Star Pointer eine Meile in weniger als 2 Minuten. Die Geschichte der Standardbreds begann eigentlich schon 100 Jahre früher. Damals kam der Hengst Messenger – ein frühes Englisches »Vollblut« – nach Amerika und stand in Gestüten in Pennsylvania, New York und New Jersey. Messenger, in England ein erfolgreiches Rennpferd, lief nie Rennen vor dem Sulky. Anders sein Vater Mambrino; dessen Besitzer, Lord Grosvenor, trieb ihn sogar an, 24,4 Kilometer in einer Stunde zu laufen. Messenger wurde mit Morgan-Stuten und Stuten der heute ausgestorbenen Kanadischen und Narragansett Traber gekreuzt. Trotzdem wird oft sein Nachkomme Hambletonian 10, geboren 1849, als Begründer der Rasse genannt. Er war nicht gerade ein hübsches Pferd und überbaut, was ihm aber einen enormen Schub in der Hinterhand verlieh.

STECKBRIEF	
FARBE	alle
HERKUNFT	Osten der USA
EINSATZ	Trabrennen
STOCKMASS	um 1,52 bis 1,60 m

Nutzenorientiert

Das Standardbred ist nicht schön, hat aber phänomenal kräftige Gliedmaßen. Seine Hinterhand und die Sprunggelenke sind nahezu perfekt. Der Rumpf der Standardbreds ist niedriger und länger als bei den Vollblütern, und häufig ist die Kruppe höher als der Widerrist – das verleiht ihnen den kräftigen Schub aus der Hinterhand. Das ideale Verhältnis zwischen den starken Schultern und dem Hals vervollkommnet die Ausgewogenheit. Den Kopf kann man robust nennen, zumal er im Vergleich mit dem des Vollbluts größer ist. Trotzdem wirkt er vornehm. Aufgrund der geforderten Leistung müssen die Hufe korrekt und die Gänge absolut gerade sein.

Missouri Foxtrotter

Der Foxtrotter ist vielleicht die älteste amerikanische Gangpferderasse. Erstmals tauchte sie vor mehr als 170 Jahren in den Ozark-Bergen von Missouri auf. Die ansässigen Siedler kreuzten Morgan-Pferde, Narragansett Passer und Vollblüter, später kamen Saddlebreds und Tennessee Walker hinzu. So entwickelte sich der einzigartige Foxtrott, ein superbequemer Gang, sogar in schwierigem Gelände. Beim Foxtrott entsteht der optische Eindruck, das Pferd laufe vorne im Schritt, hinten im Trab, wobei es die Hinterhand weit unter den Körper nimmt. Auf Schauen sind künstliche Hilfen und übertrieben schwere Hufeisen, die die Gänge verstärken, nicht erlaubt.

STECKBRIEF	
FARBE	meist Füchse mit weißen Zeichen
HERKUNFT	Missouri, USA
EINSATZ	Freizeit- und Wanderreitpferd
STOCKMASS	um 1,42 bis 1,62 m

Der Rolls-Royce der Cowboys
Er ist ein starkes, stabiles Pferd mit tiefer Brust und sehr muskulös. Die Hinterläufe sind etwas kräftiger gebaut als die Vorderläufe. Die tiefe Brust und die schräge, gut bemuskelte Schulter ermöglichen dem Missouri Foxtrotter die besondere Art der Bewegung. Seine Knieaktion ist nicht übertrieben. Insgesamt ist er niedriger als andere Gangpferdearten.

Tennessee Walker

»Wenn Sie heute einen reiten, werden Sie morgen einen kaufen.« Mit diesem Slogan wirbt die sehr erfolgreiche Züchtervereinigung der Tennessee Walker. Die Pferde wurden einst auf Plantagen eingesetzt. Weil sie sich mühelos zwischen den Pflanzenreihen bewegen, nannte man sie auch gerne Turn-Rows (Reihenwender). Wie alle amerikanischen Gangpferde geht der Tennessee Walker auf den Narragansett Passer zurück. Danach wurden Vollblüter, Morgan, Saddlebred und Standardbred eingekreuzt. Der Standardbred-Hengst Black Allan gilt als Gründervater der Rasse. Als Rennpferd hatte er keinen Erfolg, vererbte aber seine eigenwillige Art zu gehen. Der moderne Tennessee Walker hat drei Gänge: »flat walk« (flacher Schritt), »running walk« (Rennschritt, häufigste Gangart) und Schaukelstuhl-Galopp. Es heißt, sein Schritt sei erschütterungsfrei, entspannend und vermittle ein Gefühl von Sicherheit. Bewegt er sich, nickt der Tennessee Walker rhythmisch mit dem Kopf, die Ohren schwingen leicht mit, und wenn es schnell wird, klappert er mit den Zähnen.

STECKBRIEF	
FARBE	Rappen, Füchse, oft mit weißer Zeichnung
HERKUNFT	Tennessee, USA
EINSATZ	Freizeitpferd
STOCKMASS	um 1,52 bis 1,62 m

Stoßfreier Gang
Der Tennessee Walker ist großgliedrig und tief. Das Esprit des Saddlebred fehlt, aber Fans schwören auf seine Ausgeglichenheit und die einzigartigen Gänge. Das Aussehen ist ihnen weniger wichtig. In Amerika benutzt man speziellen Hufbeschlag, um die hohe Knieaktion zu fördern.

Palomino

Die Züchtergemeinschaft der Palominos hat die wünschenswerten Eigenschaften genau standardisiert. Auch wird sehr systematisch gezüchtet. Trotzdem werden Pferde dieses Typs international nicht als Rasse anerkannt – ist es doch im Wesentlichen die Farbe, die sie zu Palominos macht. Und die kommt auch bei anderen Pferderassen vor. Wie auch immer, die Farbe der Palominos ist traumhaft schön. Im Idealfall gleicht sie einer frisch geprägten Goldmünze. Sie darf auch ein paar Schattierungen heller oder dunkler sein. Mähne und Schweif sind wunderbar weiß. Der amerikanische Zuchtverband verlangt Quarter-Horse-, Araber-, Vollblut-Abstammung. Um Isabellen – so heißt die Farbe bei uns – zu bekommen, züchtet man mit Albinos; noch besser, man kreuzt Isabellen und Füchse.

Der Ursprung des Namens Palomino ist unklar. Er geht vermutlich auf den spanischen Begriff *palomilla* zurück, der unter anderem ein cremefarbenes Pferd mit weißer Mähne und weißem Schweif beschreibt. Reinrassige Araber oder Vollblüter zeigen diese Farbe nicht.

Amerikanischer Standard

Die Farbe ist auf den ersten Blick erkennbar und tritt bei Pferden unterschiedlicher Rassen auf – sowohl bei Qualitäts- wie auch bei Durchschnittspferden. Das Stockmaß für einen Palomino hat der Zuchtverband auf 1,41 bis 1,60 Meter festgesetzt; ein Qualitätsstandard umschreibt die wünschenswerten Eigenschaften registrierter Pferde. Er erlaubt, dass der Körperbau dem Typus der vorherrschenden Blutlinie am meisten ähnelt, solange das Exterieur korrekt und stimmig ist. Nicht zugelassen sind grobe Pferde und Zugpferde oder solche, die von Shetlandponys oder Pintos abstammen.

STECKBRIEF	
Farbe	Palomino
Herkunft	USA
Einsatz	Reitpferd
Stockmass	um 1,41 bis 1,60 m

Pinto

Das Wort *pintado* (spanisch) bedeutet »bemalt, bunt«. In den USA nimmt die Pinto Horse Association Pferde, Ponys und Miniponys in vier Kategorien ins Stutbuch auf: »stock-type« (»Rinderpferd«), v. a. mit Quarter-Abstammung; »hunter« (Jagdpferd), v. a. Vollblüter; »pleasure« (Freizeitpferd), Araber und Morgan; und »saddle« (Reitpferd), zu dem Saddlebred, Hackney oder Tennessee Walker zählen. Das Zuchtbuch der Paint Horse Association führt Pferde vom »stock-type« und legt mehr Wert auf Abstammung als auf Farbe. Die Pueblo Indianer und die Cowboys schätzten gefleckte Pferde. Je nach Anordnung der Flecken unterscheidet man Tobiano und Overo. Overo ist seltener, weil es rezessiv vererbt wird. Pinto Pferde sind recht unterschiedlich, aber viele sind gut gebaut und hübsch.

STECKBRIEF	
FARBE	gefleckt
HERKUNFT	USA
EINSATZ	Reitpferd
STOCKMASS	unterschiedlich

Amerikanische Farbe
Der Tobiano ist weiß mit großen farbigen Flecken. Die weiße Farbe zieht sich über den Rücken, den Rumpf und die Beine. Der Overo hat ein farbiges Fell mit weißen Flecken. Der Rücken ist meist einfarbig, ohne Flecken. Der Körperbau der Pintos variiert je nach Abstammung.

Appaloosa

Der gesprenkelte Appaloosa ist eine eigenständige amerikanische Pferderasse. Doch auch andere Rassen zeigen weltweit diese Fellzeichnung. Die Spanier brachten einst »Sprenkel«-Gene nach Amerika, und die Nez Perce Indianer entwickelten die Zucht solcher Pferde Mitte des 18. Jahrhunderts weiter. Namensgeber war der Fluss Palouse, der durch ihr Land in Oregon floss. Beim modernen Appaloosa unterscheidet man fünf Fellzeichnungen: *Leopard*, weiß mit dunklen Flecken überall oder am Rumpf; *Snowflake* (Schneeflocke), weiße Punkte, besonders an der Hüftpartie; *Blanket* (Decke), weiße oder gesprenkelte Hüfte; *Marble* (Marmor), Sprenkel auf dem ganzen Körper; *Frost*, weiße Flecken auf dunklem Grund.

Indianerpferd
Der Appaloosa variiert im Typ, besitzt aber einige charakteristische Merkmale: einen weißen Ring um die Iris, gesprenkelte Haut auf der Nase und um die Genitalien; oft Hufe mit schwarz-weißen Streifen, dünnes spärliches Schweif- und Mähnenhaar.

STECKBRIEF	
FARBE	gesprenkelt
HERKUNFT	Oregon, heute ganz USA
EINSATZ	Reitpferd
STOCKMASS	um 1,42 bis 1,52 m

Criollo

Der Name Criollo bezeichnet mehrere südamerikanische Rassen. Am bedeutendsten ist der argentinische Criollo. Er stammt von frühen spanischen Pferderassen ab, die eng mit den Berber-Pferden verwandt waren. Der Criollo ist ein kleines stämmiges Pferd. Seine Ausdauer entwickelte sich im Grunde von selbst, durch sein Leben in den wilden Herden der Pampas. Härteste klimatische Bedingungen machen ihm nichts; er hat sogar seine Farbe den Braunschattierungen seiner Umgebung angepasst. Criollos dienen als Pack- und Reitpferde. Für die Gauchos, die Rinderhirten der Pampa, sind sie unentbehrlich. Bei der Entwicklung des Argentinischen Polo-Ponys – wohl das beste Polo-Pony der Welt – spielen sie eine wichtige Rolle: Vollblüter werden mit einheimischen Criollos gekreuzt und die Vollblüter wiederum mit den daraus entstehenden Nachkommen. Das Ergebnis ist ein drahtiges Pony mit prima Sprunggelenken und einer sehr guten Hinterhand.

STECKBRIEF	
FARBE	Braunschattierung, oft mit Flecken
HERKUNFT	Argentinien, Südamerika
EINSATZ	Pack- und Reitpferd
STOCKMASS	um 1,42 bis 1,52 m

Pferd der Gauchos
Der Criollo wirkt stark und ernst. Er ist stämmig und dabei doch elegant. Sein Körperbau ist exzellent, die Gliedmaßen vorbildlich – ein ausgesprochen harmonisches Pferd.

Paso

Paso bedeutet im Spanischen »Schritt, Gang«. Und eben die bemerkenswerten Gänge sind es, die für die Pasos charakteristisch sind. Beide Pferde, der Paso Peruano und der Paso Fino, stellen eine wohlüberlegte Mischung aus Spaniern und Spanier-Berber-Kreuzungen dar, wobei Wert darauf gelegt wurde, den Charakter des spanischen Jennet zu erhalten – eines im 15. und 16. Jahrhundert in Zentraleuropa äußerst beliebten Passgängers. Die Gänge sind beiden Rassen angeboren und werden durch Training verfeinert und betont. Hinterhand und Fesseln sind gewöhnlich stabil, die Gelenke sehr beweglich. Die Sprunggelenke sind auffallend stark. Im Normalfall verfügen die Pferde über makellose Knochen und Hufe. Lunge und Herz sind – wie bei allen Verwandten des Criollo – groß.

STECKBRIEF	
FARBE	alle, meinst Braune und Füchse
HERKUNFT	Südamerika
EINSATZ	Reitpferd
STOCKMASS	um 1,40 bis 1,50 m

Spezialist der Gänge
Der Paso Peruano bewegt sich im Viertakt, wobei er die Vorderbeine kreisförmig nach außen bewegt. Was bei uns »bügeln« heißt, wird in Südamerika *termino* genannt. Der Paso Fino hat drei Gänge: *Paso Fino*, langsam, versammelt und mit hoher Aktion; *Paso Corto*, ein schnellerer Reisegang mit mehr Raumgriff; und den sehr schnellen (26 km/h) *Paso Largo*.

Falabella

Das Falabella war das erste »richtige« Miniaturpferd. Heute sind Miniaturpferde in vielen Ländern populär, aber nicht immer handelt es sich dabei um Falabellas. Eine argentinische Familie namens Falabella hat das Minipferd entwickelt, auf ihrer Ranch Recreo de Roca, in der Nähe von Buenos Aires. Dabei wandten sie eine gängige Zuchttechnik an: Sie nahmen vermutlich sehr kleine Vollblut-Hengste und kreuzten sie mit Shetland-Stuten. Dann betrieben sie konsequente Inzucht (z.B. Kreuzungen von Bruder und Schwester, Vater und Tochter usw.) und reduzierten somit die Größe auf ein Stockmaß von maximal 76 Zentimetern. Falabellas dienen ausschließlich als Haustiere und Kuriositäten. Aufgrund der Inzucht weisen sie manchmal Mängel im Körperbau auf und sind schlecht proportioniert – zu große Köpfe zum Beispiel, eine schwache Hinterhand, falsch geformte untere Gliedmaßen. Bei den neuen Falabella-Zuchten ist das jedoch nicht immer so.

STECKBRIEF	
FARBE	alle
HERKUNFT	Südamerika
EINSATZ	Haustier
STOCKMASS	76 cm

Veredelungskult
Die Ähnlichkeit mit den Shetlandponys, von denen sie mit abstammen, sieht man vor allem an dem häufig zu großen Kopf. Trotzdem verbessert sich das Äußere der Miniaturpferde beständig. Auf Schauen sieht man inzwischen recht gut proportionierte Miniaturpferde.

Galiceno

Die spanische Provinz Galicien war bekannt für ihre weich zu reitende Pferderasse, die einen flinken Tölt beherrschte. Im Europa des 16. Jahrhundert war diese als Reisepferd sehr gefragt. Noch immer ist das kleine Pferd in Galicien anzutreffen, wobei es heute hauptsächlich in Mexiko lebt. Galicenos waren mit die ersten Pferde, die spanische Einwanderer nach Amerika brachten. Wahrscheinlich stammen die Galicenos von den kräftigen, auf der iberischen Halbinsel beheimateten Sorraia- und Garrano-Ponys ab – diese gehen ihrerseits auf urzeitliche Pferderassen wie den Tarpan zurück. Der mexikanische Galiceno eignet sich als Reitpferd. Seinen speziellen Gang hat er behalten. Er geht aber auch vor der Kutsche und arbeitet in der Landwirtschaft. Man sagt, der Galiceno sei ausgesprochen freundlich und klug.

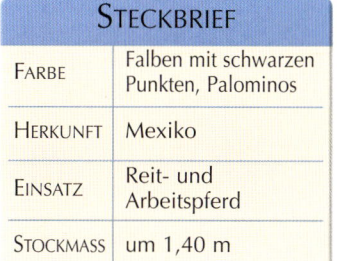

STECKBRIEF	
FARBE	Falben mit schwarzen Punkten, Palominos
HERKUNFT	Mexiko
EINSATZ	Reit- und Arbeitspferd
STOCKMASS	um 1,40 m

Ein Landpferd
Ein hübsches, kleines Pferd, ohne große Besonderheiten im Körperbau, aber mit ausgeprägtem Charakter. Sein Hufhorn ist hart, seine Gesundheit unerschütterlich. Es besitzt die Fähigkeit, sich wechselnden klimatischen Bedingungen und unterschiedlichen Böden anzupassen.

Belgisches Kaltblut

Das flandrische oder flämische Pferd war im Mittelalter das bekannteste Arbeitspferd. Später spielte es für die Entwicklung des englischen Shire, des Suffolk Punch und des Clydesdale eine bedeutsame Rolle. Wohlüberlegte Zucht und strenge Auswahl haben über die Jahrhunderte ein einzigartiges, belgisches Kaltblutpferd hervorgebracht. Gewöhnlich spricht man vom Belgischen Kaltblut, aber auch vom Brabanter, benannt nach einem seiner bedeutendsten Zuchtgebiete. Es gab drei Hauptlinien der Brabanter: den braunen *Gros de la Dendre*; den *Gris de hainaut*, Graufalben und Rotschimmel; und die besonders kräftigen *Colosses de la Mehaique*. Alle drei besaßen unglaubliche Zugkraft. In Belgien sind diese Pferde heute aus der Mode. In Amerika dagegen haben sie viele Anhänger und selbst im Kentucky Horse Park gibt es Brabanter. Mit einigen der Stuten hat man dort Riesenmaultiere gezüchtet. Wie andere, bekanntere Pferde hat der Brabanter viel zur Entwicklung verschiedener Rassen, vor allem der Kaltblüter, beigetragen.

STECKBRIEF	
FARBE	Rotschimmel, Fuchs; teils Braune, Falben
HERKUNFT	Belgien
EINSATZ	Landwirtschaft
STOCKMASS	um 1,62 bis 1,70 m

Kraft

Das Markenzeichen des Belgischen Kaltbluts ist die Kraft. Alles an dem kurzen, massiven Körper deutet darauf hin. Die Gliedmaßen sind kurz, hart und muskulös. Die Hinterhand ist riesengroß, die Kruppe »doppelt bemuskelt«. Nacken und Schultern sind dick und kräftig, der ausdrucksvolle Kopf verhältnismäßig klein.

Percheron

Der Percheron ist das eleganteste Kaltblut. Ungewöhnlich: Er hat viel Araber-Blut. Vielleicht führte man schon im 8. Jahrhundert Araber ein; im 18. Jahrhundert stellte das königliche Gestüt Le Pin den Züchtern jedenfalls Araber-Hengste zur Verfügung. Kreuzt man Percherons mit leichteren Pferden, entstehen weltweit gute Reitpferde. Bei der Stockhorse-Zucht in Australien spielt er eine Rolle, auf den Falkland-Inseln kreuzt man ihn mit Criollos, um Langstrecken-Pferde zu erhalten. In Amerika, dem größten Markt für Percherons, gab es 1910 angeblich an die 32 000 Pferde dieser Rasse.

STECKBRIEF	
Farbe	Schimmel, Rappen
Herkunft	Normandie, Frankreich
Einsatz	meist Landwirtschaft
Stockmass	um 1,62 bis 1,70 m

Schönheit

Der Percheron ist das schönste unter den Kaltblutpferden. Er hat eine niedrige, raumgreifende Aktion. Der Kopf ist oft hübsch, mit breiter, eckiger Stirn, geradem Profil, feinen langen Ohren und spitz zulaufenden, ausdrucksstarken Augen. Er hat wenig Kötenbehang und harte Hufe.

Clydesdale

Auch der Clydesdale wurde weltweit exportiert. Diese Pferde erschlossen die Prärien Kanadas und Amerikas. Man nennt sie die Rasse, »die Australien geschaffen hat«. Wegen ihrer extravaganten Gänge und der exzellenten Beschaffenheit ihrer Hufe hat man sie auch in den Städten oft vor den Wagen gespannt. Die Rasse entstand im 19. Jahrhundert im schottischen Clyde Valley. Den Grundstock bildeten Pferde, die eng mit den flandrischen oder flämischen Pferden verwandt waren. Auch der Einfluss des Shire war sehr stark. Clydesdales stehen oft kuhhessig, d.h. die Sprunggelenke sind nach innen gekippt. Gewöhnlich ist das ein Fehler, hier aber akzeptiert es die Zucht, weil es den »engen« Gang der Pferde ausmacht.

STECKBRIEF	
Farbe	Braune, Schimmel, Rotschimmel
Herkunft	Schottland
Einsatz	Landwirtschaft, Zugpferd
Stockmass	um 1,62 m

Eifer

Der Clydesdale ist ein leichteres Kaltblut mit sehr eifrigen Gängen. Die Gliedmaßen sind länger als bei anderen Kaltblütern. Er trägt seidigen Kötenbehang. Seine Hufe sind oft etwas flach, die Sprunggelenke stark, stehen aber in der Regel kuhhessig.

Shire

Das englische Shire ist das größte Kaltblut, benannt nach den mittelenglischen Grafschaften Leicester, Staffordshire und Derbyshire; diese gelten, neben den Fens – ausgedehnten Moorgebieten –, als die wichtigsten Zuchtgebiete. Das Shire stammt vom so genannten »Großen Pferd«, dem Schlachtross des 16. Jahrhunderts ab. Den größten Einfluss auf das Shire hatten flandrische Pferde. Sie wurden im 17. Jahrhundert nach England importiert, um beim Bau von Entwässerungssystemen in den Mooren zu helfen. Auch in den Städten wurde das kräftige Pferd etwa zum Ziehen von Brauerei- oder Kohlewagen eingesetzt. Das Shire hält zahlreiche Rekorde, was seine Zugkraft anbelangt.

STECKBRIEF	
Farbe	Rappen, Braune, Schimmel
Herkunft	Midlands, England
Einsatz	Landwirtschaft, schwere Zugarbeiten
Stockmass	bis 1,85 m

Freundlicher Riese
Das Shire steht für ultimative Stärke. Sein Gewicht ist beachtlich. Seine Gliedmaßen sind klar und hart, seine Knochen entsprechend groß und kräftig. Der Kötenbehang ist sehr dicht, aber glatt und seidig. Die Hufe sind offen, breit, hart und wohlgeformt.

Suffolk Punch

»Eine Variante des englischen Pferdes, kurzbeinig mit fassförmigem Körper, ein kurzer, stämmiger Kerl« – so definiert ein Lexikon den Suffolk Punch. Er ist das älteste englische Kaltblut, und angeblich geht jeder Suffolk auf einen einzigen Zuchthengst zurück: auf Thomas Crisps Horse of Ufford, geboren 1768. Suffolks sind Füchse, so wie Crisps Horse. Sie kommen in sieben Schattierungen vor, die meisten sind jedoch hellrote Füchse. Im Gegensatz zu vielen anderen Kaltblütern trägt der Suffolk wenig Kötenbehang – ein Vorteil, wenn der Boden lehmig ist. Der Suffolk ist sehr stark und braucht weniger Futter als andere Rassen.

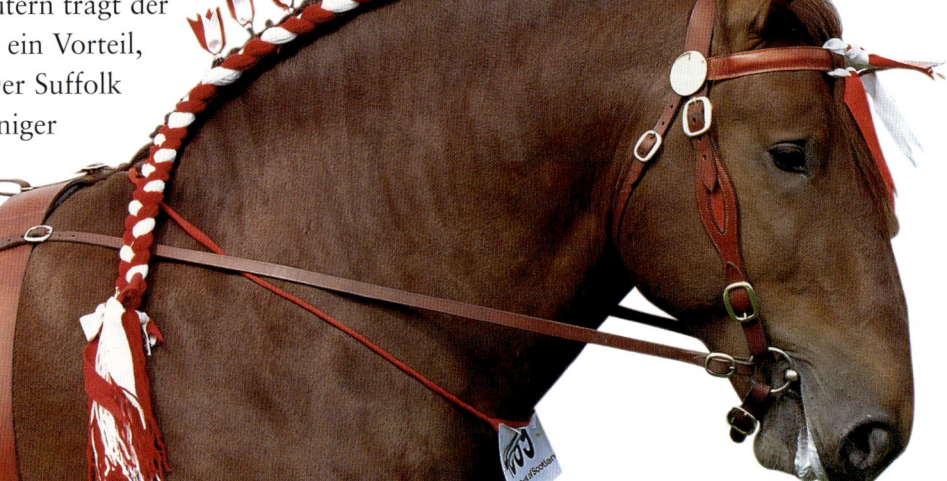

»Dicker Bursche«
Der kugelrunde Suffolk, das Pummelchen, gehört zu den attraktivsten Kaltblutrassen. Im Gegensatz zu den meisten anderen Kaltblütern hat er kaum Kötenbehang. Typisch für ihn ist seine niedrige Schulter.

STECKBRIEF	
Farbe	Füchse
Herkunft	Suffolk, England
Einsatz	Landwirtschaft, schwere Zugarbeiten
Stockmass	um 1,60 bis 1,63 m

Poitevin

Er ist das hässliche Entlein unter den Kaltblütern. Er ist unattraktiv, träge, hat raues Haar und große, flache Hufe – für seine Vorfahren waren sie sehr nützlich, denn sie arbeiteten im 17. Jahrhundert im Marschland von Poitou. Dennoch erfüllt der Poitevin seinen Zweck. Gekreuzt mit dem Esel Baudet de Poitou (Stockmaß 1,60 Meter) entsteht daraus das größte Maultier Europas. In Ländern, in denen Kaltblüter wegen des unwegsamen Geländes nicht eingesetzt werden können, sind diese Maultiere noch heute gefragt.

STECKBRIEF	
FARBE	meist Falben
HERKUNFT	Poitou, Frankreich
EINSATZ	Maultierzucht
STOCKMASS	um 1,60 bis 1,62 m

Ausgebeutet
Alles am Poitevin ist unattraktiv. Er ist grob, die Gelenke fleischig. Das Fell und der Kötenbehang sind struppig. Im Umgang ist er derb und träge. Früher wurde er sehr hart herangenommen, heute zur Maultierzucht verwendet – und letztendlich landet er beim Metzger.

Jütländer

Seit über 1000 Jahren werden diese Pferde auf der dänischen Halbinsel Jütland gezüchtet. Im 12. Jahrhundert dienten sie als Schlachtrösser, stark genug, um Ritter in Rüstung zu tragen. Bis in die 1950er-Jahre gab es in Jütland angeblich 405 Gestüte mit über 14 000 Stuten und rund 2500 Hengsten. Heute werden in der Landwirtschaft keine Jütländer mehr eingesetzt. Der Suffolk Punch Oppenheimer LXII übte großen Einfluss auf die Jütländer-Zucht aus. Er kam um 1860 nach Dänemark. Der Jütländer seinerseits war Mitbegründer der benachbarten Schleswig-Holsteiner-Zucht.

STECKBRIEF	
FARBE	Füchse
HERKUNFT	Dänemark
EINSATZ	Landwirtschaft
STOCKMASS	um 1,52 bis 1,60 m

Ein Cousin des Suffolk
Der Jütländer ist für seine Gutmütigkeit bekannt. Im Körperbau ist der Einfluss des Suffolk Punch offensichtlich. Er trägt viel Kötenbehang. Die Fesselbeuge lässt sich daher schlechter sauber halten – erhöhte Anfälligkeit für Entzündungen und Mauke. Die Gelenke sind häufig unklar und schlecht gebaut, was oft Gallen zur Folge hat.

Maultier und Maulesel

Maultiere und Maulesel gehören sicher zu den Tieren, die der Mensch am härtesten schuften lässt. Dabei sind sie äußerst bemerkenswert – was oft verkannt wird. Im Laufe der Geschichte gab es auch Zeiten, in denen der Esel hohe Wertschätzung genoss.

Maultier-Baby
Dieser niedliche Winzling darf noch faulenzen. Wenn er drei Jahre alt ist, wird er arbeiten müssen. Es ist jedoch ratsam, die Tiere schon vorher an den Umgang mit den Menschen zu gewöhnen.

Ob es die Könige Israels waren, der Prophet Mohammed oder die Kirchenprälaten des Mittelalters – alle ritten Maulesel oder Maultiere und schätzten den gemütlichen Gang und die Trittsicherheit der Tiere.

Kreuzung
Ein Maultier ist eine Kreuzung zwischen einem Eselhengst und einer Pferdestute. Die Größe der Tiere variiert beträchtlich, je nach Größe der Eltern. Als Hybriden können sie sich nicht fortpflanzen. Im Verhältnis zu ihrer Größe sind Maultiere kräftiger als Pferde und können sehr hart arbeiten. Leicht passen sie sich klimatischen Veränderungen an und besitzen eine unverwüstliche Gesundheit. Zudem sind Maultiere günstig zu halten.

Ein hochintelligentes Tier
Das Maultier ist ein kluges Tier mit angenehmem Temperament, auch wenn es einen eigenen Kopf hat. Dabei ist das, was wir als stur empfinden, mitunter nur Ausdruck von Scharfsinn und Selbstschutz. Die Extremitäten – Hufe, Ohren, Schwanz – hat das Maultier vom Esel. Man könnte sagen, das Maultier steht auf Eselsbeinen, hat aber den Rumpf eines Pferdes. Von vorne ähnelt es eher einem Esel, von hinten mehr einem Pferd. Maultiere werden in der Landwirtschaft vor den Wagen gespannt, und sie tragen

Kirgisisches Trio
Dieses kleine Maultier ist stark genug, seinen Reiter durch das raue Kirgisien zu tragen, und klug genug, das Pack-Kamel zu führen. Ein ideales Trio für schwieriges Gelände.

Esel mit Flecken
Diese farbenfrohe Eselstute könnte, wenn man sie mit einem Pferdehengst kreuzte, Mauleselfohlen mit ungewöhnlicher Fellzeichnung hervorbringen. In Amerika sind geschecke oder getüpfelte Maulesel beliebt.

Mammut-Maultier
Prächtige Mammut-Maultiere, wie man sie außerhalb der USA nicht finden würde! Sie sind etwas typisch Amerikanisches und haben in den USA eine große Anhängerschaft.

Lasten von bis zu 170 Kilogramm. In Mittelmeerländern, wo das Gelände unwegsam und für Pferde zu steil ist, werden sie auch geritten. Außerdem sind Pferde teurer und schwieriger zu halten.

Mammut-Maultiere
In Amerika sind Maultiere immer noch populär, auch wenn sie heute keine Lasten mehr transportieren und nicht mehr in der Landwirtschaft arbeiten. Die riesigen Mammut-Maultiere haben etliche Anhänger und werden als Reittiere genutzt. In schwierigem Gelände, wie am Grand Canyon, sind sie hervorragend. Sie ziehen schöne Gespanne, und es gibt sogar Dressurwettbewerbe für Maultiere.

Maultiertransport
In beiden Weltkriegen spielten Maultiere für die Versorgung der Truppen eine wichtige Rolle. Die indische Armee verfügt noch heute über einen großen Maultierbestand. Im unwegsamen, bergigen Gelände von Dschammu und Kaschmir sind sie oft das einzige Transportmittel. Auch die indische Artillerie benutzt Maultiere, um Geschütze zu transportieren. Die Maultiere der indischen Armee erreichen ein Stockmaß von etwa 1,42 Metern. Als Väter dienen indische oder Malteser-Hengste.

Maulesel
Ein Maulesel ist eine Kreuzung zwischen einer Eselstute und einem Pferdehengst. Es hat die Extremitäten der Pferde, aber den Körper der Esel. Maulesel sind kleiner, weniger vielseitig und den Maultieren in Sachen Kraft und Leistungsfähigkeit weit unterlegen. Maultiere sind meist einfarbig, während es auch weiße, geschecke und gesprenkelte Maulesel gibt. Maulesel sind schwieriger zu züchten und oft genug schlägt die Befruchtung der Eselstuten fehl. Die Farben der Maulesel können sehr hübsch sein, sie sind jedoch nur in begrenztem Umfang einsetzbar.

Sogar Dressur
Wer hätte das geglaubt? Ein Maultier zeigt eine Dressurlektion – und zwar gut. Es gibt spezielle Wettkämpfe, an denen nur Maultiere teilnehmen dürfen.

Eriskay

Obwohl sich der Verband der Eriskay Ponys um den Erhalt der Rasse bemüht und die Zahl der Ponys auf rund 300 gestiegen ist (1970 waren es nur an die 20), gelten sie noch immer als vom Aussterben bedroht. Im 19. Jahrhundert wurden sie für alle Arbeiten auf den kleinen schottischen Bauernhöfen eingesetzt. Die Männer fuhren zur See, Frauen, Kinder und die Ponys bestellten das Land. Die Ponys schleppten Körbe voll Torf und Seetang, die zu beiden Seiten ihres Rückens auf Frachtwagen befestigt waren. Die Ponys eggten die Felder und brachten die Kinder zur Schule. Sie mussten umgänglich und freundlich sein – und sie sind es noch heute. Das Eriskay ist ein ideales Pferd für Kinder.

Eine zähe Rasse
Das liebenswerte Eriskay lebt seit Jahrhunderten im rauen Schottland, wo es oft kalt, nass und windig ist. Die Ponys haben sich an das Klima angepasst. Sie haben sehr dickes, wasserdichtes Fell und volles Mähnen- und Schweifhaar, das sie gut schützt.

STECKBRIEF

FARBE	alle
HERKUNFT	Eriskay, Schottland
EINSATZ	Reitpferd
STOCKMASS	um 1,22 bis 1,35 m

Exmoor

Exmoor Ponys leben seit Urzeiten – wohl schon vor der Eiszeit – im südenglischen Hochmoor, von dem die Rasse ihren Namen hat. Sie sind im wahrsten Sinne des Wortes »wasserdicht«: Ein doppelt strukturiertes Fell schützt sie vor Kälte und Nässe, dazu ein dichter »Eis«-Schweif mit zusätzlichen Haaren am Ansatz. Die »Frosch«-Augen besitzen einen besonderen Schutz, und in den langen Nasengängen kann sich die Luft auf ihrem Weg in die Lungen erwärmen. Zudem verfügt das Exmoor, anders als die sonstigen Equiden, über einen siebten Backenzahn.

So alt wie die Berge
Besonders interessant ist der Kopf des Exmoor. Das Pony hat ein Mehlmaul, seine Nüstern sind sehr weit, die Ohren kurz und dick. Die Stirn ist breit, die »Frosch«-Augen groß und spitz zulaufend. Es besitzt keine weißen Zeichnungen.

STECKBRIEF

FARBE	Braune, Falben; Mehlmaul
HERKUNFT	Exmoor, Südwest-England
EINSATZ	Reit- und Fahrpony
STOCKMASS	um 1,20 bis 1,25 m

Dartmoor

Das Dartmoor Pony ist ein naher Verwandter des Exmoor, doch im Gegensatz zum Exmoor ist es nicht mehr reinrassig. Auch leben viele moderne Vertreter seiner Rasse nicht mehr in halbwilden Herden, sondern in Gestüten weitab vom Moor. Das Dartmoor Pony zählt zu den elegantesten Reitponys der Welt; Grund dafür ist der Einfluss der Araber und des Welsh Mountain Ponys auf die Rasse. Es springt gut und ist in ganz Europa gefragt.

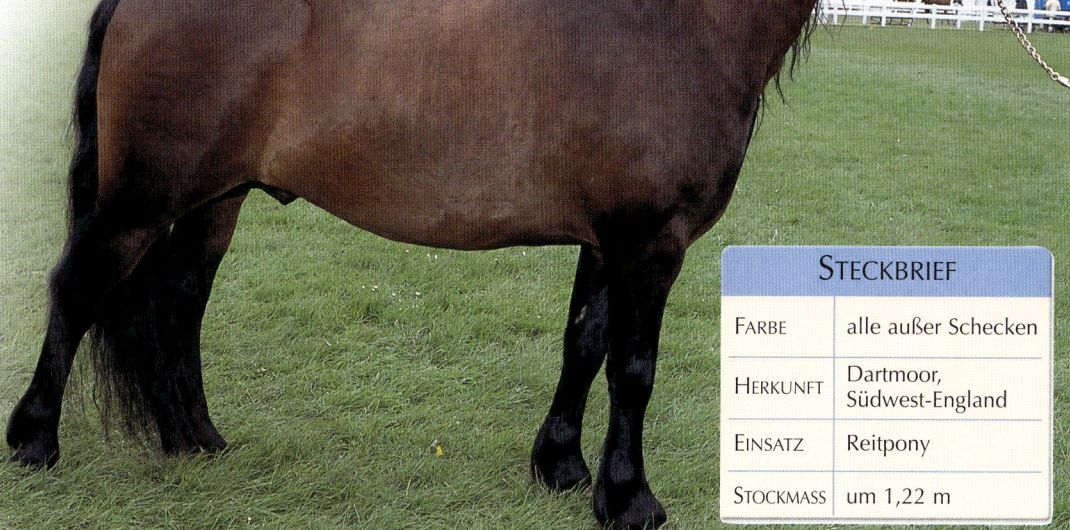

Reitpony
Die schön geformte Schulter des Dartmoor und sein Hals verleihen ihm Gänge, die zum Reiten ideal und für Ponys untypisch sind: niedrig, ohne Knieaktion, ökonomisch, typische Gebrauchs- und Reitpferdegänge. Der Kopf des Dartmoor ist dennoch ganz und gar ponytypisch, klein, mit viel Qualität, schön angesetzt, mit sehr wachen, kleinen Ohren.

STECKBRIEF	
FARBE	alle außer Schecken
HERKUNFT	Dartmoor, Südwest-England
EINSATZ	Reitpony
STOCKMASS	um 1,22 m

New Forest

Das New Forest stammt aus einem Waldgebiet, in dem im 11. Jahrhundert König William Rufus zu jagen pflegte. Das New Forest Pony ist eine außergewöhnliche Mischung aus verschiedensten Rassen: Welsh, Vollblut, Araber, Highland, Dale, Fell, Exmoor, Dartmoor und sogar Basuto – eingeführt um die Wende des 19. Jahrhunderts von Lord Lucas. Dennoch ist das moderne New Forest, das heute in Gestüten gezüchtet wird, gut geraten. Es springt und galoppiert hervorragend.

STECKBRIEF	
FARBE	alle außer Schecken
HERKUNFT	New Forest, England
EINSATZ	Reitpferd
STOCKMASS	1,22 bis 1,42 m

Star-Pony
Wohl wegen des Polo-Pony-Einflusses zeichnet sich das New Forest durch seinen Galopp aus. Seine Gänge sind frei, lang und niedrig. Es variiert im Typ, manchmal hat es eher einen Pferde- als einen Ponykopf. Die Rasse ist klug, hat eine schnelle Auffassungsgabe und eignet sich fürs Gelände.

Welsh Mountain Pony

Das Welsh Mountain Pony ist die zahlenmäßig stärkste der britischen Berg- und Moor-Ponyrassen. Außerdem ist es das hübscheste und hat perfekte Proportionen. Sowohl als Fahr- als auch als Reitpony macht es sich hervorragend und diente daher häufig dazu, andere einheimische Ponyrassen zu veredeln. Jahrhundertelang wurde es in den Bergen und im Hochland von Wales gezüchtet. Araber-Blut hat die Ponys veredelt, ihre typischen Pony-Eigenschaften aber nicht beeinträchtigt. Nach wie vor sind sie robust und außerordentlich gute Futterverwerter. Dem rauen Gelände, aus dem sie stammen, verdankt das Pony seinen besonderen Gang, die hohe Knieaktion, die ausgezeichneten Sprunggelenke und die dadurch kräftige Hinterhand, aber auch seinen Selbsterhaltungstrieb und die ihm angeborene Intelligenz. Das Welsh Mountain Pony gilt als Grundlage der drei weiteren Welsh-Zuchten: des Reittyps Welsh Pony, des Welsh Ponys im Cob-Typ und des Ehrfurcht gebietenden Welsh Cob.

Das perfekte Pony

Das Schönste am Welsh Mountain Pony ist der Kopf mit den großen, leuchtenden Augen. Zusammen mit den weiten, offenen Nüstern, dem kleinen Maul und dem konkaven Kopf spiegeln sie den jahrhundertealten, starken orientalischen Einfluss wider. Das Welsh Mountain hat viel Gurttiefe, wodurch auch für die kräftige Lunge und das Herz, das im Verhältnis zum Stockmaß des Ponys groß ist, genügend Platz bleibt. Die Hinterhand hat viel Schub, die Sprunggelenke sind kräftig und gut unter dem Körper platziert.

STECKBRIEF	
FARBE	alle außer Schecken
HERKUNFT	Wales
EINSATZ	Fahr- und Reitpony
STOCKMASS	um 1,20 m

WELSH MOUNTAIN PONY

Welsh Cob

Es gibt zwei Typen Welsh Cob; beide stammen vom Welsh Mountain Pony ab. Sie stellen gewissermaßen eine größere Version des Welsh Mountain dar, mit all seinen guten Eigenschaften. Im 15. Jahrhundert dienten sie als Kavalleriepferde, arbeiteten in der Landwirtschaft, wurden geritten und vor den Wagen gespannt. Bis vor nicht allzu langer Zeit spielten diese Pferde im ländlichen Wales eine wichtige Rolle. Das Pony vom Cob-Typ, das ein Stockmaß von etwa 1,32 Metern erreicht, war und ist ein Farmpony. Es eignet sich als Springpony für Kinder und Jugendliche und macht sich hervorragend als Fahrpony. Der Welsh Cob, mit einem angestrebten Stockmaß von 1,50 Metern, ist ein ausgezeichnetes Jagd- und Springpferd und ein ideales Fahrpferd.

Überragender Trab

Im Idealfall ist der Welsh Cob die größere Variante des Welsh Mountain Ponys. Es ist absolut aufregend, wenn die Welsh Cobs – also die größeren Cobs – beim »Cob Day«, auf der Royal Welsh Show, ihren atemberaubenden Trab zeigen, vorgestellt von Läufern in Turnschuhen. Kein anderes Pferd trabt wie der Cob. Die Bewegungen sind frei und kraftvoll bis in die Spitzen, geschoben von der Hinterhand, mit Vorderbeinen, die angehoben und dann ganz weit nach vorne gestreckt werden.

STECKBRIEF	
Farbe	alle außer Schecken
Herkunft	Wales
Einsatz	Reit-, Fahrpferd, Landwirtschaft
Stockmass	Cob-Typ um 1,32 m, Welsh Cob um 1,50 m

Lundy Pony

Das Lundy Pony existiert seit 1928. Damals führte der Besitzer der gleichnamigen Insel dort New Forest Ponys ein und züchtete mit ihnen. Lundy ist eine kleine Insel, die sich vor der Küste Devons 122 Meter aus dem Meer erhebt, den atlantischen Südweststürmen ausgesetzt. Zuchtversuche mit Vollblut-Hengsten erwiesen sich als katastrophal. Erfolgreicher dagegen waren Kreuzungen mit Welsh und Connemara Ponys. Viele seiner heutigen Eigenschaften verdankt das Lundy dem Connemara. Es ist robust und zäh, mit Pony-Charakter durch und durch. Ein Verband kümmert sich heute um die Erhaltung der Lundys und macht Werbung für die Rasse als vielseitiges Kinderpony.

STECKBRIEF	
Farbe	meist Braune oder Falben
Herkunft	Insel Lundy, England
Einsatz	Reitpferd
Stockmass	bis 1,32 m

Springende Lundys

Es ist das Connemara-Blut, das so viel zu Charakter und Aussehen der Lundys beiträgt. Die Herden auf der Insel und diejenigen auf dem Festland unterscheiden sich, aber im Wesentlichen besitzen sie den Körperbau eines guten Turnierponys, ein Erbe der talentierten Connemara.

Connemara

Das Connemara ist an der zerklüfteten Westküste Irlands zu Hause. Es ist das einzige einheimische irische Pony. Als sicher gilt, dass orientalische und spanische Pferde, von Kaufleuten auf die Insel gebracht, die Connemara-Zucht beeinflussten. Das moderne Connemara Pony, lebhaft, gesund und ausdauernd, ist ein erstklassiges Turnierpony. Mit Vollblütern gekreuzt, erhält man hervorragende Turnierpferde, auch mit Springvermögen. Der bekannteste Connemara-Zuchthengst war Cannon Ball (geboren 1904). Er soll am Abend vor dem Bauernrennen in Oughterard einen halben Eimer Hafer gefressen haben. Er gewann das Rennen – 16 Jahre in Folge.

Das beste Turnierpony

Das Connemara ist ein wunderbares Turnierpony. Für ein Pony hat es einen ausnehmend langen Hals. Seine Reitpferdschultern führen zu einer natürlichen Springneigung. Das Pony ist in ganz Europa sehr gefragt.

STECKBRIEF	
FARBE	Schimmel, Falben, Braune
HERKUNFT	Westküste Irlands
EINSATZ	Reitpony
STOCKMASS	1,30 bis 1,45 m

Dales

Das Dales Pony wurde auf der Ostseite des Penninischen Gebirges in Nordengland gezüchtet, die Fell Ponys auf der Westseite. Vermutlich gehören auch Friesen zu ihren Vorfahren. Später hat der Welsh-Cob-Hengst Comet, ein hervorragendes Trabrennpferd, die Dales-Zucht beeinflusst. Dales Ponys sind kräftig und ausgeglichen. Früher schleppten sie Bleierz von den Minen in den Bergen hinab zu den Seehäfen. Seit jeher gelten sie als gute Traber. Sie sind ausdauernd, leicht zu halten, lernwillig und klug, können gut springen und Erwachsene tragen.

Stärke

Das Dales Pony macht sich ganz prima als Kutschpony. Es hat einen seidigen Kötenbehang und ist bekannt für seine guten Hufe. Trotz seiner kraftvollen Bewegungen – sie resultieren aus seinem starken kompakten Gebäude – ist das Dales bequem zu reiten.

STECKBRIEF	
FARBE	meist Rappen
HERKUNFT	Nordosten Englands
EINSATZ	Reit- und Fahrpony
STOCKMASS	maximal 1,42 m

Fell Pony

Wie sein Nachbar, das Dales Pony, wurde auch das leichtere Fell Pony als Arbeitstier genutzt. Es schleppte Bleierz, schuftete auf den Farmen und half beim Schafehüten. Es ist schnell, trittsicher und hat eine gut gebaute Schulter fürs Reiten – Qualitäten, die es von seinen Vorfahren, den Galloway-Ponys, geerbt hat. Die Galloways waren die Pferde der Küstenräuber und haben vielleicht mit der Entstehung des Vollbluts zu tun. Über das Wilson Pony – benannt nach seinem Züchter (Cumbria, Nordengland, 19. Jahrhundert) – hat das Fell Pony die modernen Hackneys beeinflusst. Ein bekannter Fell-Hengst war Lingcropper. Man fand ihn 1745 während der Jakobitenkriege bei Stainmore, Westmorland. Er fraß Heidekraut, trug aber noch immer seinen Sattel.

STECKBRIEF	
FARBE	Rappen, Braune, Schimmel
HERKUNFT	Cumbria, Nordengland
EINSATZ	Reit- und Fahrpony
STOCKMASS	maximal 1,40 m

Fahrwettbewerb
Das Fell Pony ist leichter als die Dales und hat sogar noch bessere Bewegungen. In den letzten Jahren hat es sich als schnelles, mutiges Pony bei Fahrwettkämpfen einen Namen gemacht. Es trägt feinen Kötenbehang und hat harte, gesunde Hufe aus schwarzem Horn. Der offizielle Zuchtstandard schreibt einen Röhrbeinumfang kurz unter dem Gelenk von 20 cm vor.

Highland

Diese Ponys lebten vermutlich schon während der Eiszeit in der Region, die heute zum Norden Schottlands gehört. Über die Jahrhunderte hinweg haben Züchter mit Percheron und spanischen Pferden, Hackneys, Arabern und Clydesdales die Rasse veredelt. Bis vor relativ kurzer Zeit gab es zwei Typen von Highlands: das schwerere Festland-Pony, geprägt durch den Clydesdale, und das leichtere Pony der westlichen Inseln, ähnlich dem Eriskay. Heute ist diese Unterscheidung hinfällig. Dort wo es zu Hause ist, wird das Pony vielseitig eingesetzt und ist für seine Kraft und Trittsicherheit bekannt. Als Jagdpferd ist es nicht aus der Ruhe zu bringen und trägt den geschossenen Hirsch von den Bergen ins Tal. Zur Zeit Königin Victorias war das Highland bei der königlichen Familie sehr beliebt.

STECKBRIEF	
FARBE	Braune, Schimmel, Falben, Rappen
HERKUNFT	Hochland und Inseln Schottlands
EINSATZ	Reit- und Fahrpony, Landwirtschaft
STOCKMASS	um 1,42 m

Trittsicher
Das Highland ist ein erstklassiges Reitpony, trittsicher in jedem Gelände und zudem in der Lage, viel Gewicht zu tragen. Viele Highlands, vor allem Falben, besitzen einen ausgeprägten Aalstrich und unten an den Beinen sogar Zebrastreifen – ein charakteristisches Merkmal »primitiver« Rassen.

Camargue

Das »Pferd des Meeres« lebt in den windgepeitschten, salzigen Moorlandschaften des Rhonedeltas im Süden Frankreichs. Die Guardians, Rinderhirten der Gegend, reiten traditionell Camargue-Pferde. Sie werden für die Arbeit mit schwarzen Kampfstieren benutzt. Das Camargue-Pferd hat einen Instinkt für Kühe entwickelt. Es besitzt zwar nicht gerade eine »Model«-Figur, aber die Rasse ist stark, ausdauernd, tapfer und feurig unterm Sattel, außerdem zäh und genügsam – sie ernährt sich von den spärlichen Sträuchern und Gräsern, die die Schilflandschaft zu bieten hat. Camargue-Pferde werden gewöhnlich über 25 Jahre alt.

Pferd des Meeres
Camargue-Pferde, die durch das seichte Wasser des Rhonedeltas waten – in diesem Bild liegt etwas Zauberhaftes. Ihr weißes Fell verleiht ihnen ein romantisches Aussehen.

STECKBRIEF

FARBE	Schimmel
HERKUNFT	Frankreich
EINSATZ	Reitpferd
STOCKMASS	um 1,42 m

Haflinger

Das attraktive Pony stammt aus der Gegend um Hafling, einem Dorf in den Etschtaler Alpen. Jahrhundertelang wurde es dort gezüchtet. Heute ist der Haflinger in den Alpen Südtirols, Österreichs und in Bayern zu Hause. Als Stammvater der Rasse gilt der Araber-Hengst El Bedavi, der im 19. Jahrhundert in die Region kam; es ist ungewöhnlich, dass praktisch alle Pferde einer Rasse auf einen einzigen Hengst zurückgehen sollen. Das wichtigste Gestüt liegt im österreichischen Ebbs. Die Haflinger werden auf Bergwiesen großgezogen. Die gebirgige Umgebung trägt zur Ausdauer der Rasse bei und fördert die Entwicklung von Herz und Lunge. Das Brandzeichen der Haflinger ist ein Edelweiß – die Nationalblume Österreichs – mit einem H in der Mitte.

Kind der Berge
Das Pony ist stark gebaut und rundum muskulös. Der Rücken ist etwas lang, was für ein Tier, das sowohl als Pack- als auch als Kutschpferd dient, nicht ungewöhnlich ist. Die Hufe sind ausgezeichnet, und da sie viel auf Bergpfaden laufen, sind Haflinger sehr trittsicher. Ihre Bewegungen sind frei, der Schritt raumgreifend, sogar im rauen, steilen Gelände.

STECKBRIEF

FARBE	Isabellen, Füchse; Mähne und Schweif flachsfarben
HERKUNFT	Alpen in Südtirol, Österreich, Bayern
EINSATZ	Pack-, Reit-, Fahrpferd, Landwirtschaft
STOCKMASS	1,35 bis 1,45 m

Isländer

Um 900 n. Chr. landeten die Wikinger auf Island – mit ihnen ihre Pferde, die heutigen Isländer, die man trotz ihrer Größe nie als Ponys bezeichnet. Bis heute sind die Isländer reinrassig, denn das *Althing* – das erste Parlament der Wikinger – verbot die Einfuhr von Pferden. Die Legende sagt, früher hätten Hengstkämpfe entschieden, welches Pferd sich fortpflanzen durfte. Heute wird Wert auf die Gänge gelegt: *Fetgangur* (Schritt; Tragen von Lasten), *Brokk* (Trab; raues Gelände), *Skeid* (Galopp; kurze, schnelle Reprisen), *Stökk* (schneller Galopp) und *Tölt* (Schritt im Renntempo).

STECKBRIEF	
FARBE	15 anerkannte Farben
HERKUNFT	Island
EINSATZ	Reit- und Packpferd, Landwirtschaft
STOCKMASS	um 1,23 bis 1,40 m

Fünf-Gang-Rennpferd
Die Farbe spielt bei der Zucht von Isländern eine wichtige Rolle. Es gibt 15 anerkannte Farben – von Füchsen und Falben über Braune und Rappen bis zu Schecken. In Anbetracht seiner Größe ist der Isländer kräftig, außerdem lebhaft. Ein einfaches Pferd mit einem recht schweren Kopf.

Shetland

Die Shetland-Inseln sind unwirtlich und rau, baumlos, kahl, mit wenig fruchtbarem Boden, dem Wind ungeschützt ausgesetzt. Kein Wunder also, dass die bekannten Shetlandponys kleine Ponys sind – die kleinsten in England. Dennoch gehören sie – im Verhältnis zu ihrer Größe – zu den kräftigsten Pferden der Welt. Auf den Shetland-Inseln finden die Ponys extrem wenig zu fressen. Trotzdem schleppen sie schwere Körbe voll Seetang oder Torf. Lange Zeit waren sie auf den Shetland-Inseln das einzige Transportmittel. Später setzte man sie weltweit in den Kohlegruben ein.

Guter kleiner Kerl
Die Rasse ist stämmig, tief und muskulös, mit einem schön angesetzten Schweif. Der Bewegungsablauf ist gerade, mit guter Knieaktion. Im Sommer haben die Shetlands glattes, geschmeidiges, im Winter ganz dichtes, kuscheliges Fell.

STECKBRIEF	
FARBE	alle; Rappen besonders beliebt
HERKUNFT	Shetland-Inseln; heute weltweit
EINSATZ	Reit- und Fahrpony, Zirkuspferd
STOCKMASS	um 1,05 m

PFERDE DER WELT

RASSEN

Cob

Der Welsh Cob und der Normannische Cob sind anerkannte Pferderassen. Anders die Irischen und die Englischen Cobs; für sie existieren keine Zuchtregeln. Manche – sehr gute – Cobs stammen vom Irish Draught Horse ab, andere wieder von Kaltblütern. Der Cob ist groß und »quadratisch«, seine Beine sind kurz und kräftig – ein kluger Kopf mit gutem Charakter. Für etwas ältere, schwerere Reiter ist der Cob geradezu ideal: ruhig, sicher und gelassen, aber sehr wohl in der Lage, zu galoppieren und zu springen. Oft wird er beschrieben als der Gentleman für den Gentleman.

STECKBRIEF	
FARBE	alle
HERKUNFT	England, Irland
EINSATZ	vielseitiges Reitpferd
STOCKMASS	um 1,50 bis 1,60 m

Verlässliches Pferd
Der Cob ist schwer gebaut und neigt eher zu Stärke als zu Schnelligkeit. Trotzdem sollte ein Cob nie grob wirken. Im Idealfall ist sein Bewegungsablauf niedrig, ohne ausgeprägte Knieaktion. Dadurch ist das Reitgefühl ruhiger und harmonischer.

Polo-Pony

Wie der Cob gilt das Polo-Pony nicht als Rasse. Die erfolgreichsten sind die argentinischen Polo-Ponys, eine Kreuzung aus Criollos und Vollblütern. Ein Polo-Pony bezeichnet man übrigens nie als Pferd. Im Aussehen ähnelt das schmale, drahtige Pony den Vollblütern. Argentinien hat, was die Polo-Pony-Zucht anbelangt, einen Vorteil. Die Gauchos, die argentinischen Rinderhirten, gehören zu den besten Pferdekennern der Welt. Wegen der nahezu unendlichen Anzahl von Pferden hat sich Polo zu einer Art Lebensstil entwickelt. Polo-Ponys sind mutig, schnell, geschickt und auch bei hoher Geschwindigkeit enorm wendig. Argentinische Polo-Ponys folgen instinktiv dem Ball.

STECKBRIEF	
FARBE	alle
HERKUNFT	Argentinien, USA, England
EINSATZ	Polo
STOCKMASS	um 1,50 m

Das Spiel der Könige
Das Polo-Pony braucht eine starke Hinterhand und gut gebaute Sprunggelenke, um blitzschnell beschleunigen, schlagartig stoppen oder eng wenden zu können. Es muss lebhaft und mutig sein.

Hunter

Beim Hunter handelt es sich um einen bestimmten Typ Pferd, nicht um eine Rasse. Wie der Name sagt, werden Hunter auf Jagden eingesetzt und sind den landschaftlichen Gegebenheiten einer Region angepasst. Für die Wiesen der englischen Grafschaften eignet sich ein großes, gut galoppierendes Pferd – ähnlich dem Vollblut – besonders. In weniger weitläufigen Regionen mit Bergen oder Äckern sind aufmerksame, kurzbeinige Pferde, ein Halbblut oder gar ein Cob die bessere Wahl. Die besten Hunter stammen aus Ländern mit Jagdtradition: aus England, USA und vor allem Irland. Von dort stammt der exzellente Irish Hunter.

STECKBRIEF	
FARBE	alle
HERKUNFT	Irland, England, USA
EINSATZ	Jagdpferd
STOCKMASS	unterschiedlich

Das Vorbild
Ein guter Hunter muss gesund und robust sein. Schließlich geht er in der Saison zweimal wöchentlich auf die Jagd. Er sollte gut zu reiten sein, schnell genug, um mit der Meute mitzuhalten, und klug genug, verschiedenste Sprünge zu meistern. Zudem braucht er Mut, Ausdauer und das entsprechende Aussehen.

Englisches Reitpony

Das Englische Reitpony wurde speziell für Turniere entwickelt und steht, was den Zuchterfolg anbelangt, nach dem Vollblut an zweiter Stelle. Es entstand vor ungefähr 50 Jahren und gehört zum Harmonischsten und Elegantesten, was die Pferdewelt zu bieten hat. Das Britische Reitpony ist ein Rasse-Mix aus einheimischen Ponys, etwa Welsh oder Dartmoor, die mit Arabern oder kleinen Vollblütern veredelt werden. Aber es bleibt ein Typ und ist keine eigenständige Rasse. Je nach Größe unterscheiden die Züchter in England drei Kategorien: um 1,22 Meter, um 1,32, um 1,42. Die Bewegung der Ponys ist frei, lang, niedrig und perfekt ausbalanciert. Der Ponycharakter bleibt aber erhalten.

Perfekt
Die langen, niedrigen, ausbalancierten Gänge hat das Englische Reitpony von den Vollblütern – ebenso die Ausstrahlung. Den Knochenbau, eine gute Konstitution und Umgänglichkeit haben sie vom Pony. Gute Manieren sind ebenfalls wichtig, schließlich werden sie von Kindern geritten.

STECKBRIEF	
FARBE	alle, außer Schecken
HERKUNFT	England
EINSATZ	Reitpony
STOCKMASS	um 1,22 bis 1,42 m

Sable Island

Sable Island liegt rund 1600 Kilometer östlich vor der Küste der kanadischen Provinz Nova Scotia. Lange Zeit war Sable Island eine Sandbank, mehr nicht. Einwanderer brachten im 16. Jahrhundert Rinder und Schafe auf die Insel. Im 18. Jahrhundert folgten Pferde, französische Normänner und Normänner-Bretonen. 100 Jahre später, als Nova Scotia unter britischer Herrschaft stand, kamen englische und spanische Pferde hinzu. Heute leben zwischen 200 und 300 Pferde auf der Insel. Es heißt, sie ähnen den nordafrikanischen Berbern. Das Sable Island ist von Natur aus robust, schnell, geschickt und ausdauernd.

Vielseitig
Ein Beobachter schrieb vor über 100 Jahren: »Diese Pferde traben, springen, galoppieren, steigen, gehen im Pass, trippeln, schlurfen, scharren und tanzen herum.« Besonders ihr Springvermögen hob er hervor. All das tun Sable Islands noch heute.

STECKBRIEF	
FARBE	Füchse, Braune, Rappen, Schimmel
HERKUNFT	Sable Island, Nova Scotia, Kanada
EINSATZ	halbwild
STOCKMASS	1,40 bis 1,50 m

Asiatisches Wildpferd (Przewalski)

Das Asiatische Wildpferd gilt als ein urgeschichtlicher Vorfahre der domestizierten Pferde. Als einziger Urahn existiert er noch in seiner ursprünglichen Form. Der Russe Nikolai Przewalskij entdeckte die Wildpferde 1879 am Rande der Wüste Gobi in der Mongolei. Mittlerweile leben Przewalski-Pferde in Zoos und Wildparks auf der ganzen Welt. Nur so konnte der Fortbestand der Rasse gesichert werden, denn in ihrem natürlichen Umfeld, ihrer eigentlichen Heimat sind sie ausgestorben. Ziel ist es, einige *Taki* in der Mongolei wieder anzusiedeln. In freier Wildbahn sind sie angriffslustig. Ihr Äußeres ist »primitiv«.

STECKBRIEF	
FARBE	sandfarben, mit schwarzer Mähne und Schweif
HERKUNFT	Mongolei, heute in Zoos
EINSATZ	nicht domestiziert
STOCKMASS	um 1,30 m

Primitive Rasse
Das Asiatische Wildpferd ist die einzige primitive Pferderasse, die in ihrer ursprünglichen Form überlebt hat. Der Kopf ist lang und unproportional groß, das Profil konvex, die Augen liegen weit oben. Es zählt zu den Pferden, besitzt aber auch Merkmale eines Esels.

Tarpan

Tarpan heißt so viel wie »wildes Pferd«. Wie das Asiatische Wildpferd gilt er als Vorfahre unserer heutigen Pferde. Er lebte in Osteuropa und den ukrainischen Steppen. Sein wissenschaftlicher Name lautet: *Equus Caballus Gmelini Antonius*. S. G. Gmelin fing einige der wilden Tiere 1768 ein und Helmut Antonius katalogisierte sie. Das Fell des Tarpans soll ähnlich dem der Hirsche gewesen sein, sein Kopf lang und konvex, der Rücken gerade. Er war leichter und schneller als das Przewalski-Pferd, aber ebenso wild und freiheitsliebend. Der Tarpan starb um 1880 aus. Heute versucht man ihn in Polen zurückzuzüchten.

Rückzüchtung

Der Tarpan wurde im späten 19. Jahrhundert ausgerottet. Herden tarpanähnlicher Tiere gibt es heute in Popielno und Bialowice. Seine unbestrittenen Nachfahren sind die Huzulen und Koniks der Ukraine. Mit ihrer Hilfe versuchte man Tarpane zurückzuzüchten.

STECKBRIEF	
Farbe	mausgrau
Herkunft	Ukrainische Steppe
Einsatz	nicht domestiziert
Stockmass	um 1,30 m

Batak

Die Batak leben auf Sumatra in Indonesien. Sie sind ein bekanntes Reitervolk. Früher handelten sie mit Pferden, aßen Pferdefleisch – noch heute gilt es als Delikatesse –, züchteten Sportpferde und opferten ihren Göttern manchmal sogar Pferde. Jeder Familienklan hielt drei Pferde, die als heilig galten. Sie durften sich frei bewegen. Heute ist das Batak ein Arbeitspony. Meist wird es zum Reiten benutzt. Es ist gut proportioniert und hat arabischen Charakter. Sein Kopf ist scharf geschnitten, das Profil gerade. Es ist gutmütig, dabei temperamentvoll, geschickt und extrem schnell.

STECKBRIEF	
FARBE	alle
HERKUNFT	Indonesien
EINSATZ	Reitpony
STOCKMASS	bis um 1,30 m

Arbeitspony
Das Batak stammt aus Zentral-Sumatra. Dieser Stammesangehörige der Batak trägt leuchtend rot-goldene traditionelle Kleidung. Er reitet ohne Sattel. Batak werden traditionell ohne Sattel geritten.

Chincoteague

Die Herden dieses »wilden« Ponys leben auf zwei Inseln vor der Küste Virginias, USA. Sie stammen von Pferden ab, die im 17. Jahrhundert von ihren Besitzern aufgegeben oder freigelassen wurden. Obwohl die Ponys den Großteil des Jahres auf der Insel Assateague leben – der größeren der beiden Inseln –, nennt man sie Chincoteague. Die Feuerwehr von Chincoteague kümmert sich um einige der Tiere. Jedes Jahr im Juli, am »Pony Penning Day«, werden die Ponys von der einen zur anderen Insel getrieben und die Jungtiere verkauft. Dazu müssen sie durch den engen Kanal schwimmen. Das Marschland bietet den Ponys nicht gerade üppiges Futter, trotzdem sind die Tiere kräftig und robust; man sieht ihnen ihr Pinto-Blut an.

Amerikas einheimisches Pony
Die Chincoteague Ponys gelten als Amerikas einzige einheimische Ponyherde. Vielen der Tiere fehlt es jedoch an Pony-Qualitäten. Die meisten haben schwere »Pferdeköpfe«, möglicherweise ein Erbe der Pintos. Häufig weisen sie Mängel im Körperbau auf: leichte Knochen, schlecht entwickelte Sprunggelenke, eine schwache Hinterhand und eine enge Brust.

STECKBRIEF	
FARBE	verschiedene, auch Schecken
HERKUNFT	Chincoteague und Assateague, USA
EINSATZ	Reitpony
STOCKMASS	um 1,20 m

Timor

Auf der indonesischen Insel Timor kam man einmal bei Schätzungen auf ein Pony pro sechs Einwohner. Das Futter, das die Ponys in der weitläufigen Savanne finden, ist wenig saftig, aber reichhaltig. Im 16. und 17. Jahrhundert wurden sie durch Araber veredelt. Portugiesische, später holländische Siedler hatten sie eingeführt. Die Ponys sind klein, aber flink und sehr wohl in der Lage, einen Erwachsenen oder schwere Lasten zu tragen. Die indonesischen Hirten benutzen die Tiere für die Arbeit mit den Rindern. Der *Anoa* gilt als kleinster Büffel der Welt. Das Lasso benutzen indonesische Hirten ebenso wie die amerikanischen Cowboys. Auch in Australien leben Timor Ponys; sie haben sich dort einen Ruf als Kinderpony erworben.

Schwerarbeit
Trotz des guten Weidelandes sind die Timor Ponys klein. Der Einfluss mongolischer Pferde mag für den einfachen Kopf verantwortlich sein. Dafür ist der Schweif schön hoch angesetzt, Mähne und Schweifhaar sind voll, das Fell seidig. Der Rücken ist gerade.

STECKBRIEF	
FARBE	meist Braune
HERKUNFT	Timor, Indonesien
EINSATZ	Reit- und Packpferd
STOCKMASS	um 1,20 m

Sumba

Das Sumba Ponys ist klein, sein Kopf ist häufig groß und grob – ein Erbe mongolischer Vorfahren. Es lebt in ganz Indonesien. Wie die Timor Ponys sind sie stärker, als man angesichts ihrer Größe vermuten möchte, und sehr geschickt. Sie sind exzellente Sportpferde. Bei dem in Indonesien beliebten Kampf mit der Lanze reiten die Kontrahenten aufeinander zu und versuchen sich gegenseitig mit ihren stumpfen Waffen vom Pferd zu stoßen. Einige Suma Ponys werden auch im traditionellen Tanz trainiert. Mit Glöckchen behängt, werden die Pferde zu rhythmischer Trommelmusik geritten. Die Tanzponys sind sehr teuer und wertvoll.

Tanzendes Pony
Auch bei diesen Ponys ist der Kopf oft sehr einfach und groß, dafür haben sie einen sehr kräftigen Rücken. Ihre Verwandtschaft mit dem Mongolischen Pferd bzw. dem Asiatischen Wildpferd ist deutlich zu erkennen – insbesondere an ihrer Fellfarbe (Falbe) und dem ausgeprägten Aalstrich.

STECKBRIEF	
FARBE	Falbe mit Aalstrich
HERKUNFT	Sumba und Sumatra, Indonesien
EINSATZ	Reit- und Packpferd
STOCKMASS	um 1,22 m

Mustang

Die amerikanischen Mustangs sind Nachfahren spanischer Pferde aus der Zeit der Eroberung Amerikas im 16. Jahrhundert. Wild lebende Pferd taten sich zu Herden zusammen. Der Mustang ist nach wie vor Amerikas Wildpferd. Lange Zeit hat man ihn zur Fleischproduktion wahllos abgeschlachtet. Heute bemüht man sich, ihn per Gesetz zu schützen. Er gilt als bedrohte Rasse. Etliche Organisationen haben es sich zum Ziel gesetzt, den Mustang als Rasse zu erhalten und zu veredeln. Im Vordergrund dieser Bemühungen stehen Spanier-Berber-Linien. Sie gelten als Vorfahren der Cayuse und Chickasaw Ponys. Die Zuchtvereinigung der Spanier und Berber (gegründet 1972) fördert die gezielte Zucht und hat sogar Zuchtstandards aufgestellt.

STECKBRIEF	
FARBE	Rotschimmel, Falben, Schimmel u. a.
HERKUNFT	Westen der USA
EINSATZ	wild lebend, Reitpferd
STOCKMASS	1,32 bis 1,50 m

Starker Busche

Die Abstammung vom spanischen Pferd ist beim Mustang noch heute deutlich zu sehen. Er hat die gleichen Fellfarben und ist ebenso robust. Auch der Kopf mit seinem leicht konvexen Profil erinnert an die spanischen Pferde; die Hufe sind hart und kräftig.

SO LERNST DU REITEN

Gut gemacht!

Diese junge Reiterin hatte Unterricht bei einem erfahrenen Reitlehrer. Das Mädchen sitzt sicher im Sattel und reitet mit viel Selbstvertrauen.

LEKTION **1**

SO LERNST DU REITEN

Auf- und absitzen

Zuallererst lernst du, wie du sicher in den Sattel kommst, ohne dich und dein Pferd aus der Fassung zu bringen. Prüfe zunächst, ob Sattel und Zaumzeug richtig sitzen. Nichts darf verdreht, weder zu weit noch zu eng sein. Stelle dein Pferd so hin, dass es ruhig stehen bleibt. Notfalls bitte jemanden, es festzuhalten. Es darf während des Aufsitzens nicht davonlaufen.

AUFSTEIGEN

Nimm die rechte Hand, um den Steigbügel zu drehen.

Den Steigbügel drehen
Drehe den Steigbügel im Uhrzeigersinn zu dir. So liegt der Steigbügelriemen korrekt am Körper des Pferdes und an deinem Unterschenkel an, sobald du oben sitzt.

1 Stell dich zur Linken des Pferdes, mit Blick zum Schweif. Deine linke Hand liegt auf der Mähne; mit ihr hältst du auch die Zügel. Die Zügel stehen gleichmäßig an. Nun lege die linke Hand auf den Vorderzwiesel. Drehe den Steigbügel mit der rechten Hand im Uhrzeigersinn zu dir und stelle deinen Fuß in den Steigbügel.

Mit dem linken Arm balancierst du dich aus.

Halte dich oberhalb des Sattelblatts fest. Nicht am Hinterzwiesel ziehen.

2 Stoße dich mit dem rechten Fuß ab. Schwing das rechte Bein über den Pferderücken, stütze dich dabei mit der rechten Hand ab. Setz dich vorsichtig in den Sattel.

Achte darauf, dass du das Pferd nicht stößt.

DER SITZ

Schultern, Hüften und Absatz bilden eine senkrechte Linie.

Schultern leicht zurück, Brust raus.

Stelle dich mit dem Fußballen in den Steigbügel, die Zehen weisen ein wenig nach oben.

3 Nimm die Zügel auf. Deine Oberschenkel liegen dicht am Sattel, die Knie sind möglichst weit unten. Stemme dich nicht mit den Knien ab, sonst hebst du aus dem Sattel. Umfasse das Pferd stattdessen mit den Beinen, als wäre es ein Fass.

166

AUF- UND ABSITZEN

Steigbügellänge

Lege deinen Mittelfinger an die Halterung, an der der Steigbügelriemen am Sattel festgemacht ist. Halte den Bügel unter den ausgestreckten Arm. Der Steigbügel sollte dir genau bis unter die Achsel reichen. Achte darauf, dass beide Steigbügelriemen gleich lang sind. Um das zu testen, halte dich am Vorderzwiesel fest und steh auf. So kannst du Ungleichheiten besser spüren.

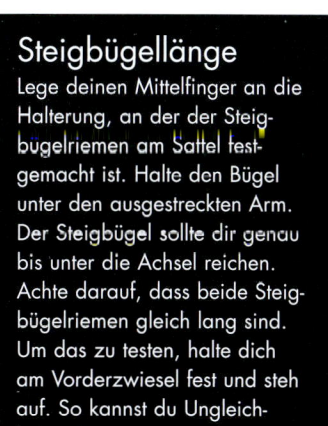

ABSITZEN

1 Nimm die Füße aus den Steigbügeln. Halte die Zügel in der linken Hand und lege die rechte auf den Vorderzwiesel.

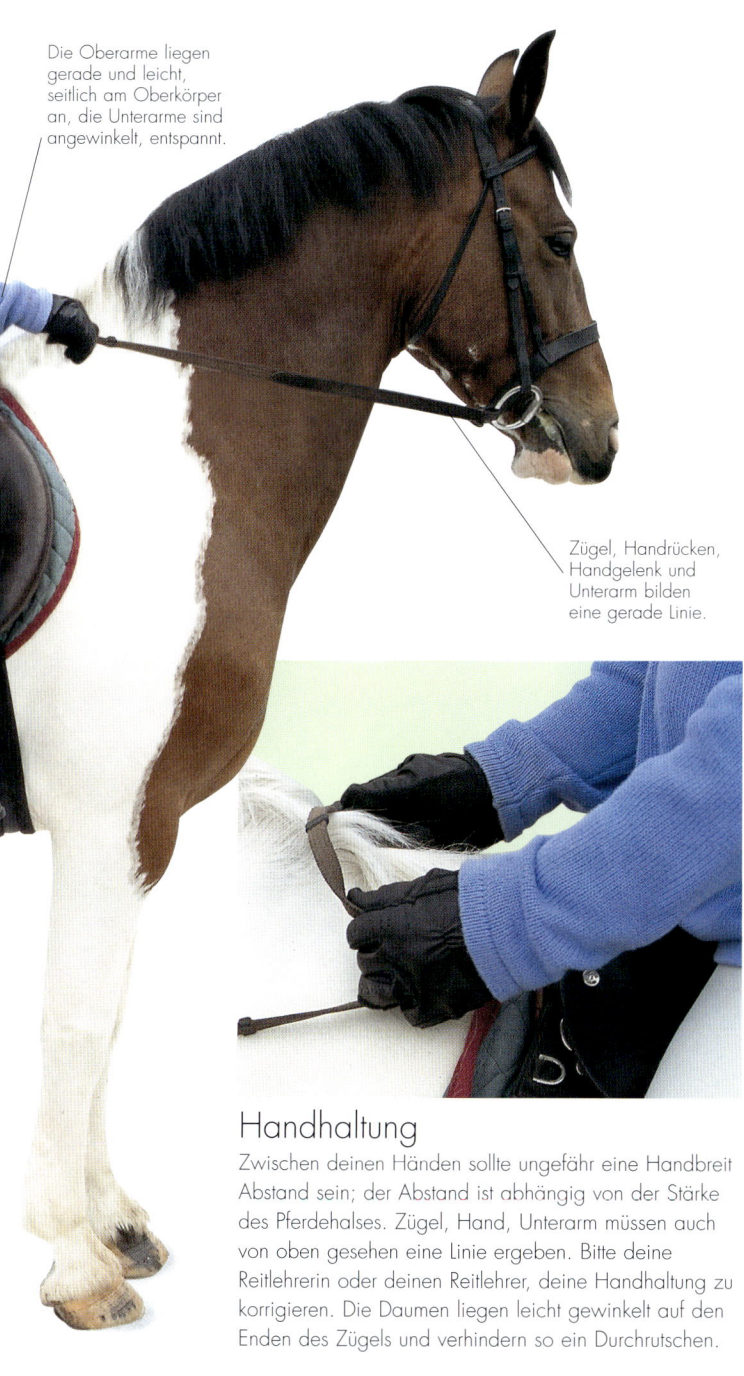

Die Oberarme liegen gerade und leicht, seitlich am Oberkörper an, die Unterarme sind angewinkelt, entspannt.

Zügel, Handrücken, Handgelenk und Unterarm bilden eine gerade Linie.

Handhaltung

Zwischen deinen Händen sollte ungefähr eine Handbreit Abstand sein; der Abstand ist abhängig von der Stärke des Pferdehalses. Zügel, Hand, Unterarm müssen auch von oben gesehen eine Linie ergeben. Bitte deine Reitlehrerin oder deinen Reitlehrer, deine Handhaltung zu korrigieren. Die Daumen liegen leicht gewinkelt auf den Enden des Zügels und verhindern so ein Durchrutschen.

Dein Bein sollte weder den Sattel noch die Kruppe des Pferdes berühren.

2 Schwinge dein rechtes Bein über den Rücken des Pferdes, ohne es zu berühren. Ein Tritt könnte es erschrecken. Der Oberkörper beugt sich dabei nach vorne.

3 Versuche sanft auf dem Boden zu landen, die Knie locker, sodass sie den Aufprall abfangen. Die Hände bleiben auf dem Sattel bzw. Widerrist liegen. Behalte dabei die Zügel in der Hand.

LEKTION

SO LERNST DU REITEN

2 Hilfen und Gangartwechsel

Korrekt, ausbalanciert und dabei entspannt zu sitzen ist sehr wichtig, reicht aber nicht aus. Zum Reiten brauchen wir Hilfen, das heißt körperliche Signale, mit denen wir dem Pferd mitteilen, was wir von ihm erwarten. Diese Sprache des Reitens müssen beide lernen, Reiter und Pferd. Je fließender du sie beherrschst, desto besser versteht ihr euch.

Es gibt drei Arten von Hilfen: Gewichts-, Zügel- und Schenkelhilfen. Zur Unterstützung der vorwärts treibenden Hilfen können die Gerte und (von geübten Reitern) auch Sporen eingesetzt werden. Mit der Stimme kannst du ein Pferd beruhigen, anspornen oder zurechtweisen. Ansonsten lass deine Beine und Hände sprechen. Die Gewichts- und Schenkelhilfen sind am wichtigsten. Sie wirken auf die Hinterhand und veranlassen das Pferd, vorwärts zu gehen. Die vortreibenden Hilfen sind wichtiger als die Zügelhilfen. Die Zügel greifen den von den Gewichts- und Schenkelhilfen gesetzten Impuls auf und führen ihn sinnvoll fort, ähnlich wie beim Autofahren, wo Lenken, Bremsen und Gasgeben aufeinander abgestimmt sein müssen. Achte auf den Sitz und die Gewichtsverlagerung. Das Becken geht locker mit der Bewegung des Pferdes mit und hilft das Pferd vorwärts zu treiben. Wenn du einen Bogen reiten möchtest, verändere deine Körperhaltung.

IM SCHRITT ANREITEN

Zügel leicht verkürzen, gerade Linie vom Ellbogen zum Gebiss beibehalten

Aufrecht sitzen

Direkt hinterm Gurt treiben

Becken locker im Rhythmus mitbewegen

Hände gehen mit

1 Mache das Pferd durch halbe Paraden auf dich aufmerksam. Zusätzlich zu den vortreibenden Hilfen schließt du um den inneren oder äußeren Zügel die Hand. Zähle 21 – 22, dann werde wieder leicht.

2 Es folgt ein kurzer Schenkeldruck (kein Stoß) mit beiden Beinen. Im gleichen Moment öffnest du die Faust ein wenig und gibst nach, sodass dein Pferd den Kopf in die Vorwärtsbewegung mitnehmen kann.

3 Um zu beschleunigen, treiben die Unterschenkel abwechselnd. Ist das linke Vorderbein hinten, treibt der linke Schenkel. Fußt das Pferd auf dem rechten Hinterbein ab, treibst du rechts – und umgekehrt.

Bringe mehr Gewicht auf die rechte Seite deines Gesäßes, wenn du nach rechts willst, und mehr auf die linke, wenn du nach links möchtest. Und nimm deinen Oberkörper in die Bewegung mit: Wenn du nach rechts reitest, geht die linke Schulter ein wenig vor – und umgekehrt. Wenn du das Gewicht ein wenig nach hinten verlagerst und dich tief in den Sattel setzt, die Schenkel anlegst und dabei die Zügel leicht annimmst, wird das Pferd langsamer. Nimm deine Schultern dazu ein wenig nach hinten. Gibst du diese Hilfen verstärkt und lässt dein Pferd so an die beiden gleichmäßig anstehenden Zügel treten (ganze Parade), kannst du es zum Halten bringen. Sobald das Pferd steht, musst du mit der Hand leicht nachgeben. Wenn du dein Pferd vom Trab in den Schritt durchparierst oder vom Trab in den Galopp beschleunigst, ist das ein Wechsel der Gangart. Du kannst in eine niedrigere Gangart wechseln oder in eine höhere.

Öffnen und Schließen der Faust

Nicht am Zügel ziehen! Die Hände dürfen sich nach vorne bewegen, leicht nach oben oder unten und zur Seite, aber nie nach hinten. Um das Pferd zurückzuhalten, schließt sich die Hand fest um den Zügel – aber nur für kurze Zeit. Will man dem Zügel nachgeben und eine Vorwärtsbewegung erlauben, öffnen und entspannen sich die Finger. Wenn du nun das Pferd vorwärts treibst, ist es wichtig, dass sich deine Faust gleichzeitig öffnet. Sonst behinderst du das Pferd in seiner Bewegung. Stell dir vor, deine Hand wäre eine Bremse – und die musst du lösen, sobald du mit den Schenkeln Gas gibst.

NACHGEBENDE HAND

GESCHLOSSENE FAUST

AUS DEM SCHRITT ANHALTEN

Keinesfalls am Zügel ziehen

Beine minimal zurücknehmen und am Pferd anlegen

Schulter etwas nach hinten

1 Bereite dein Pferd durch halbe Paraden auf das Halten vor. Schließe die Finger kurz um die Zügel; zum Halten aber keinesfalls geschlossen lassen und ziehen.

2 Dann mit der ganzen Parade zum Halten bringen. Nicht an den Zügeln ziehen! Dazu beide Hände immer wieder um die Zügel schließen und leicht werden, schließen und leicht werden, bis das Pferd steht.

3 Leichter geht es, wenn du das Gewicht etwas nach hinten verlagerst, dich tief in den Sattel setzt, die Schultern ein wenig zurücknimmst und die Schenkel anlegst.

Hilfen und Gangartwechsel

Die Hilfen für den Trab sind praktisch die gleichen wie beim Anreiten im Schritt. Wieder bereiten halbe Paraden das Pferd vor, nur geben wir diesmal die Schenkelhilfe verstärkt. So kann das Pferd das Trabsignal vom Schrittsignal unterscheiden. Wenn man aus dem Stehen antraben möchte, muss es das können. Gleichzeitig mit der treibenden Hilfe öffnen wir wieder die Hand, sodass das Pferd fließend in die schnellere Gangart wechseln kann, ohne in seiner Bewegung behindert zu werden. Anders als beim Schritt musst du die Hände jetzt so ruhig wie möglich halten. Denn der Trab hat eine diagonale Fußfolge (siehe Seite 98/99) und der Pferdekopf bewegt sich nur gering. Es gibt zwei Möglichkeiten, Trab zu reiten: Entweder du bleibst im Sattel sitzen – man sagt »Aussitzen« – oder du stehst für jeweils einen Takt aus dem Sattel auf – in dem Fall heißt das »Leichttraben«. Leichtgetrabt wird zum Lösen, im Gelände und bei jungen Pferden. Wenn du im Leichttraben noch unsicher bist, übe die Bewegung doch einfach so lange im Schritt, bis du sie beherrschst. Anfänger machen oft den Fehler, sich zu weit aus dem Sattel zu stoßen und dann mit einem heftigen Plumps zurückzufallen. Nimm das Gesäß nur ein klein wenig aus dem Sattel. Der Oberkörper bleibt aufrecht. Knicke nicht in der Hüfte ab. Hebe dich von den Knien aus ein paar Zentimeter aus dem Sattel, die Unterschenkel bleiben ruhig am Pferd liegen.

ÜBERGANG VOM SCHRITT IN DEN TRAB

1 Bereite dein Pferd durch halbe Paraden vor. Nimm die Zügel ein wenig kürzer und treibe es mit beiden Schenkeln an. Gib in der Hand nach, damit dein Pferd vorwärts laufen kann.

2 Die Geschwindigkeit regulierst du, indem du halbe Paraden gibst, wenn dein Pferd zu schnell ist, oder es mit beiden Schenkeln antreibst, wenn es zu langsam geht. Habt ihr das passende Tempo erreicht, halte die Hände möglichst ruhig.

Aussitzen im Trab

Den Trab auszusitzen ist etwas schwieriger als leichtzutraben. Beim Reiten von Lektionen hat es allerdings den Vorteil, dass eine erhöhte Längsbiegung möglich ist. Wichtig ist, dass du in der Hüfte nicht abknickst, sondern aufrecht bleibst. Versäumst du darauf zu achten, rutschen die Füße nach vorne, das Bein wird steif und du hopst auf dem Pferderücken hin und her. Das Knie sollte am Sattel anliegen, so weit wie möglich nach unten gestreckt; aber es darf nicht am Sattel klammern! Stell dir stattdessen vor, du würdest das Pferd mit deinen Beinen umarmen. Man sagt, der Schenkel atmet am Pferdebauch. Der Oberkörper bleibt aufrecht, die Schultern gerade. Becken und Gesäß sind entspannt, gehen im Takt mit der Bewegung des Pferdes mit und fangen so Erschütterungen auf. Um zu verhindern, dass du mit dem Oberkörper abknickst, kannst du den Bauch ein wenig nach vorne schieben. Achte darauf, dass deine Schenkel nicht nach hinten rutschen, sonst wird dein ganzer Körper steif und du gibst eine wenig elegante Figur ab.

Mit der Bewegung des Pferdes zurück in den Sattel setzen

Becken geht mit dem Schwung des Pferdes nach oben

Leichten Kontakt zum Pferdemaul behalten

Oberkörper und Schultern bleiben gerade

3 Hebe dich mit dem Schwung deines Pferdes aus deinen Knien heraus ein paar Zentimeter aus dem Sattel. Arme und Schultern sollten gerade sein, der Oberkörper leicht vorwärts geneigt. Lass deine Schultern nicht nach vorne fallen.

4 Beim Leichttraben hebt sich nur dein Gesäß ein wenig aus dem Sattel. Die Schenkel halten mit ihm ständigen Kontakt. Willst du in den Schritt durchparieren, setze dich tief in den Sattel, lege die Schenkel an, nimm die Zügel leicht an (halbe Paraden) und gib wieder nach.

Hilfen und Gangartwechsel

LEKTION 2

Sobald du den Trab beherrschst, ist es an der Zeit, den Galopp zu lernen: ein Dreitakt, der auf der Hinterhand beginnt (siehe Seite 98/99). Vermutlich ist es die leichtere Lektion, im Galopp zu sitzen als im Trab aufzustehen. Beim Galopp bleibst du tief im Sattel sitzen, den Rücken gerade, den Kopf hoch. Galopp fühlt sich etwa so an, als säßest du auf einem Schaukelpferd. Bleibe im Lendenbereich locker und geschmeidig, so hältst du den Rhythmus. Beim Rechtsgalopp (siehe unten) greift das rechte Bein weiter vor, beim Linksgalopp das linke. Am einfachsten ist es, du gehst auf den Zirkel oder galoppierst aus der Ecke an. Dann ist dein Pferd in der richtigen Position und deine Chancen, auf der richtigen Hand anzugaloppieren, sind größer.

Auf dem Reitplatz geht das gut. Aber auch im Gelände musst du dein Pferd beim Angaloppieren nach rechts oder links stellen, je nachdem auf welcher Hand du galoppieren möchtest. Vermeide es, im Moment des Anspringens nach unten zu sehen oder den Oberkörper über das Sprungbein zu beugen; damit behinderst du dein Pferd, weil du seine Schulter genau in dem Moment mit deinem Gewicht belastest, in dem es die größte Bewegungsfreiheit fürs Anspringen braucht. Beim Angaloppieren musst du deinem Pferd genügend Zügel geben. Öffnest du deine Hand zu spät, nimmst du ihm auch damit die notwendige Bewegungsfreiheit und das Hinterbein deines Pferdes kann nicht genügend weit nach vorne greifen.

AUS DEM TRAB ANGALOPPIEREN

1 Galoppiere aus der Ecke an. Reite fleißigen, ausgesessenen Trab. Bereite das Pferd auf die bevorstehende Aufgabe vor, noch ehe du die Ecke erreichst. Reite im Trab in die Ecke hinein.

2 Verlagere dein Gewicht zur Innenseite und tritt mit dem Fuß den Bügel mehr aus. Der innere Schenkel treibt am Gurt. Der äußere Unterschenkel liegt eine Handbreit hinter dem Gurt. Die innere Hand wird ein wenig geöffnet.

Zentrum der Balance

Denke dir zwei Linien: eine vertikale kurz hinter dem Widerrist des Pferdes, eine weitere horizontal von der Schulter ausgehend nach hinten. Im Schnittpunkt der Linien liegt das Zentrum der Balance – jedoch nur bei einem ruhig stehenden Pferd, das den Kopf in natürlicher Aufrichtung hält. Bei einem Pferd, das schnell läuft und dabei Kopf und Hals nach vorne streckt, oder bei einem springenden Pferd verlagert sich der Punkt nach vorne. In der Versammlung dagegen, z. B. bei der Piaffe (Seite 64), trägt die Hinterhand mehr Gewicht, sodass der Punkt nach hinten wandert. Bei einem Pferd im Seitengang rutscht das Zentrum der Balance seitwärts in die Richtung, in die das Pferd sich bewegt. Reckt es den Kopf nach oben, verlagern sich Gewicht und Zentrum der Balance nach hinten. Streckt es sich nach vorne, ist das Gegenteil der Fall. Auf unebenem Boden bewegt es Kopf und Hals ständig nach oben oder unten, um das Gleichgewicht zu halten. Damit der Reiter in Balance mit seinem Pferd ist, sollte das Reitergewicht möglichst immer über diesem so genannten »Massenschwerpunkt« sein.

3 Kopf und Schultern gehen in die Biegung mit. Dadurch kommt der äußere Zügel ein wenig nach vorne, sodass sich das Pferd nach innen biegen kann. Der innere Fuß (in diesem Fall der rechte) liegt fest auf Gurthöhe, der äußere deutlich dahinter.

4 Sitze aufrecht. Lehne dich nicht nach vorne. Damit bringst du zusätzliches Gewicht auf die Vorhand deines Pferdes und behinderst es. Der Oberkörper bleibt gerade, das Becken bewegt sich im Rhythmus des Pferdes nach vorne.

LEKTION — SO LERNST DU REITEN

3 Hufschlagfiguren

Möchtest du mit deinem Pferd einen Zirkel oder andere Hufschlagfiguren reiten, musst du ihm das mit einer Kombination von Hilfen klarmachen. Ziel solcher Übungen ist es, die Hilfengebung des Reiters zu verfeinern und mehr Kontrolle über Haltung und Bewegung des Pferdes zu gewinnen.

Reiten im Gleichgewicht heißt, sich im Einklang mit dem Pferd zu bewegen. Ein Beispiel: Du willst nach links abwenden. Dann drehst du zuerst deinen Kopf in die entsprechende Richtung. Die rechte Schulter kommt etwas vor die linke, auch die rechte Hüfte geht nach vorne, sodass sich dein Körper parallel zu den Hüften des Pferdes befindet. Der Oberkörper dreht sich in der Taille. Die rechte Hand ist ein Stück vor der linken. Nun brauchst du die linke nur zu öffnen und das Pferd kann die geforderte Bewegung, den Bogen, ausführen, ohne dass du ziehen müsstest – das würde das Pferd nur aus dem Gleichgewicht bringen.

EINFACHE SCHLANGENLINIE

Sitze ausbalanciert, Oberkörper aufrecht

Oberkörper geht in die Bewegung mit

Rechte Hand geht ein wenig nach vorne

1 Bereite das Pferd auf den flachen Bogen vor. Richte dich auf, lege deine Unterschenkel an, schließe kurz die Hand. Dein Pferd soll auf dich achten und am Zügel stehen, bevor du die eigentlichen Hilfen einsetzt. Warne dein Pferd immer vor, wenn du etwas von ihm willst.

2 Richte den Blick in die Richtung, in die du reiten willst. Beschreibst du einen Bogen nach links, kommt deine rechte Körperhälfte – Schulter und äußere Hand – vor die linke. Verkürze den inneren Zügel leicht, um die Richtung anzuzeigen. Treibe mit dem linken Schenkel am Gurt. Der rechte Schenkel liegt hinterm Gurt am Pferd und begrenzt es nach außen.

HUFSCHLAGFIGUREN

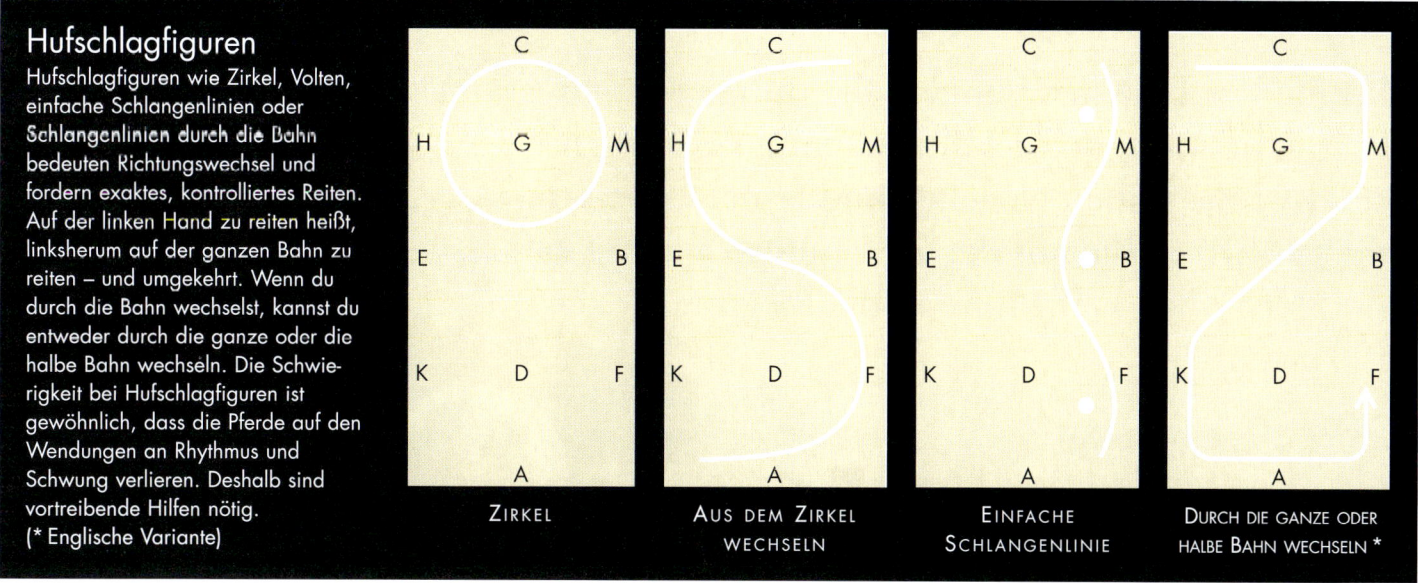

Hufschlagfiguren

Hufschlagfiguren wie Zirkel, Volten, einfache Schlangenlinien oder Schlangenlinien durch die Bahn bedeuten Richtungswechsel und fordern exaktes, kontrolliertes Reiten. Auf der linken Hand zu reiten heißt, linksherum auf der ganzen Bahn zu reiten – und umgekehrt. Wenn du durch die Bahn wechselst, kannst du entweder durch die ganze oder die halbe Bahn wechseln. Die Schwierigkeit bei Hufschlagfiguren ist gewöhnlich, dass die Pferde auf den Wendungen an Rhythmus und Schwung verlieren. Deshalb sind vortreibende Hilfen nötig.
(* Englische Variante)

ZIRKEL | AUS DEM ZIRKEL WECHSELN | EINFACHE SCHLANGENLINIE | DURCH DIE GANZE ODER HALBE BAHN WECHSELN *

3 Blicke weiterhin in Bewegungsrichtung. Achte darauf, dass die rechte Schulter und die rechte Hand noch vorne sind und dem Pferd die Linksbiegung ermöglichen. Die linke Hand bleibt in ihrer Position; gib den Zügel ein wenig nach. Der innere Schenkel treibt und der rechte begrenzt. Das Pferd ist links gestellt.

4 Das Pferd kommt zum Ende der Schlangenlinie, dein Körper ist noch nach links ausgerichtet. Bereite dein Pferd auf die Stellungsänderung vor, denn du kehrst mit einer Rechtsbiegung auf den äußeren Hufschlag zurück und reitest durch die Ecke. Also: Körper aufrichten, Schenkel anlegen, halbe Parade.

LEKTION

SO LERNST DU REITEN

4 Hufschlagfiguren

Mithilfe der Dressurübungen, die du im Reitunterricht lernst, kannst du deine Hilfengebung verfeinern. Du lernst die Hilfen gezielter und feiner einzusetzen. Und so wird es dir mit der Zeit immer leichter fallen, dein Pferd ohne viel Mühe in die Biegung zu bringen.

Steigbügel überschlagen
Nimm die Steigbügel und lege sie vor dem Sattel über Kreuz auf den Hals des Pferdes.

Mit der linken Hand das Pferd leicht nach links stellen

Der rechte Schenkel geht verwahrend zurück

Mit dem linken Schenkel seitwärts treiben

BEINE LANG MACHEN
Eine gute Übung, ohne Steigbügel im Trab zu reiten! So fällt es leichter, deine Beine ganz lang zu machen. Dadurch wird dein Sitz sicherer. Die meisten Anfänger reiten mit zu kurzen Steigbügeln. Lange Steigbügel machen ihnen Schwierigkeiten; für die Dressur jedoch sollen sie lang sein. Du solltest diese Übung immer nur für kurze Zeit machen, sonst wird es unangenehm und du bekommst Muskelkater.

Schenkelweichen
Damit die Übung gelingt, geht das Pferd mit dem Kopf zur Bande gerichtet. Sein Kopf wird in Richtung des treibenden Schenkels gestellt: Wenn du mit dem linken Schenkel das Pferd nach rechts treibst, also nach links. Der innere Zügel wird leicht angenommen, der äußere gibt nach. Der linke Schenkel treibt das Pferd nach rechts, der rechte bleibt ruhig am Pferdekörper liegen, er verwahrt. So versteht das Pferd, wohin du es lenken willst.

SCHENKELWEICHEN
Diese lösende Übung wird zunächst im Schritt geritten. Der geübte Reiter mit ausgebildetem Pferd kann sie auch im Trab reiten. Das Pferd geht mit dem Kopf zur Bande gerichtet. Entlang der Bande soll es vorwärts seitwärts gehen. Die vorderen und hinteren Beinpaare überkreuzen sich. Es geht somit auf zwei Hufschlägen.

Das Pferd geht seitwärts auf den äußeren Hufschlag

Innerer Hufschlag
Äußerer Hufschlag

ENGLISCHE VARIANTE
Andere Länder – andere »(Reit-)Sitten«: Die Zeichnung links zeigt, dass es nationale Varianten gibt.

GALOPP-ÜBUNGEN

Galopp ist ein Dreitakt – der erste Takt geht von einem der Hinterbeine aus. Du befindest dich auf dem Zirkel der linken Hand? Also beginnt der Galopp mit dem rechten Hinterbein, es folgen zugleich das rechte Vorder- und das linke Hinterbein. Nun setzt das linke Vorderbein auf, bevor die Schwebephase kommt. (Auf der rechten Hand ist es umgekehrt.) Dein Pferd galoppiert auf der falschen Hand (»Außengalopp«), wenn es linksherum auf dem Zirkel geht, aber das rechte Vorderbein führt – oder rechtsherum und das linke Bein führt. Es gerät dann leicht aus dem Gleichgewicht. Deshalb galoppiert man häufig auf dem Zirkel an oder aus der Ecke heraus. Nur ausgebildete, ausbalancierte Pferde reiten Außengalopp; in der Dressur ab Klasse L wird er als Lektion verlangt.

1 Reite im Trab schwungvoll in die Ecke. Aussitzen. Bereite dein Pferd wie gehabt vor. Stelle es nach links und gehe selbst in die Biegung mit – das macht es einfacher.

2 Setze dich tief in den Sattel. Der innere Schenkel treibt am Gurt. Gib mit dem linken Zügel etwas nach. Nun kannst du angaloppieren.

3 Blicke nach links. Nicht nach vorne kippen! Die linke Hand ein wenig anheben. Nun leg den rechten Schenkel hinterm Gurt verwahrend ans Pferd an. Der rechte innere Schenkel treibt am Gurt.

Den Schritt verkürzen
Willst du den Schritt verkürzen, setze dich tief in den Sattel, Oberkörper aufrecht. Nutze die Schenkelhilfen, um das Pferd an die Zügel zu stellen. Dann gib halbe Paraden – öffne und schließe die Hände im Wechsel.

Den Schritt verlängern
Um den Schritt zu verlängern, treibe das Pferd mit Gewichts- und wechselseitigen Schenkelhilfen vorwärts. Setze dich tief in den Sattel. Die Hände sorgen dafür, dass das Pferd nicht wegrennt.

LEKTION

SO LERNST DU REITEN

5 Unterricht an der Longe

Das Pferd geht auf dem Zirkel und wird von dem/der Reitlehrer/in an einer langen Leine, der Longe, geführt, die am Nasenriemen des Kappzaums oder an der Trense befestigt ist. Bei der Ausbildung von Reitern und jungen Pferden spielt das Longieren eine Rolle. Es macht geschmeidig, trainiert das Gleichgewicht und fördert eine gute Körperhaltung.

Durch die Arbeit an der Longe können erfahrene Ausbilder auch bei »fortgeschrittenen« Pferden eine ausbalancierte Körperhaltung und das Springvermögen trainieren. Für engagierte Reiter, denen ein korrekter Sitz wichtig ist, sind Longestunden bei einem guten Trainer wertvoll. Kein Wunder, dass in der Kunst der Hohen Schule – also in der Spanischen Hofreitschule in Wien und beim Cadre Noir in Saumur – großer Wert auf die Arbeit an der Longe gelegt wird. Ziel von Longenstunden ist der »unabhängige« Sitz: Der Körper des Reiters trägt sich selbst, benötigt keine Zügel als Stütze und ist immer im Gleichgewicht mit der

ÜBUNGEN AN DER LONGE

1 Arme zur Seite strecken. Es ist nicht leicht, so einige Runden auf dem Zirkel zu reiten. Die Brust öffnet sich und wenn du dich hin und her drehst, wird dein Oberkörper beweglicher. Du musst jedoch tief und ruhig im Sattel sitzen bleiben, immer in Kontakt mit der Sitzfläche des Sattels. Oft ziehen Reiter die Schultern hoch – ein Fehler, den du vermeiden solltest.

2 Das Pferd auf dem Foto geht im Schritt. Reiterin und Lehrerin konzentrieren sich auf den Sitz. Sie machen das sehr gut. Die Reiterin sitzt absolut aufrecht, das Bein ist nach unten gestreckt und liegt eng am Sattel an. Arme und Hände sind entspannt und in korrekter Haltung. Als Nächstes steht an, im Trab zu reiten und dabei ebenso gut zu sitzen.

UNTERRICHT AN DER LONGE

Bewegung des Pferdes. Beherrschst du das, bist du wirklich in der Lage, dein Pferd zu lenken, durch deine Körpersprache mit ihm zu kommunizieren und zu verstehen, was es dir sagen will. Ideal ist es, ein Jahr lang jeden Tag eine Longestunde zu nehmen – doch selbst dann ist es fraglich, ob man den unabhängigen Sitz perfekt beherrscht. Regelmäßiger Unterricht an der Longe bringt bemerkenswerte Fortschritte. Generell gilt: Reiter, die eher steif sind, sollten versuchen, sich durch Bewegungsübungen zu lockern, während solche, die hin und her wackeln, sich darauf konzentrieren sollten, ruhig zu sitzen. In der Praxis wirst du beides üben. Dein Reitlehrer oder deine Reitlehrerin muss immer darauf achten, dass du die Übungen korrekt ausführst, sonst nützen sie nichts. Du beginnst damit, die Steigbügel vor dem Sattel über Kreuz auf den Pferdehals zu legen. Der Reitlehrer oder die -lehrerin achtet auf deinen Sitz. Als Nächstes befestigst du die Zügel am Kehlriemen und hältst dich während der Übungen am Sattel fest – im Schritt, im Trab und im Galopp. Bewegungsübungen machst du erst mit Steigbügeln, dann ohne, erst rechts, dann links. Ziel ist es, dass du in jeder Gangart tief und fest im Sattel sitzt, ohne Steigbügel und Zügel, die Hände in Reitposition. Das ist schwerer, als es sich anhört, aber wenn du es erst geschafft hast, kannst du einen tollen Erfolg feiern.

3 Schwinge die ausgestreckten Arme abwechselnd nach vorne und hinten – eine schwierige Übung, vor allem im Trab. Durch die Bewegung des Armes nach vorne passiert es leicht, dass der ganze Oberkörper vorwärts kippt und du nicht auf deinen Sitzbeinhöckern bleibst. Der Körper muss also stets aufrecht sein. Empfehlenswert – wenn auch anstrengend.

Übungen für die Beine

Übungen, bei denen du die Beine bewegst, entspannst und streckst, erfolgen im Stehen. Dein Reitlehrer oder deine Reitlehrerin hält das Pferd. Auf dem Foto siehst du eine einfache Lockerungsübung: Du entspannst die Muskeln – Beine und Hüfte werden geschmeidig. Viele Bewegungsvarianten sind denkbar. Mit einem ruhigen Pferd kann man sich einmal im Sattel drehen: Zuerst drehst du dich nach hinten, sodass du »falsch herum« im Sattel sitzt und Richtung Schweif guckst. Dann drehst du dich weiter, bis du wieder in der anfänglichen Position ankommst. Je mehr Gymnastik du machst, desto besser.

6 Springen

Springen macht Spaß und ist aufregend – etwas, worauf man stolz sein kann. Der Sprung über ein Hindernis gehört ebenso zum Reitenlernen wie der korrekte Sitz im Trab und Galopp. Und es ist nicht viel schwieriger oder gefährlicher.

Am besten trabt man leicht und reitet schwungvoll und in klarem Rhythmus auf ein Hindernis zu – ausgehend von einem Zirkel, dann in gerader Linie. Die Reiterin auf den Fotos nimmt die Schultern leicht nach vorne, der Kopf bleibt oben, der Rücken gerade. Die Schenkel liegen eng an und treiben. Die Hand folgt der Bewegung des Kopfes. Fange mit niedrigen Sprüngen an – mit gekreuzten Stangen zum Beispiel –, damit du dich und das Pferd nicht überforderst. Als Hilfestellung für den Absprung kann man eine Stange mit Abstand vor das Hindernis legen. So können Pferd und Reiter besser einschätzen, wann sie abspringen müssen. Die Steigbügelriemen kannst du beim Springen drei bis fünf Löcher kürzer machen, dann sitzt du leichter im Sattel. Knie, Unterschenkel und federnde Absätze geben Stabilität. Auf ihnen liegt das Gewicht. Das Ziel ist es, in guter Körperhaltung und im Gleichgewicht mit dem Pferd über das Hindernis zu kommen.

Rücken gerade, aber locker

Hände rechts und links vom Pferdehals; Zügel etwas verkürzen und Kontakt zum Pferdemaul halten

Kopf hoch und Blick nach vorne

Oberkörper von der Hüfte aus nach vorne nehmen

1 Trabe auf das Hindernis zu. Neige den Oberkörper aus der Hüfte heraus leicht nach vorne. Die Beine liegen eng am Pferd an, die Schenkel treiben.

2 Beim Absprung neigt sich dein Oberkörper ruhig nach vorne, dem Pferdehals entgegen. Deine Hände gehen Richtung Pferdemaul und folgen damit der Bewegung des Pferdes, das sich jetzt in der Streckphase befindet. Dein Gesäß kommt ein wenig aus dem Sattel.

SPRINGEN

Stangenarbeit

Die Stangen liegen – je nach Größe und Schrittlänge des Pferdes – ungefähr in folgenden Abständen: im Schritt 0,80 m, im Trab 1,30 m und im Galopp 3 m. Diese Maße gelten für ein Warmblutpferd. Zuerst geht ihr im Schritt über die Stangen, dann im Trab; immer folgen die Hände der Kopfbewegung des Pferdes.

Gewicht vorsichtig wieder in den Sattel bringen

Knie und Fußfesseln fangen den Aufprall ab

Nach dem Sprung ist der Oberkörper gerade

Achte auf die gerade Linie vom Ellenbogen zum Pferdemaul

3 Bei der Landung bewegen sich Kopf und Hals des Pferdes nach oben. Halte deinen Kopf hoch, damit ihr nicht zusammenstoßt. Richte den Oberkörper auf und verlagere dein Gewicht von der Vorhand des Pferdes wieder nach hinten.

4 Wenn der Sprung beendet ist, streck dich nochmals und komm leicht in den Sattel zurück. Nimm den Oberkörper anschließend wieder ein klein wenig nach vorne, treib dein Pferd an und reite vom Hindernis weg.

LEKTION 7

Einfache Galopp-Kombination

Gehen wir davon aus, dass du schon etwas Springerfahrung hast. Nun gilt es, dich darauf vorzubereiten, einen einfachen Springparcours oder eine Geländestrecke zu meistern. Dennoch kehren wir immer wieder zur Arbeit in der Bahn zurück.

Springen ist eine prima Übung: Es fördert die Geschicklichkeit und das Vertrauen des Pferdes und ermutigt es, sonstige Hindernisse zu überwinden. Vom Reiter werden Genauigkeit, Konzentration und entschiedenes Handeln verlangt. Die Hilfengebung, besonders die der Schenkel, erfordert beim Springen mehr Nachdruck als beim Reiten in der Bahn. Das heißt, die Schenkelhilfen sollten deutlich sein, aber nie grob. Wenn dein Pferd problemlos das Hindernis überspringt, kannst du die Lektion schwieriger gestalten, indem du ein zweites Hindernis derselben Höhe hinzunimmst; der Abstand mit einem Galoppsprung dazwischen liegt bei etwa 7 bis 8 Metern. Das Pferd hat dabei die Möglichkeit, nach dem Sprung über das erste Hindernis und vor

Oberkörper beim Absprung nach vorne neigen

Die Schultern führen über das Hindernis

Schultern geöffnet, Rücken gerade

Gesäß berührt den Sattel

1 Die Reiterin nähert sich dem Hindernis aus dem Zirkel. Sie treibt im Bewegungsrhythmus, mit wachsender Intensität bis zum Absprung. Ausgehend von der Hüfte neigt sich der Oberkörper nach vorne. Die Hände halten leichten Kontakt zum Pferdemaul.

2 Beim Landen kommt mehr Gewicht in die Bügel. Der Oberkörper geht wieder etwas zurück. Das Gewicht tragen die Knie und die Fesselgelenke. Die Hände folgen der Bewegung des Pferdes und erlauben ihm, den Hals zu strecken.

EINFACHE GALOPP-KOMBINATION

dem zweiten Hindernis einen Galoppsprung zu machen. Der Galoppsprung eines Pferdes misst zwischen 3,00 und 3,50 Metern, bei einem Pony ist es etwas weniger. Das muss man beim Aufbau der Sprungkombination berücksichtigen. Hier ist es wichtig, sich während der Übung auf eine gute Sprungtechnik, auf die Körperhaltung beim Sprung über das Hindernis und auf die Hilfengebung zu konzentrieren.

Sehr hohe Sprünge
Wenn Reiter und Pferd mit kleinen Hindernissen, einfachen Kombinationen und einer Reihe von Sprüngen gut klarkommen, stellt die Höhe kein allzu großes Problem mehr dar. Über die grundlegende Technik weißt du bereits Bescheid. Du musst dich allerdings mehr anstrengen, wenn du über höhere Hindernisse springst. Ein oder zwei höhere Hindernisse pro Reitstunde sind genug. Verlange nicht zu viel. Richte dich beim Springen nach den Fähigkeiten deines Pferdes und überfordere es nicht. Höre rechtzeitig mit dem Training auf.

Rücken gerade, parallel zur Wirbelsäule des Pferdes

In gutem Kontakt bleiben, dem Pferd Bewegungsfreiheit geben

Kopf hoch, Blick nach vorne

Vorsichtig in den Sattel kommen

3 Der zweite entscheidende Schenkeldruck kommt beim nächsten Absprung. Die Reiterin ist zentriert und perfekt im Gleichgewicht. Die Körperhaltung ist hier besser als bei Bild 1, wo die Reiterin vor allem in den Hüften etwas angespannt wirkt.

4 Die Reiterin kommt wieder in den Sattel, der Oberkörper streckt sich. Die Beine treiben das Pferd weg vom Hindernis. Der Zügelkontakt zum Pferdemaul ist leicht und erlaubt dem Pferd den Kopf zu bewegen.

LEKTION

SO LERNST DU REITEN

8 Hindernisreiten

Springunterricht fängt mit einer einzelnen Stange auf dem Boden an. Dann steigerst du – bis zu fünf Stangen, die in bestimmtem Abstand hintereinander liegen. Das führt nicht nur zum ersten Sprung, sondern – viel aufregender – zu einer ganzen Abfolge von Sprüngen.

Geh im Schritt und im Trab über die Stangen. Dabei darfst du energisch sein. Allerdings sollte dein Pferd nicht zu aufgeregt werden. Diese Übung macht dein Pferd geschmeidiger und es übt sich zu strecken. Du selbst trainierst deinen Gleichgewichtssinn, die Präzision deiner Hilfengebung, deine Reittechnik und Fähigkeit, wirkungsvoll und im Rhythmus mit der Bewegung des Pferdes zu treiben. Trabe leicht. Neige deinen Oberkörper Richtung Pferdehals. Der Kopf bleibt erhoben, der Blick ist nach vorne gerichtet. Halte den Rücken gerade, ohne steif zu werden. Die Hände gehen in die Bewegung des Pferdekopfes mit und halten leichten Kontakt mit dem Pferdemaul. Ein typischer Reiterfehler ist es, sich zu weit nach vorne zu lehnen. Das bringt das Pferd aus dem Gleichgewicht, weil zu viel Gewicht auf die Vorhand kommt, die Zügel hängen dann durch und der Kontakt zum Pferdemaul geht verloren; die Schenkelhilfe kann nicht effektiv eingesetzt werden. Diese Hindernisreihe (unten) besteht aus gekreuzten Stangen, die in genau bemessenem Abstand aufgestellt wurden. Die Reihe enthält auch Sprünge, bei denen das Pferd sofort nach der Landung wieder abspringen muss – ohne die Möglichkeit, dazwischen einen Galoppsprung zu machen.

Kopf hoch, Blick nach vorne

Ausgezeichnete Kopfhaltung

Kopf bleibt aufrecht, Rücken gerade

Versichere dich, dass das Pferd den Hals rund machen kann

1 Die Reiterin nähert sich dem Hindernis aus dem Zirkel heraus in schwungvollem Trab. Sie ist aufmerksam, aber nicht angespannt. Das Pony ist sehr wach. Es hat eine gute Haltung und trägt seinen Kopf sehr schön. Letzteres spiegelt den guten Kontakt der Reiterhand mit dem Pferdemaul wider.

2 Die Reiterin hat im Rhythmus der Bewegung getrieben. Ein letzter auffordernder Schenkeldruck und das Pferd springt ab. Beide, Pferd und Reiter, konzentrieren sich auf den nächsten Sprung, aber keiner der beiden wirkt angespannt.

HINDERNISREITEN

Ich vertraue dir

Diese Übung eignet sich hervorragend, um das Gleichgewicht des Reiters zu trainieren. Außerdem demonstriert der Reiter dem Pferd damit sein Vertrauen. Gegenseitiges Vertrauen ist eine wichtige Grundlage, zum einen für erfolgreiches Reiten, zum anderen für die Beziehung zum Pferd, in der doch so viel Potenzial steckt. Der nächste Schritt wäre, ohne Zügel durch eine Folge von Hindernissen zu »fliegen« – bald auch ohne Steigbügel. Tatsächlich können Reiter unter sorgfältiger Anleitung Hindernisfolgen ohne Hände und ohne Steigbügel, mit geschlossenen Augen springen.

Hüfte und Oberkörper neigen sich aus der Hüfte heraus nach vorne

Deine Hände dürfen die Bewegung des Pferdehalses nicht behindern

Vom Hindernis wegreiten

3 Unmittelbar nach der Landung hat das Pferd zum nächsten Sprung angesetzt. Mit kräftigem Schenkeldruck hat die Reiterin es dazu aufgefordert. Wieder setzt sie die Schenkelhilfe ein, und das Duo springt über das dritte Hindernis. Reiterin und Pferd zeigen eine ausgesprochen gute Körperhaltung.

4 Landung nach einer fließenden Sprungserie. Die Reiterin ist dabei, sich wieder in den Sattel zu setzen, und wird gleich die entsprechende Hilfe geben, um vom Hindernis wegzureiten. Beide scheinen die Übung genossen zu haben und sind nun bestens darauf vorbereitet, einen richtigen Parcours zu springen.

9 Der Springparcours

Nach den vorausgegangenen Lektionen im Springen und in der Dressur folgt jetzt der nächste Schritt: ein einfacher Parcours mit etwa acht Hindernissen, die so aufgestellt sind, dass sie Richtungswechsel enthalten.

Das Erste, was du lernen solltest, sind fließende, weiche Richtungswechsel. So bereitest du dich und dein Pferd am besten auf den Parcours vor. Reite eine Acht mit je zwei niedrigen Hindernissen auf den Diagonalen. Spring die Hindernisse im Galopp. Für die Richtungswechsel parierst du dein Pferd zunächst zum Trab durch und galoppierst dann auf dem jeweils anderen Fuß wieder an. Die Acht sollte in diesem Fall groß sein, sodass du keine zu engen Wendungen reiten musst. Diese Lektion ist nicht sehr schwer, erfordert aber exaktes Reiten und viel Schwung. Wenn du so weit bist, den Parcours korrekt und durchgängig im Galopp zu reiten, wirst du feststellen, dass dein Pferd die Galoppwechsel fast von allein macht. Du musst lernen, gerade auf ein Hindernis zuzureiten und es exakt in der

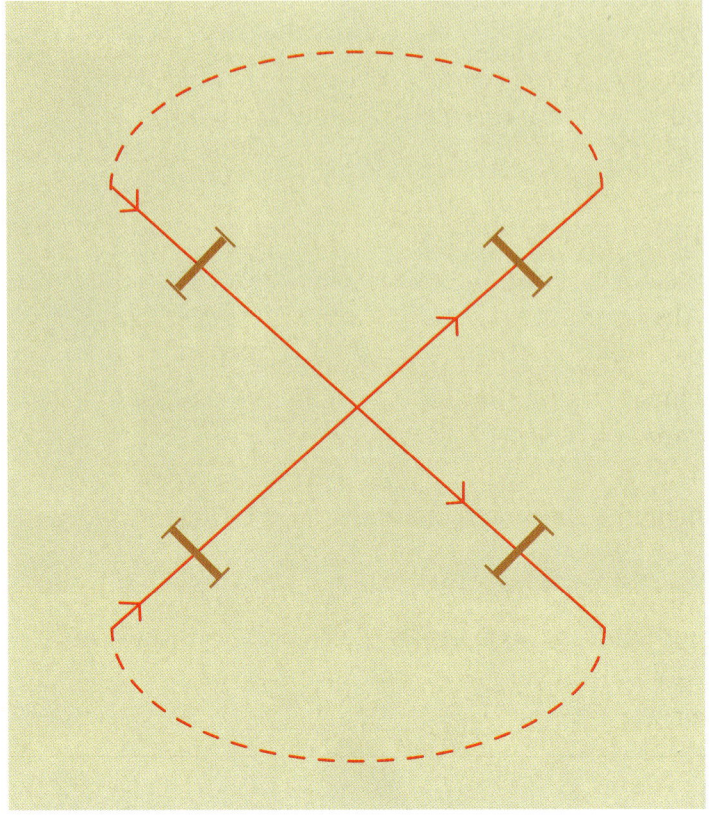

Die Acht
Eine gute Übung! Du brauchst für die Figur die ganze Bahn, sonst werden die Wendungen zu eng. Wenn du die Ecken abkürzt und das Pferd nicht ganz nach außen reitest, wird schon das niedrigste Hindernis zum Problem.

Steilsprung
Der Steilsprung ist der schwierigste. Erfolgt der Absprung zu nahe am Hindernis, besteht die Gefahr, dass das Pferd beim Hochspringen dagegen stößt. Springt das Pferd zu früh ab, kann es leicht mit den Hinterbeinen an der Stange hängen bleiben. Generell gilt, der Absprung sollte etwa in folgender Entfernung erfolgen: Höhe des Hindernisses oder Höhe plus ein Drittel. Springnovizen tun sich leichter, wenn man für den Absprung eine Stange im entsprechenden Abstand vor und hinter das Hindernis legt, um zu verhindern, dass die Landung zu steil wird.

Quarré Oxer
Der Quarré Oxer ist ein Hochweitsprung aus hintereinander aufgebauten Stangen gleicher Höhe. Er hat seine Tücken: Manchen Pferden fällt es schwer, die zweite Stange zu erkennen. Der Reiter muss sehr genau auf den richtigen Absprungspunkt achten, sonst könnte das Pferd an der zweiten Stange hängen bleiben. Im Vergleich zum Steilsprung (Zeichnung links) ist die Landung weiter vom Hindernis entfernt.

Triplebarre
Die Treppe, einfacher als der Steilsprung, ist ein Hindernis aus drei Stangenkonstruktionen unterschiedlicher Höhe. Sie zählt zu den Hochweitsprüngen. Der Ansprung ist weniger steil, die Landung erfolgt in größerem Abstand vom Hindernis. Das ermöglicht es dem Pferd, nachdem das Hindernis überwunden ist, einen größeren Sprung zu machen.

Pyramide
Die Pyramide besteht aus drei Elementen, mit dem höchsten in der Mitte. Man sieht sie bei uns sehr selten. Außerdem dürfen nur sehr erfahrene Reiter und Pferde ein solches Hindernis springen. Das Pferd kann die dritte Stange erst sehen, wenn es sich bereits in der Luft befindet. Die Landung erfolgt weit weg vom Hindernis, der erste Schritt ist lang.

DER SPRINGPARCOURS

Mitte zu überspringen. Hindernisse können in Steilsprünge, Hochweitsprünge und Weitsprünge eingeteilt werden. Jeder Typ hat seine Schwierigkeiten. Daran muss man sowohl beim Aufbau als auch beim Springen des Parcours denken. Hindernisse mit ein oder zwei Galoppsprüngen dazwischen nennt man »Kombinationen«. Bei drei bis maximal sechs Galoppsprüngen dazwischen spricht man von einer »Distanz«. Die Abstände zwischen den Hindernissen sind unterschiedlich, je nach Typ. Schließlich müssen auch der Absprungs- und der Landungswinkel sowie die Länge des ersten Sprunges nach der Überwindung des Hindernisses berücksichtigt werden. Bevor du einen Parcours springst, schau ihn dir zusammen mit deinem Trainer oder deiner Trainerin genau an. Sprich mit ihm/ihr über die Probleme der einzelnen Sprünge und über den Weg, den du nehmen sollst. Schon jetzt solltest du überlegen, wo du jeweils abspringen musst, und es dir genau merken. Achte besonders auf die Kombinationen und die Abstände zwischen den einzelnen Elementen.

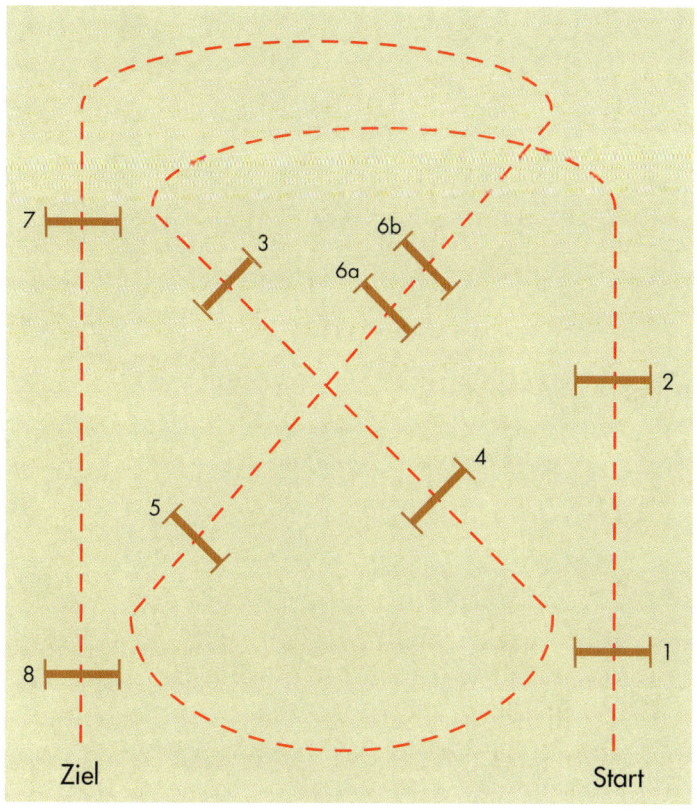

Einfacher Springparcours
Dieser relativ unkomplizierte Parcours umfasst drei Richtungswechsel. Der Reiter muss daher den Platz, der ihm zur Verfügung steht, voll ausschöpfen. Dazu kommt eine Kombination, 6a und 6b, die aber keine größere Schwierigkeit darstellt, wenn sie gerade und in der Mitte gesprungen wird.

Schräg übers Hindernis
Die Fähigkeit, schräg übers Hindernis zu springen, kann nützlich sein, wenn du auf Zeit springen musst. Allerdings eignet sich diese Übung ausschließlich für sehr gute Reiter und sehr geübte Pferde. Also, keine Experimente! Hier wurden Stangen vors Hindernis gelegt, die den Winkel anzeigen, in dem es übersprungen werden soll. Das macht es einfacher. Diese Lektion fördert die Präzision des Reiters. Das Pferd trainiert Gehorsam und Vertrauen – sowohl in den Reiter als auch in sich selbst.

LEKTION

SO LERNST DU REITEN

10 Der Geländeparcours

Geländestrecken haben ihren ganz eigenen Charakter und beide, Pferd und Reiter, müssen sich dem anpassen. Für das Pferd ist es wichtig, seinen eigenen Rhythmus zu finden. Es muss ihn auch beibehalten dürfen, wenn es über natürliche Hindernisse springt – wie Wassergräben, Bäche, Böschungen und alles, was man sonst im Gelände findet.

Reiten im Gelände lässt an Freiheit, an etwas weniger streng Geregeltes denken als das Springen auf dem Reitplatz oder in der Halle. Dein Pferd wird seinen Rhythmus finden. Halte es nicht zu sehr zurück, sondern erlaube ihm aus einem schwungvollen Galopp heraus zu springen. Das Reitergewicht sollte möglichst immer über dem Gleichgewichtszentrum des Pferdes sein. Beim Springen verlagert es sich natürlich ständig. Hände und Beine sollten den Kontakt zum Pferd nicht verlieren. Nimm den Oberkörper beim Springen im Gelände nicht so weit nach vorne, sonst kommt zu viel Gewicht auf die Vorhand des Pferdes, es gerät aus dem Takt und das Springen wird ihm erschwert. Auch zur eigenen Sicherheit ist es gewöhnlich besser, aufrechter zu sitzen und darauf gefasst zu sein, die Zügel, wenn nötig, schnell nachzugeben, also durch die Hände rutschen zu lassen.

VERSCHIEDENE HINDERNISSE

Jedem Zögern resolut entgegenwirken

Ein wunderbarer, entschiedener Sprung in genau der richtigen Höhe

Bei der Landung Oberkörper wieder nach hinten verlagern

1 Ein Geländeparcours enthält auch ungewöhnliche Hindernisse. Diese Bank veranlasst das Pferd zu zögern. Die Reiterin darf sich nicht verunsichern lassen; sie muss dem entschieden entgegenwirken.

2 Es folgt ein beherzter, fließender Sprung. Das gibt auch dem Pferd Vertrauen. Der Sitz der Reiterin und ihre Körperhaltung sind perfekt. So stört sie das Pferd beim Springen nicht.

3 Das Pferd landet weit hinter dem Hindernis. Der Oberkörper der Reiterin geht genau im richtigen Moment in die aufrechte Haltung zurück. Jetzt kann sie das Pferd vom Hindernis wegtreiben.

GANZ NATÜRLICH

Wie man auf ein Hindernis zureitet und wie schwer es zu springen ist, das hängt im Gelände auch davon ab, in welchem Winkel der Untergrund und das Hindernis zueinander stehen – eine wesentliche Schwierigkeit von Geländestrecken.

Oberkörper aufrecht
Beine bleiben am Pferdekörper

Abwärts

Der Weg, der auf das Hindernis zuführt, neigt sich. Das Pferd sollte am Zügel gehen und sacht auf das Hindernis zugeritten werden. Aufmerksam achtet es darauf, wohin es tritt. Die Reiterin sitzt aufrecht und ist darauf gefasst, die Zügel, wenn nötig, nachzugeben und den Oberkörper nach hinten zu nehmen.

Pyramide

Leichter als ein abwärts geneigter Sprung ist die Pyramide, die sich vom Untergrund schräg nach oben erhebt. Das Pferd kann leichter einschätzen, wo es abspringen muss. Dennoch, das Hindernis ist breit und erfordert einen weiten Sprung. Die Reiterin achtet auf den Untergrund. Der Sprung wird gut ausgeführt; man hat den Eindruck, Pferd und Reiter setzten gleich zum nächsten Sprung an.

Der kürzeste Weg

Hier nimmt die Reiterin kühn den kürzesten Weg über das Hindernis. Sie hätte auch zwei Sprünge daraus machen können – einmal zwischen die beiden Geländer und dann wieder heraus. Bei diesem Sprung braucht die Reiterin Präzision und Entschiedenheit. Aber das scheint weder ihr noch dem Pferd schwer zu fallen. Der kürzeste Weg kann wertvolle Sekunden sparen, wenn das Zeitlimit knapp bemessen ist. Die Körperhaltung der Reiterin ist korrekt und entspannt. Das Pferd springt ohne zu zögern.

Zaun aus Stangen

Ein einfaches Hindernis, sauber gesprungen. Pferd und Reiter gewinnen von Hindernis zu Hindernis an Vertrauen. Trotzdem ist auch hier Vorsicht geboten. Da das Hindernis rechts keine Begrenzung hat, muss die Reiterin sehr exakt darauf zureiten, um zu verhindern, dass das Pferd zur Seite ausbricht.

Reiten im Gelände

Wenn du reiten lernst, gehören Übungen mit Stangen, Schenkelweichen und Bahnfiguren dazu, genauso aber das Reiten im Gelände. Und was kann es Schöneres geben, als an einem sonnigen Tag mit einer guten Freundin oder einem netten Freund einen gemütlichen Ausritt zu unternehmen. Außerdem sind Ausritte eine wunderbare Abwechslung zum Unterricht in Bahn oder Halle.

Unterricht erfordert Konzentration von Pferd und Reiter. Sinn und Zweck ist es, deine reiterlichen Fähigkeiten auszubauen. Du erarbeitest dir mehr Kontrolle über das Pferd, wirst vertrauter mit ihm und lernst es korrekt an den Zügel zu stellen. Abgesehen davon bekommst du so einen guten, stabilen Sitz. Auch für dein Pferd oder dein Pony sind Unterrichtsstunden lehrreich. Es übt Gehorsam und nimmt mit der Zeit die Hilfen des Reiters noch besser an. Es baut Muskeln auf, wird geschmeidig und lernt zunehmend, sich auszubalancieren.

Was genauso wichtig ist: Der Reitunterricht stärkt die Vertrauensbasis zwischen Pferd und Reiter. Insofern ist er eine wunderbare Vorbereitung auf das Reiten im Gelände. Freilich ist Unterricht nicht alles – außer du strebst die Teilnahme an schwierigen Dressurwettkämpfen an. Tat-

Ausritt
Was könnte mehr Spaß machen? Ein Ausritt in Begleitung einer Freundin oder eines Freundes, mit einem netten, anständigen Pferd – das ist Entspannung pur für Pferd und Reiter. Außerdem ist es eine wunderbare Möglichkeit, sich besser kennen zu lernen.

REITEN IM GELÄNDE

Unterricht
Reitenlernen ist ohne Unterricht kaum denkbar. Man gewinnt dabei viel. Der Trainer oder die Trainerin korrigiert Fehler. Die Schüler und Schülerinnen lernen ebenfalls voneinander, sowohl aus ihren Schwächen als auch von ihren Stärken. Normalerweise bereiten Reitlehrer ihre Stunde vor.

Australien
Der Pony Club, eine aus England stammende Organisation für junge Reiter, hat in Australien viele Anhänger. Dem Pony Club angeschlossene Ställe organisieren geführte Ausritte. Für junge Reiter ist das sehr hilfreich. Bei uns gibt es zwar keinen Pony Club, aber dafür viele Reitschulen, die geführte Ausritte anbieten.

sächlich langweilen sich Pferd und Reiter oder sind irgendwann frustriert, wenn sie immer nur in der Bahn oder in der Halle ihre Runden drehen.

Vertrauen gewinnen
Ausreiten ist eine wunderbare Freizeitbeschäftigung und bestens geeignet, um sich nach der Schule zu entspannen. Erholung tut gelegentlich beiden gut, Pferd und Reiter. Reiter mit wenig Erfahrung sollten immer in Begleitung ins Gelände gehen und sich nicht durch Soloausritte in Abenteuer stürzen. Das Gleiche gilt, wenn du ein neues Pferd reitest. Am besten reitest du am Anfang mit deinem Reitlehrer oder deiner Reitlehrerin aus. Einige Vorsichtsmaßnahmen solltest du immer treffen: Sag im Stall Bescheid, wohin du reiten und wie lange du wegbleiben willst. Falls du ein Handy hast, nimm es mit.

Grundregeln einhalten
Du sollst dich beim Ausreiten zwar entspannen, das heißt aber nicht, dass du jetzt alle Grundregeln des Reitens über Bord werfen kannst. Du musst nach wie vor korrekt reiten und dafür sorgen, dass dein Pferd aufmerksam ist. Lass es nie halb dösend so vor sich hin trotten. Ein Pferd, das nicht aufpasst und nicht ordentlich läuft, stolpert oder stürzt leichter, besonders wenn der Boden rutschig oder das Gelände schwierig ist. Behalte immer im Blick, was um dich herum passiert.

Unterwegs lernen
Reiten im Gelände ist eine gute Möglichkeit etwas zu lernen, ohne sich dabei fürchterlich anstrengen zu müssen. Dem Spaß tut das keinen Abbruch. Durch Beobachtung kannst du von deinen Reitlehrern »abspicken«, wie sie ihr Pferd stellen, wie sie die Hilfen geben und dabei ruhig, ohne Hektik reiten.
Denke daran, dass Pferde Herdentiere sind. Sie fühlen sich wohler und gehen ruhiger, wenn sie nicht allein sind; sie genießen die Gesellschaft und es gibt ihnen Vertrauen.

Hongkong
In Hongkong war und ist das Reiten ebenfalls eine beliebte Freizeitbeschäftigung. Auch dort gibt es den Pony Club, der alle möglichen Ritte, Treffen und Wettkämpfe veranstaltet.

Ausritt solo
Wenn du ein eigenes Pferd hast, wirst du früher oder später auch alleine reiten. Diese junge Reiterin wirkt kompetent. Sie hat ihr Pferd unter Kontrolle und hat gelernt, es korrekt an den Zügel zu stellen.

DEIN EIGENES PFERD

Neue Partnerschaft

Sein Leben mit einem Pferd zu teilen heißt auch die Verantwortung dafür zu übernehmen, dass es ihm gut geht. Ein lohnenswertes Erlebnis! Aber es steckt auch viel Arbeit darin.

Welches Pferd ist das richtige?

Über den Kauf von Pferden ist viel geschrieben worden. Im 18./19. Jahrhundert lebte John Warde, ein bekannter Jagdreiter. Er gab in Sachen Pferdekauf einen knappen, zynischen Rat: »Glaube keinem, der dir ein Pferd verkaufen will, auch nur ein einziges Wort – nicht einmal dem Bischof.« Mindestens genauso unmissverständlich sind die Worte *caveat emptor* – der Käufer muss sich in Acht nehmen.

Leider kaufen nach wie vor viele Leute trotz wohlmeinender Ratschläge das falsche Pferd. Für gewöhnlich sind sie selbst daran schuld. Wenn wir in einen Supermarkt gehen oder ein Auto erwerben, dann ist das eine Sache – aber ein Pferd ist keine Ware, über die wir frei verfügen können. Pferde sind Lebewesen mit ganz persönlichen Charaktereigenschaften. Sie sind geprägt durch ihren Instinkt und durch Gewohnheiten.

Um das richtige Pferd zu finden, muss man vor dem Kauf ernsthaft nachdenken, den gesunden Menschenverstand einsetzen und sich Wissen aneignen.

Wofür, weshalb, warum?
Vorab ist es wichtig, folgende Fragen zu klären:
1) Wofür, für welchen Zweck will ich ein Pferd kaufen?
2) Wie viel Erfahrung habe ich mit Pferden und wie gut kann ich reiten?
3) Wie bzw. wo kann ich das Pferd unterbringen?
4) Wo soll es stehen?
5) Wie teuer darf das Pferd sein?

Ein teures Sportpferd zu kaufen, wenn du lediglich am Wochenende gemütlich ausreiten möchtest, wäre zum Beispiel unsinnig. Auch Reitanfänger sollten die Finger von Sportpferden lassen. Verständlich, dass man davon träumt, ein guter Reiter zu sein, und dass Eltern in der Begeisterung die reiterlichen Fähigkeiten ihrer Kinder überschätzen. Wenn es aber um den Kauf eines eigenen Pferdes geht, musst du ehrlich zu dir selbst sein und es dir eingestehen, wenn du noch nicht so viel Erfahrung im Reiten hast. Berücksichtigen musst du auch, wo das Pferd untergestellt werden soll. Wenn du oft auf Turnieren unterwegs bist, wäre eine Unterbringung im Offen- oder Laufstall ungünstig. Im Winter würde es mit seinem dicken Fell auf den Turnieren unheimlich schwitzen und du hättest es schwer, dein Pferd trocken zu bekommen. Umgekehrt würde es, der Turniere wegen geschoren, im Offenstall frieren. Ein Pferd im Boxenstall unterzustellen ist allerdings zeitintensiver. Du musst es öfter bewegen, es putzen, und vielleicht musst du auch misten.

Das Glück dieser Erde
Trotz aller Freude: Ein ideales Paar sind diese beiden nicht. Das Mädchen würde besser auf ein kleines Pony passen. Ein Pferd dieser Größe ist für ein Leichtgewicht mit kurzen Beinen einfach zu groß.

Der Kaufpreis

Wie teuer ein Pferd ist, hängt von verschiedensten Faktoren ab: von Stammbaum, Aussehen, Leistungsfähigkeit und Ausbildungsstand, davon, wie gut es gebaut ist, vom Alter und von seinen Manieren. Die Gesundheit darf für den Preis insofern keine Rolle spielen, als es mehr als unklug wäre, ein krankes Pferd zu kaufen, gleichgültig wie viel es kostet. Mit Sicherheit wäre es nämlich auf lange Sicht die teuerste Wahl. Sinnvollerweise kauft man ein gut und harmonisch gebautes Pferd, weil es theoretisch und meist auch in der Praxis mehr natürliche Balance besitzt und angenehmer zu reiten ist. Hinzu kommt, dass ein Pferd mit einem ausgewogenen Körperbau letztlich weniger anfällig ist für Krankheiten, die aus Mängeln in der Statur herrühren. Wenn der Preis stimmt, kann man über Schönheitsfehler und alte Narben hinwegsehen – natürlich nur, wenn das Pferd von den früheren Verletzungen keine bleibenden Schäden davongetragen hat. Eine entscheidende Rolle für den Preis spielen die Anlagen des Pferdes. Ein Pferd mit super Gängen ist einfach teurer. Große, schwere Reiter müssen beim Pferdekauf darauf achten, dass das Pferd kräftig gebaut ist. Auch das Alter spielt für den Preis eine Rolle, allerdings keine wesentliche. Mit etwa drei Jahren sind Pferde ausgewachsen, doch mit fünf sind sie durchaus noch im Flegelalter. Verallgemeinert könnte man sagen, dass der Preis steigt, bis sie ungefähr zehn Jahre alt sind, und sich danach wieder reduziert. Allerdings gibt es viele Turnierpferde, die mit 11, 12 Jahren (oder älter) in Topform sind. Eine Rolle spielt in diesem Zusammenhang der Ausbildungsstand: Je besser die Ausbildung, desto teurer. Zu den Manieren gehört das Verhalten des Pferdes im Stall, wenn es geputzt, gesattelt, beschlagen oder geschoren wird. Macht es Probleme, wenn du es von der Weide holen willst? Lässt es sich problemlos verladen? Wie verhält es sich im Straßenverkehr? Zusammenfassend lässt sich sagen, dass die Chancen, zu einem fairen Preis ein passendes Pferd zu finden, mit der Erfahrung und dem Wissen des Käufers steigen.

Eine gelungene Wahl
Ein guter Typ Pferd, vielseitig einsetzbar. Dieses Pferd wäre eine gute Wahl für einen Teenager, der Spaß am Wettkampf hat und schon mit einem schnelleren Pferd umgehen kann, das von sich aus fleißig vorwärts geht.

Wer die Wahl hat …

Laufende Kosten

Wer sich ein eigenes Pferd zulegt, sollte sich darüber im Klaren sein, dass der Kaufpreis erst der Anfang ist. Man muss sich nur mal ausrechnen, wie viel man pro Jahr in ein Pferd investiert. Zu den laufenden Kosten gehören die Stallmiete – wer nicht selbst misten will, muss oft mehr bezahlen –, alle paar Wochen das Beschlagen oder – wenn das Pferd keine Eisen trägt – das Ausschneiden der Hufe, Futter und Einstreu (falls nicht in der Stallmiete enthalten), Ausrüstung, Versicherung, Tierarzt, Transportkosten. Das summiert sich …

Der Kauf

Erfahrene Pferdekenner mögen auf Auktionen kaufen, alle anderen sollten die Finger davon lassen. Sie sind besser beraten, von einem vertrauenswürdigen Händler oder Züchter ein Pferd zu kaufen. Es ist ratsam, eine Begleitperson mitzunehmen, am besten jemanden, der nicht zur Familie gehört und der – wenn es hart auf hart kommt – den Sachverhalt bezeugen kann. Hast du deine Wahl getroffen, vereinbare einen Termin mit deinem Tierarzt; er führt eine Ankaufsuntersuchung

Ponys zu verkaufen

In den meisten Ländern werden Auktionen oder Pferdemärkte veranstaltet. Pferdekenner können dort sicherlich gute Pferde finden. Unerfahreneren Pferdemenschen und solchen, die zum ersten Mal ein Pferd kaufen, ist von derartigen Kaufgelegenheiten abzuraten – außer sie sind mit einem Experten unterwegs, der sie beim Kauf berät.

Ankaufsuntersuchung

Bevor ihr den Kaufvertrag unterschreibt, ist es sinnvoll, mit deinem Tierarzt oder der Tierärztin einen Termin für eine Ankaufsuntersuchung zu vereinbaren. Kein Verkäufer, der etwas auf sich hält, wird dir das abschlagen.

Wusstest du …?

Die Beduinen der Wüste haben beim Kauf von Pferden ganz eigene Regeln. Sie sagen, ein Pferd mit einem weißen Gesicht und weißen Zeichnungen an allen vier Beinen trage »sein Leichentuch mit sich«. So ein Pferd würden sie nie kaufen.

durch. Auf Wunsch werden die Beine geröntgt, um mögliche Beeinträchtigungen auszuschließen.

Der erste Eindruck

Lass dir das Pferd im Schritt und im Trab vorführen, sodass du dir einen Eindruck verschaffen kannst. Dann kann das Pferd gesattelt und aufgetrenst werden – am besten von dir. Bitte darum, dass jemand das Pferd reitet. Sieh dir erst an, wie sich das Pferd unterm Reiter verhält, bevor du selbst aufsteigst – sonst könnte ein Feuerwerk unter dir losgehen. Hat sich das Pferd anständig verhalten, kannst du es selbst Probe reiten. Falls dir das Pferd nicht gefällt, ist jetzt der richtige Zeitpunkt, es zu sagen. Entschuldige dich beim Verkäufer, weil du seine Zeit beansprucht hast. Gefällt dir das Pferd und möchtest du es kaufen, vereinbare einen Termin für die Ankaufsuntersuchung. Diese Untersuchung sollte dein Tierarzt durchführen, nicht der Tierarzt des Verkäufers. Fällt das Ergebnis gut aus, kannst du den Kaufvertrag abschließen.

Die erste Zeit mit deinem Pferd

Ist dein Pferd im neuen Zuhause angekommen, lass ihm ein paar Tage Zeit, sich einzugewöhnen. Es kann sein, dass dich das Pferd erst testet, um zu sehen, wer das Sagen hat. Das ist normal, und kleinen Rebellionen sollte man ruhig und entschlossen begegnen.

Eingewöhnungsphase
Du solltest dein Pferd schon ein wenig kennen, bevor du es auf die Weide oder in den Paddock lässt. Wenn es dann draußen steht, schau die ersten Male immer wieder nach ihm.

Risiken vermeiden
Lass zuerst den Verkäufer reiten und beobachte, wie sich das Pferd verhält, bevor du selbst aufsteigst.

Ernährung

In der freien Wildbahn ernähren sich Pferde von Gräsern und Kräutern. Davon können sie leben, solange die Weideflächen groß genug sind und genügend gutes Wasser vorhanden ist.

Bei Hauspferden ist das anders. Sie müssen mehr leisten: Sie werden geritten, müssen springen, manchmal sogar Rennen gehen. Das Nahrungsangebot der Natur reicht nicht aus. Der Mensch muss zufüttern. Wie und womit die Pferde gefüttert werden, variiert ein wenig von Land zu Land. Der Grundsatz lautet jedoch: Das Futter muss ausgewogen sein. Es darf nicht zu viel, aber auch nicht zu wenig gegeben werden. Nur so erhält das Pferd genau die Energiemenge, die es für die von ihm geforderten Aufgaben braucht.

Natur pur …
Gras ist das natürliche Futter für diese Stute und ihr Fohlen. Dennoch brauchen beide Nahrungsergänzungen, damit Wachstum und Gesundheit gewährt sind.

Ausgewogene Nahrung

Eine ausgewogene Ernährung erfüllt dreierlei: Sie liefert dem Pferd Ballaststoffe, versorgt es mit der nötigen Energie und ergänzt je nach Bedarf Mineralien und Vitamine. Es ist eine Kunst für sich, das Pferd exakt entsprechend seinem Energieverbrauch zu füttern. Allerdings wird diese Kunst im 21. Jahrhundert von wissenschaftlichen Erkenntnissen unterstützt. Die Futtermittelindustrie ist heute so weit entwickelt, dass es relativ einfach geworden ist, passende Speisepläne zu entwerfen. Die Auswahl an Müslis und Pellets, abgefüllt in Säcke, ist riesig. Die Zusammensetzung des Futters, die empfohlenen Rationen und so weiter – all das steht auf der Packung. Zusätzlich kannst du deinem Pferd Grünfutter (frisches Gras) oder Wurzel-

ERNÄHRUNG

und Knollenfrüchte (Karotten oder Zuckerrübenstücke) geben. Sie sind gesund, nahrhaft und sorgen für Abwechslung auf dem Speiseplan. Im Sommer, wenn die Pferde häufig auf der saftigen Weide stehen und viel Grünfutter fressen, bekommen etliche einen »Grasbauch«. Denke jedes Jahr daran: Gewöhne dein Pferd langsam ans frische Gras! Pferde, die zu schnell und zu lange grasen, können Koliken bekommen. Eine weitere wichtige Futterkomponente ist das Raufutter. Dazu zählen Heu und Futterstroh. Sie sind heute die Hauptballaststofflieferanten unserer Hauspferde und wichtig für die Verdauung. Die Qualität des Heus variiert – je nachdem, welche Pflanzen auf der Wiese wachsen, wie gut der Boden ist, wann geschnitten wird und so weiter. Das Kraftfutter, also ihre Energie bekommen Pferde heute, wie gesagt, häufig in Form von Mischfutter, das heißt einer ausgewogenen, fertig zubereiteten Mischung aus mehreren Getreidesorten, Mineralien, Vitaminen und sonstigen Körnern. Eine grobe Faustregel bestimmt, wie viel Futter ein ausgewachsenes Pferd pro Tag bekommen soll: etwa 2 bis 2,5 Prozent seines Körpergewichts. Ein Pferd, das nur leicht arbeiten muss, braucht etwa zwei Drittel Raufutter und ein Drittel Kraftfutter. Arbeitet es mehr, verschiebt sich das Verhältnis in Richtung halbe-halbe, und wenn ein Pferd sehr schwer arbeiten muss, kann auch einmal mehr Kraftfutter als Raufutter gefüttert werden. Aber der Raufutteranteil muss immer bei mindestens einem Drittel liegen.

Frisches Wasser
Frisches Wasser ist wichtig. Es muss den Pferden immer zur Verfügung stehen, egal ob im Stall oder auf der Weide.

Futterregeln

Zwei Grundregeln beim Füttern lauten: Lieber oft kleine Mengen zu fressen geben – auf keinen Fall alles auf einmal –, und nicht direkt nach dem Füttern reiten! Der Grund für diese Regeln liegt im Verdauungsapparat der Pferde. Er ist auf die kontinuierliche Aufnahme geringer Nahrungsmengen ausgerichtet. Beobachte Pferde auf der Weide: Den ganzen Tag grasen sie in Ruhe vor sich hin. Natürlich kannst du deinem Pferd im Stall nicht alle zehn Minuten eine kleine Portion zu fressen geben. Dennoch solltest du die tägliche Ration in drei, besser vier Portionen aufteilen. Falls du dein Pferd nicht vor dem Füttern reiten kannst, musst du mindestens eine Stunde warten. Sonst wird die Verdauung des Pferdes gestört, und das könnte wiederum eine Kolik zur Folge haben.

Winterfutter
Pferde, die auch im Winter draußen stehen, brauchen allein schon Energie, um sich warm zu halten. Im Winter finden sie draußen wenig Nahrhaftes. Das ändert sich erst mit dem frischen Gras im Frühling. Deshalb muss zugefüttert werden, unter anderem Heu. Heu einfach vom Boden zu füttern, wie hier auf dem Foto, ist pure Verschwendung, weil ein Teil zwangsläufig »unter die Hufe kommt«.

Die Pflege

Damit ein Pferd sich rundum wohl fühlt, muss es gepflegt werden. Egal, was du mit deinem Pferd vorhast – Striegeln, Bürsten und Hufeauskratzen gehören immer dazu. Täglich 45 Minuten fürs Putzen aufzuwenden ist also durchaus vernünftig.

Pferde, die in Boxen untergebracht sind, müssen regelmäßig gepflegt und geputzt werden – ebenso Pferde, die tagsüber auf der Koppel und nachts in der Box stehen. Anders sieht es bei Pferden aus, die Tag und Nacht im Freien gehalten werden: Zu viel Putzen könnte hier sogar schädlich sein, weil die Pferde eine gewisse Fett- und Schmutzschicht brauchen, um sich gegen Witterungseinflüsse zu schützen.

Putzen ist nicht lästig
Auch für die Gesundheit des Pferdes ist das Bürsten und Striegeln wichtig. Die Haut ist ein Ausscheidungsorgan und seine Funktion für den Körper wichtig.

Geräumig und bequem
Dieser saubere Stall bietet bequem Platz, um das Pferd in der Stallgasse ordentlich zu striegeln und es, wenn nötig, sogar zu waschen. Die Tür ist offen, sodass frische Luft hereinkommen kann. Das verbessert das Klima im Stall. Das Pferd ist sicher angebunden.

DIE PFLEGE

Der Putzkasten
Natürlich brauchst du Putzzeug. Am besten bewahrst du es in einem Putzkasten auf. Folgende Dinge gehören hinein.

1. Wurzelbürste – Sie ist für die Beine gedacht, um den Matsch zu entfernen. Für Körper und Kopf ist sie zu grob. Auch zum Bürsten von Mähne und Schweif eignet sie sich nicht.
2. Kardätsche – Das ist eine weiche Bürste für den Körper.
3. Mähnenbürste – Damit kämmst du Mähne und Schweif.
4. Striegel – Damit striegelst du das Pferd und hältst alle anderen Bürsten sauber.
5. Plastik-Massagebürste – Diese Bürste massiert das Pferd. Viele Pferde genießen das.
6. Hufkratzer – Ein Instrument mit einem Haken, das du zum Auskratzen der Hufe brauchst. Am stabilsten sind Hufkratzer, die ganz aus Metall gearbeitet sind.
7. Mähnenkamm – Damit entwirrst du die Mähnenhaare. Es gibt auch spezielle Kämme, mit denen du die Mähne verziehen kannst.
8. Schweißmesser – Damit entfernst du nach dem Baden überschüssiges Wasser vom Körper.
9. Zwei Schwämme – Die Schwämme werden getrennt aufbewahrt. Der eine wird benützt, um Augen und Nase sauber zu halten, der andere für die Unterseite der Schweifrübe und den After sowie die äußeren Geschlechtsteile.
10. Wischtuch – Das Tuch für die Politur. Fensterleder lässt das Fell besonders glänzen.

Putzen entfernt Staub, Schmutz und Absonderungen der Haut, wie Schuppen und Schweiß. Außerdem fördert es die Durchblutung und die Atmung der Haut. In der freien Natur übernehmen zum einen die Herdenmitglieder die Pflege durch gegenseitiges Beknabbern, zum anderen das Pferd selbst, indem es sich wälzt, schubbert oder auch mal in einem Fluss badet. Beim Hauspferd müssen wir diese Aufgabe übernehmen. Außerdem fördert das regelmäßige Putzen die Beziehung zwischen Pferd und Reiter. Und es ist eine hervorragende Möglichkeit, um nachzusehen, ob alles in Ordnung ist. Schaue nach Kratzern, die eventuell versorgt werden müssen. Sieh zu, dass die Augen sauber und nicht verklebt sind.

Hufe auskratzen
Zum Putzen gehört es auch, die Hufe auszukratzen. Wenn nötig, wasche die Hufe. Aber benutzte dafür keine zu harten Bürsten, das könnte der Hufwand schaden. Nach dem Abtrocknen kannst du die Hufe mit einem speziellen Huffett einfetten.

Striegeln
Fang mit dem Striegeln und Bürsten oben am Hals an, direkt hinter den Ohren. Dann arbeite dich langsam Richtung Schweif vor. Zuerst raust du das Fell deines Pferdes auf und entfernst groben Schmutz. Ausgespart werden der Kopf, die Beine, die Hüftknochen, alle Körperteile also, die nicht gepolstert sind. Jetzt putzt

HUFE DER VORDERBEINE

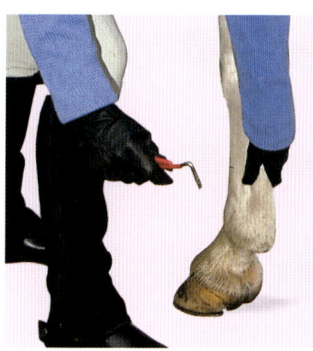 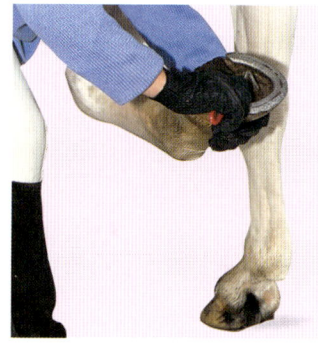

1. Fahre mit der Hand über die Rückseite der unteren Gliedmaßen entlang der Sehne zur Fessel und hebe das Bein an.

2. Lege die Hand, die näher am Pferd ist (hier die linke), um den Huf und kratze ihn mit der anderen Hand aus.

HUFE DER HINTERBEINE

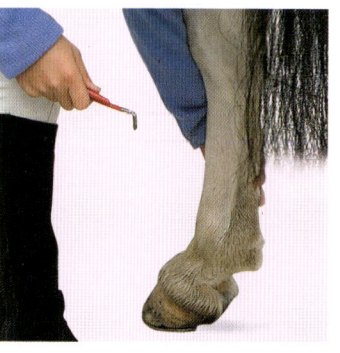 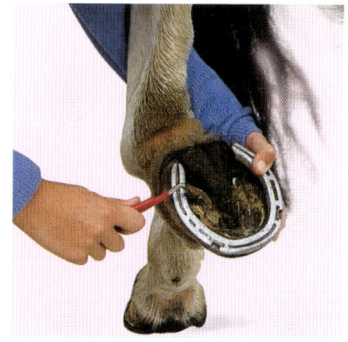

1. Leg deine Hand von innen um das Pferdebein und streiche nach unten bis zur Fessel. Heb den Huf an.

2. Wieder hältst du den Huf mit der einen Hand fest und kratzt ihn mit der anderen aus.

Striegeln

du mit der Kardätsche den aufgerauten Staub aus dem Fell. Am Kopf musst du sehr vorsichtig bürsten. Pass auf, dass du das Pferd mit dem Holzrücken der Kardätsche nicht am Kopf stößt. Am Hals und am Rumpf kannst du ruhig etwas kräftiger bürsten und dein Körpergewicht mit einsetzen; wenn du ein bisschen weiter vom Pferd wegstehst, geht es besser. Halte die Kardätsche in der rechten Hand, den Striegel in der linken (Linkshänder/innen genau andersherum). Nach drei oder vier Strichen streichst du die Kardätsche am Striegel aus. Der Striegel wird immer wieder am Boden ausgeklopft. Bürste in langen, ruhigen Strichen, aber nicht zu zaghaft. Vermeide hektische Bewegungen, die das Pferd erschrecken könnten. Vorsicht am Bauch und

SO STRIEGELST DU DEIN PFERD

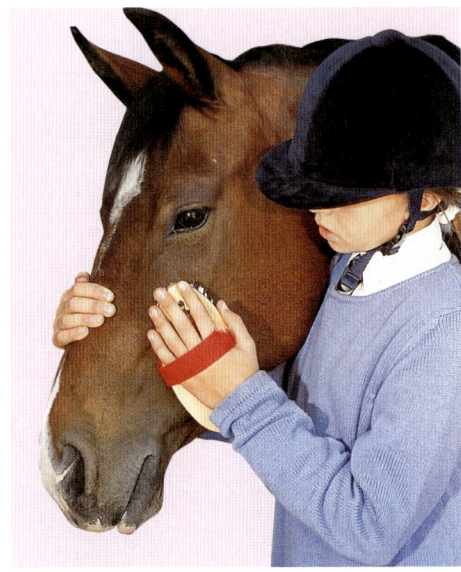

1 Achtung, dass du dein Pferd nicht mit dem Holzrücken der Kardätsche stößt! Lege die rechte Hand auf den Nasenrücken.

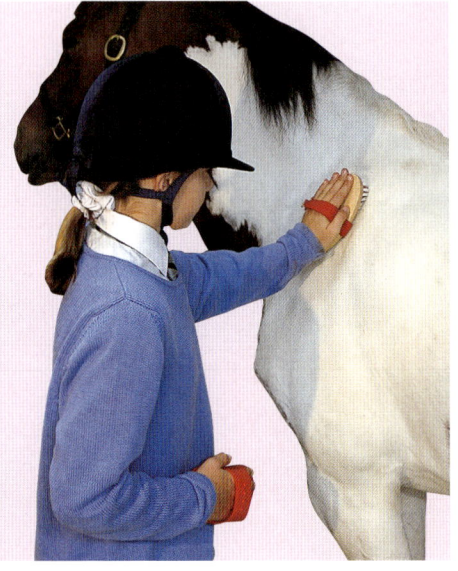

2 Tritt einen Schritt zurück und striegle kräftig von vorne nach hinten. Nutze dein Körpergewicht.

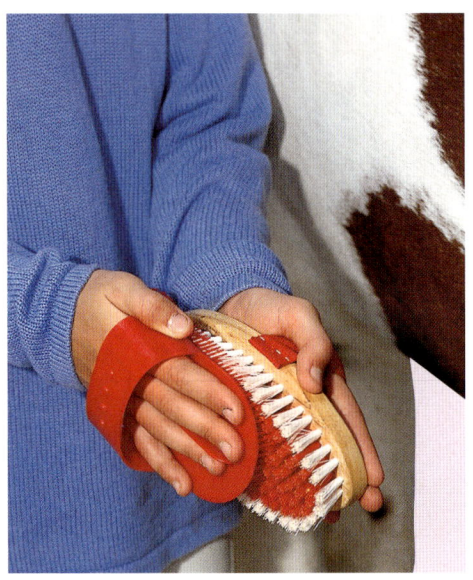

3 Streiche die Kardätsche alle drei bis vier Striche am Striegel aus. Mit einer dreckigen Kardätsche wird das Pferd nicht sauber.

4 Striegle über die Hinterbacken und dann nach unten, entlang den Beinen. Achte darauf, wo du stehst.

5 Entwirre die Schweifhaare und kämme sie mit der Mähnenbürste. Versuche dabei keine Haare abzubrechen.

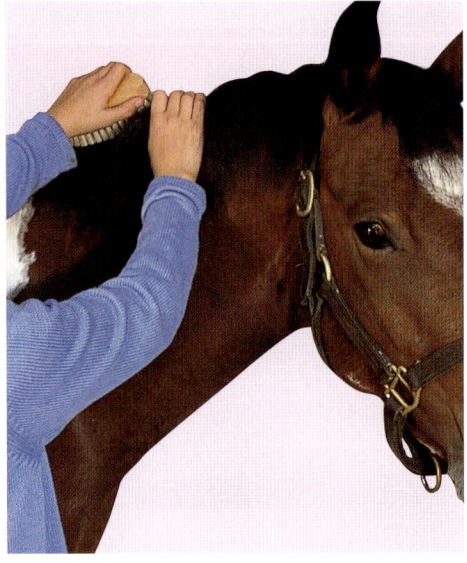

6 Kämme das Mähnenhaar. Mit einer feuchten Bürste bringst du abstehende Haare wieder in Ordnung.

DIE PFLEGE

Waschen
Bei warmem Wetter gibt es keinen Grund, warum man ein Pferd nicht auch mal waschen sollte, wenn es sich angestrengt und geschwitzt hat. Gelegentliches Waschen entfernt den Staub und erfrischt.

innen an den Hinterbeinen! Es gibt Pferde, die kitzelig sind und es gar nicht mögen, wenn sie dort gebürstet werden. Manche versuchen dann zu zwicken, falls sie nicht gerade sehr kurz angebunden sind, oder mit dem Hinterbein nach vorne auszuschlagen, um den Quälgeist loszuwerden. Wenn dein Pferd sehr kitzelig ist, ist es besser, die Bürste beiseite zu legen und stattdessen die Hand zu benutzen. So riskierst du keinen unnötigen Ärger. Kämme vorsichtig das Mähnen- und Schweifhaar, möglichst ohne Haare abzubrechen. Der Schweif wird zunächst verlesen, das heißt die Haare werden mit der Hand auseinander gezupft und vom Stroh befreit. Danach wird er, wenn nötig, noch behutsam gebürstet. Wenn die Haare abstehen, kannst du sie mit einer feuchten Bürste wieder in Ordnung bringen. Säubere Augen und Nase mit einem Schwamm und benutze einen zweiten, um die Unterseite der Schweifrübe und den After zu reinigen. In regelmäßigen Abständen muss beim Wallach der Schlauch gesäubert werden. Dazu ziehst du am besten Gummihandschuhe an und nimmst einen Schwamm und warmes Wasser. Das Waschen ist nötig, um angesammelten Schmutz zu entfernen. Versäumst du das, kann dein Pferd unangenehme Probleme beim Wasserlassen bekommen. Die Politur mit dem Wischtuch bildet den Schluss der Putzaktion.

Genuss
Etwas Gutes kannst du deinem Pferd darüber hinaus tun: Reibe es mit einem rauen, aber dennoch weichen Tuch aus Naturfasern, mit einem so genannten Cactus-Tuch, mit einem Massagehandschuh aus Gummi oder einem nicht zu harten Badehandschuh ab. Noch mehr als das Striegeln und Bürsten fördert eine solche Massage die Hautatmung und die Blutzirkulation und damit die Durchblutung der Haut und des Unterhautbindegewebes. Ein weiterer schöner Effekt: Das Pferd bekommt ein wunderbar glänzendes Fell, weil die Drüsen, die die einzelnen Haare umgeben, angeregt werden, Fett zu produzieren. Am besten massierst du dein Pferd am Abend, bevor du es für die Nacht in die Box zurückstellst. Hast du kein geeignetes Tuch oder Ähnliches zur Hand, kannst du dein Pferd auch mit Stroh abreiben. Massiere nie gegen, sondern immer mit dem Strich des Fells. Deine Bewegungen sollten ruhig, fest und rhythmisch sein. Lenden, Bauch, Kopf und Beine werden ausgespart. Die meisten Pferde genießen die Massage und wenn sie es einmal gewohnt sind, kann man deutlich sehen, wie sie sich dabei entspannen. Aber geh nicht gleich aufs Ganze – weder hinsichtlich des Drucks, den du beim Abreiben ausübst, noch bezüglich der Länge der Massage. Versuche behutsam herauszufinden, wie stark dein Pferd massiert werden will. Fang mit 5 bis 10 Minuten an; dann kannst du die Zeit langsam bis auf 45 Minuten steigern. Übrigens: Das hält dich ebenfalls fit. Du kannst dein Pferd auch mit der flachen Hand massieren. In Indien werden die Pferde viel mit den Händen massiert. Dort ersetzen die Hände häufig die Kardätsche – mit Erfolg, denn die Pferde sind blitzsauber.

Übung macht den Meister

Pferde sollten regelmäßig trainiert werden. Die Futterrationen und das tägliche Arbeitspensum sollten genau aufeinander abgestimmt sein. Ein Pferd, das sehr viel arbeiten muss, aber wenig zu fressen bekommt, wird abmagern. Umgekehrt wird ein Pferd, das viel frisst, obwohl es sonst kaum etwas tut, zu dick, und das schadet letztlich ebenfalls der Gesundheit.

Gutes, ausgewogenes Futter, mengenmäßig aufs Arbeitspensum abgestimmt, ist die Grundlage eines leistungsfähigen Körpers und liefert Energie. Die Pflege trägt zum Wohlbefinden und zur Gesundheit des Pferdes bei. Durch regelmäßige Gymnastizierung baut das Pferd Muskeln auf, wird beweglicher und gewinnt Kraft. Außerdem wird das Lungenvolumen gefördert. Dein Pferd regelmäßig zu trainieren heißt aber nicht zwangsläufig, dass du ständig Unterricht nehmen musst. Dressur- und Springstunden erfordern von dir und deinem Pferd ein hohes Maß an Konzentration, und sie sind anstrengend. Übt ihr eure Lektionen alleine, kannst du Pausen einlegen und das Training verkürzen. Grundsätzlich gilt, dass die Übungseinheiten entsprechend der Kondition des Pferdes langsam gesteigert werden sollen. Jedes Training beginnt mit einer Lösungsphase: Muskeln, Sehnen und Bänder werden gelockert und erwärmt. Das vermeidet Muskelzerrungen und dergleichen. Deshalb: Zuerst mindestens 10 Minuten am langen Zügel im Schritt gehen.

Lernen – ganz nebenbei

Wenn ihr arbeitet, soll es für das Pferd ein positives Erlebnis sein. Das heißt nicht, dass das Lernen dabei auf der Strecke bleibt. Vieles lässt sich ganz nebenbei

Unterricht
Unterrichtsstunden erfordern von dir und deinem Pferd konzentrierte Mitarbeit. Das ist für beide anstrengend. Deshalb sollte der Unterricht nie zu lange dauern und zwischendurch ein paar entspannende Übungen enthalten.

Ausritt
Ausritte, besonders in Gesellschaft, sind für Pferd und Reiter eine angenehme, entspannende Sache. Auf Ausritten kannst du deinem Pferd trotzdem etwas beibringen, und vor allem solltest du auch im Gelände aktiv reiten.

üben: Tore öffnen im Gelände – oder von einer Seite des Waldweges zur anderen wechseln; ihr könnt auch versuchen durch eine Wasserpfütze zu gehen. Denke immer daran: Nichts ist für dein Pferd langweiliger, als tagein, tagaus das gleiche Programm.

Schritt und Trab

Schritt und Trab sind die besten »Trainingsgänge« – allerdings nur, wenn sie aktiv geritten werden. Das heißt: Das Pferd ist an den Zügel gestellt, es besteht eine stete, weich federnde Verbindung zwischen der Hand des Reiters und dem Pferd. Die Hinterhand soll aktiv werden, sodass der Impuls für die Vorwärtsbewegung aus der Hinterhand kommt. Das gilt für den Schritt ebenso wie für den Trab; auch er sollte nicht zu schnell, aktiv und in gleich bleibendem Rhythmus geritten werden. Es ist okay, ja sogar sinnvoll, wenn ihr euch zwischendurch Pausen gönnt, in denen das Pferd ruhig am langen Zügel gehen darf.

Trab ist eine Bewegung im Zweitakt, wobei das Pferd jeweils die diagonalen Beinpaare gleichzeitig vorwärts bewegt. Eine kurze Schwebephase entsteht, weil das Beinpaar, das als Nächstes in die Vorwärtsbewegung geht, abfußt, bevor das Beinpaar, das gerade eine Bewegung nach vorne gemacht hat, auf dem Boden aufkommt. Die rechte Diagonale meint beim Pferd das rechte Vorder- und das linke Hinterbein, die linke Diagonale das linke Vorder- und das rechte Hinterbein. Beim Leichttraben solltest du auch im Gelände darauf achten, einmal auf der linken, einmal auf der rechten Hand leichtzutraben. Beim Leichttraben auf der rechten Hand hebst du dich aus dem Sattel, in dem das linke Vorderbein des Pferdes nach vorne greift. Um die Hand zu wechseln, sitzt zu einen Takt aus. Wenn du dir nicht sicher bist, auf welchem Fuß du trabst, hilft ein Kontrollblick nach unten in dem Moment, in dem du aufstehst.

Eine kurzer Galopp hält die Lungen fit. Das letzte Wegstück solltest du im Schritt gehen, damit sich das Pferd abkühlen kann. Wenn es draußen kalt ist, dein Pferd jedoch sehr geschwitzt hat, trabe lieber und bring es warm nach Hause. Reibe es trocken und lege ihm eine Decke um, damit es sich nicht erkältet.

Bergauf traben
Das Pferd geht am Zügel, die Hinterhand ist aktiv. So bergauf zu traben ist eine gute Übung. Sie kräftigt die Muskulatur und fördert die Kondition.

Tief Luft holen
Ein gleichmäßiger Galopp »öffnet die Lungen«, die Pferde werden überschüssige Energie los.

Vom richtigen Umgang

Führst du ein Pferd an der Hand, ist eines wichtig: Ruhe. Deine Bewegungen sollten entschieden und klar sein – weder zögernd noch hektisch. Wenn du auf Zehenspitzen um dein Pferd schleichst und es mit ausgestrecktem Arm tätschelst, merkt es, dass du nervös bist, und wird selbst unruhig. Übertreib es dennoch nicht mit der Selbstsicherheit. Wenn du zu laut bist und deine Klapse zu herzhaft ausfallen, erschrickt es.

Wenn du dein Pferd putzt, stehe seitlich neben ihm. Zeige ihm, was du als Nächstes vorhast, damit es vorbereitet ist und nicht durch deine Bewegungen überrascht wird und erschrickt. Besonders wenn du an den Hinterbeinen zugange bist, solltest du dicht am Pferd stehen. Für den unwahrscheinlichen Fall, dass es ausschlägt, erwischt es dich nicht mit voller Wucht. Zudem sind dann die Chancen besser, dass dich nur das Pferdebein trifft, nicht das Hufeisen. Willst du hinten um das Pferd herumgehen, lege deine Hand auf die Kruppe und lass sie dort, während du um das Pferd herumgehst. Hast du dein Pferd zum Putzen angebunden und möchtest, dass es ein Stück zur Seite tritt, stellst du dich erst mal auf Höhe der Hinterhand. Sag deinem Pferd, was du von ihm willst, und drücke es mit der Hand in die betreffende Richtung. Sehr schnell wird es lernen, auf deine Worte zu hören. Willst du dein Pferd draußen oder in der Box umdrehen, wende seinen Kopf in deine Richtung und drücke mit der freien Hand in Höhe der Gurtlage leicht gegen den Pferdebauch, damit es seine Hinterhand von dir wegbewegt. Wenn du dein Pferd von der Koppel holst, nähere dich ihm schräg von vorne, auf jeden Fall so, dass es dich sehen kann. Tauch nicht plötzlich hinter ihm auf, sonst erschrickt es; mach dich durch ein sanftes Rufen seines Namens bemerkbar.

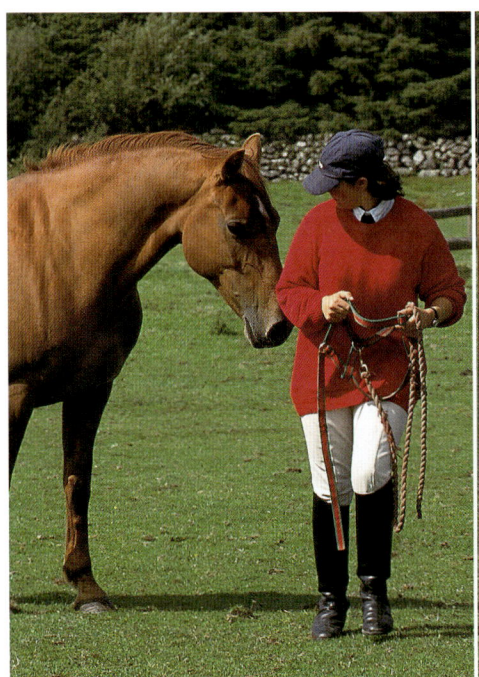

Das Pferd einfangen: 1. Schritt
Das Pferd zögert. Also übt die Reiterin keinen Druck aus. Sie geht ein paar Schritte vom Pferd weg, als hätte sie das Interesse verloren.

2. Schritt
Das Pferd wird neugierig. Es scheint zu sagen: »Hej, lauf nicht weg!« Dennoch macht die Reiterin keine Anstalten, ihm das Halfter anzulegen.

3. Schritt
Alles okay. Jetzt lässt sich das Pferd sein Halfter anstandslos überziehen. Sieh dir an, wie die Reiterin das macht.

Führen an der Hand

Bring deinem Pferd von Anfang an bei, dass es sich ruhig an der Hand führen lässt. Stellt euch zum Beispiel so an die Bande der langen Bahn, dass das Pferd rechts durch die Bande begrenzt ist. Du stehst in diesem Fall links vom Pferd in Höhe der Pferdeschulter, nicht neben dem Kopf. Halte den Führstrick in der rechten Hand, ein Stück vom Kopf des Pferdes entfernt. Das andere Ende des Strickes hältst du vorm Körper in der linken Hand. Am Anfang hilft es, in der linken Hand eine lange Gerte zu halten, mit der du dein Pferd hinten antippen kannst, als Kommando zum Weitergehen.

Schritte halten

Bleibe auf Schulterhöhe und gehe zügig vorwärts. Wenn dein Pferd trödelt, tippe es mit der Gerte an. Bleib aber in Position. Läuft dein Pferd zu schnell, verlängere deinen Schritt, sodass du ein Stück vor die Schulter kommst. Dann zupfst du am Strick, bremst es mit der Stimme und bringst den linken Arm mit dem stumpfen Ende der Gerte vor die Nase des Pferdes. Stelle dein Pferd ganz gerade hin, bevor ihr weitergeht.

Leckerli

Wenn sich dein Pferd anstandslos führen lässt und brav stehen bleibt, vergiss nicht, es zu belohnen. Es muss nicht immer ein Leckerli sein. Füttere nicht zu viele Leckerlis, sonst will es dauernd welche; und wenn es sie nicht bekommt, wird es ärgerlich und fängt an, dich zu piesacken. Lege das Leckerli auf die flache Hand und halte

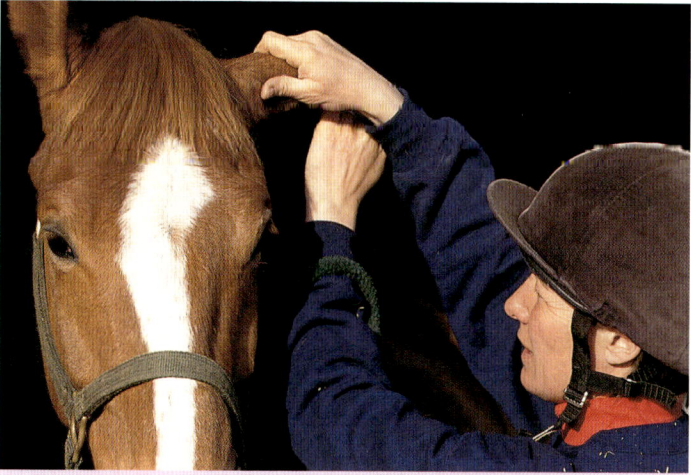

Freunde
Das Pferd auf dem Foto ist völlig ruhig, sein Gesichtsausdruck vermittelt Gelassenheit. Es macht ihm nichts aus, von seiner Reiterin berührt zu werden. Die beiden vertrauen einander.

es deinem Pferd hin. Zieh die Hand nicht zurück – das animiert das Pferd zum Schnappen. Lässt du es auf die Koppel und streifst ihm das Stallhalfter ab, drehe es mit dem Kopf zu dir. Sollte es mit einem Satz und Tritt davonspringen, bist du aus der »Schusslinie«.

An der Hand führen
Die Steigbügel sind oben am Sattel verschnallt, damit sie nicht bei jedem Schritt gegen den Bauch des Pferdes schlagen. Das Mädchen geht flott vorwärts und bleibt auf Schulterhöhe. Den Zügel hält sie vor ihrem Körper.

Feste rund ums Pferd

Festivals und Märkte gehen oft auf uralte Traditionen zurück. Fast überall werden Feste und Märkte veranstaltet und viele davon, vor allem in der östlichen Welt, haben einen religiösen Hintergrund. Häufig wird dort mit Tieren gehandelt: mit Schafen, Rindern, Kamelen – in Indien sogar mit Elefanten –, aber meistens mit Pferden.

Viele der großen Pferdeschauen gehen auf mittelalterliche Märkte zurück. Auch die Royal Dublin Horse Show in Irland, die Pionierveranstaltung im Springsport, ist im Grunde noch immer ein Pferdemarkt, der Käufer aus aller Welt anlockt. In Irland haben Pferde und Pferdeleute schon immer eine wichtige Rolle gespielt – entsprechend viele Pferdemärkte gibt es. Auf der Clifton Show und in Maam Cross im County Galway werden Connemara Ponys (Seite 152) angeboten. Auf den Märkten in Buttevant und Ballinasloe kann man Hunter und alle möglichen junge Pferde kaufen, die irische Händler und Züchter im Angebot haben.

Indien

Beinahe am anderen Ende der Welt, in Indien, tragen die Pferdeleute anstatt Schiebermützen und Tweed-

Indien
Die indischen Feste sind oft sehr lebendig, nicht zuletzt wegen der Reiterkunststücke. Auch traditionelle Tänze werden aufgeführt und die Pferde zeigen Sprünge. Letztere sind typisch für die Reitkunst in Rajasthan.

Appleby
Während des Appleby Marktes an einem Mittwoch im Juni baden jährlich Hunderte von Pferden im Fluss Eden. Diese Tradition besteht bereits seit 200 Jahren. König James II. von England hat 1685 die Gründung des Marktes bewilligt.

Spanische Feste
Es sind die »Zigeuner«, die von Fest zu Fest durch Spanien und Portugal ziehen, aber es ist die ansässige Oberschicht, die auf diesen farbenprächtigen Veranstaltungen von Golega, Santaram und Jerez ihre wertvollen Pferde präsentiert. Hunderte Andalusier (Seite 105/106), Lusitanos (Seite 125) und Altér Real (Seite 124/125) zeigen Lektionen der Hohen Schule – ein fantastisches Schauspiel voller Leben, unvergesslich und typisch iberisch.

Die *Feria* in Jerez
Die große *Feria* in Jerez de la Frontera in Spanien ist ein Aufgebot hochklassiger Pferde und Reiter. Dieses Gespann vor einer Festkutsche stellt das Können seines Fahrers unter Beweis.

jacken Turbane und so genannte *Dhotis*, lange Leinengewänder. Bei den meisten indischen Festen, den *Melas*, wird in heiligen Gewässern, in Seen oder Flüssen gebadet. Zahlreiche Tänzer und Musiker nehmen daran teil – eine Riesenattraktion für Touristen. Wird ein Fest gefeiert, ist beinahe die ganze Gemeinde auf den Beinen, um das Spektakel zu genießen. Pushkar ist eine kleine Stadt in Rajasthan. Sie wurde um einen heiligen See herum gebaut, den der Hindu-Gott Brahma erschaffen haben soll, als er auf der Erde weilte. Jedes Jahr im November, dem Monat *Kartik*, kommen für 12 Tage Tausende Pilger nach Pushkar, um in dem heiligen Gewässer zu baden. Außerdem reisen jede Menge Touristen zum Fest an. Ein regelrechtes Dorf aus Marktständen entsteht, deren Verkäufer allerlei Kunsthandwerk anbieten. Tänzer und Musikanten kommen in Scharen, und Kamel-, Rinder- und Pferdehändler lassen sich für die Dauer des *Mela* in Pushkar nieder. In mehreren Reihen sind Pferde unter farbenprächtigen Sonnendächern angebunden. Ihre Besitzer behalten sie genau im Auge. Immer wieder wird eines vorgeführt. Dann jagen Pferd und Reiter in halsbrecherischer Geschwindigkeit durch die Sandstraßen, die die Pferdereihen voneinander trennen.

Appleby
In Appleby im englischen Cumbria gibt es einen Fluss, den River Eden. Alljährlich werden dort Hunderte von Pferden gewaschen. Und das schon seit 200 Jahren. Der Markt ist ein Treffpunkt für die »Reisenden«, die Roma. Der Handel mit Pferden gehört zu ihrem Leben. Nach dem rituellen Bad werden die Pferde quer durch Applebys Straßen gejagt und der Handel beginnt.

Aufzug der *Rejoneadores*
Dieses Foto zeigt spanische *Rejoneadores* (Stierkämpfer), die mit ihren erstklassig ausgebildeten Pferden in einer Prozession durch die Straßen von Jerez reiten. Sie tragen die traditionelle Kleidung der *Rejoneadores*.

Die Schur

Dickes Winterfell und eine Fettschicht auf der Haut schützen die Pferde in der nördlichen Hemisphäre vor Kälte und Nässe. Für ein Pferd, das im Boxenstall gehalten, täglich trainiert wird und regelmäßig an Turnieren teilnimmt, kann so ein Winterfell störend sein. Die Pferde schwitzen dann sehr, sind schneller erschöpft und erkälten sich leichter.

In einem solchen Fall bringt die Schur Vorteile. Für das Pferd ist es im Training angenehmer, weil es sich nicht so erhitzt. Auch die Halter haben es leichter. Das Pferd trocknet schneller und ist leichter zu putzen. Natürlich muss ein Pferd, das geschoren wurde, zugedeckt werden. In Europa findet der Fellwechsel etwa im September statt, sodass die Schur Anfang Oktober erfolgen kann; eine zweite wird Ende Dezember nötig. Im Wesentlichen gibt es fünf Arten von Schuren. Manchmal werden sie entsprechend individuellen Wünschen ein wenig abgeändert.

Jagdtrio

Diese drei Jagdteilnehmer bevorzugen die Geschirrschur sowie einige Variationen dieser Schur. Das Pferd links außen zeigt eine traditionelle Geschirrschur. Bei den beiden anderen ist sie ein wenig abgeändert worden.

DIE SCHUR

Hunter-Schur
Die Hunter-Schur ist eine gängige Form der Schur. In der Sattellage und an den Beinen bleibt das Haar stehen. Allerdings kann es ausgedünnt werden.

Verschiedene Arten der Schur

Bei der vollständigen Schur wird das ganze Haar geschoren, während bei der Hunter-Schur das Haar in der Sattellage und an den Beinen stehen bleibt. Außerdem gibt es die Geschirrschur und die Deckenschur. Zwei Gründe sprechen gegen eine vollständige Schur:
1) Bleibt das Fell in der Sattellage stehen, werden Scheuerstellen und Satteldruck vermieden, der entstehen könnte, wenn das Pferd am Rücken schwitzt.
2) Das Haar an den Beinen schützt vor Dornen, Schnitten und Kratzern.

Die Deckenschur sieht man manchmal bei dünnhäutigen Vollblütern. Sie dient ihrem Zweck, bietet den Lenden aber gleichzeitig einen gewissen Schutz. Die Geschirrschur wurde ursprünglich für Kutschpferde entwickelt, wird heute aber auch bei Jagdponys angewandt.

Das Scheren

Moderne elektrische Schermaschinen sind zuverlässig, arbeiten gut und – das ist besonders wichtig – sind leise. Dennoch hängt viel von demjenigen ab, der das Gerät bedient. Außerdem sollten einige generelle Punkte berücksichtigt werden:
- Wenn geschoren wird, sollte es hell sein. Tageslicht ist elektrischem Licht vorzuziehen.
- Das Pferd muss sauber und trocken sein. Wenn das Fell nass oder staubig ist, blockieren die Messer und das Gerät überhitzt.
- Sobald die Schur beendet ist, wird das Pferd sofort eingedeckt, damit es nicht auskühlt.

So sauber das Fell des Pferdes auch gewesen sein mag – nach der Schur ist die Haut übersät mit Schmutz und Fettpartikeln. Der einfachste Weg, all das loszuwerden: Man trainiert das Pferd mit ein paar Decken auf dem Rücken kurz und heftig und bringt es ins Schwitzen; 20 Minuten sind genug. Zurück im Stall, werden die Decken abgenommen. Nun reibt man das Pferd mit einem Putztuch energisch ab und entfernt das überschüssige Fett, damit es nicht die Poren verstopft.

Arten der Schur
Die Geschirrschur eignet sich für Jagdponys. Die hier gezeigte Geschirrschur ist allerdings nicht komplett ausgeführt worden. Die Deckenschur ist gut für dünnhäutige, hoch im Blut stehende Pferde. Ein Latz ist nur für Ponys geeignet und genau genommen nichts Halbes und nichts Ganzes.

LATZSCHUR — Brust und Hals werden geschoren

GESCHIRRSCHUR — Brust, Hals, Flanken und Bauch werden geschoren

DECKENSCHUR — Haare auf Rücken, Lenden und Beinen bleiben stehen

Verziehen und Einflechten

Schon früher haben die Menschen Wert auf das gepflegte Aussehen ihrer Pferde gelegt. Eine Ausnahme waren die Mongolen. Die Assyrer zum Beispiel haben ihre Pferde sehr gekonnt frisiert. So viel Mühe gibt sich heutzutage niemand mehr, aber zu besonderen Gelegenheiten werden die Pferde nach wie vor herausgeputzt.

Manchmal werden Pferdemähnen aus praktischen Erwägungen geschoren: beim Militär zum Beispiel, bei Polo-Ponys oder auf Cob-Schauen. Schweif und Fesselhaare werden normal geschnitten, die Mähne aber kurz geschoren. Der Grund: Nichts soll sich in der Mähne verfangen, wenn die Pferde, wie es beim Polo der Fall ist und bei der Armee vorkommt, mit nur einer Hand geritten werden. Ein Polo-Spieler muss gleichzeitig mit Zügel, Gerte und Schläger klarkommen, und da kann eine lange Mähne hinderlich sein. Der Schweif wird geflochten und nach oben gebunden.

Verziehen der Mähne
Traditionellerweise wird die Mähne verzogen. Früher hat man das auch mit dem Schweifhaar gemacht.

Perfekte Frisur
Dieses amerikanische Pony hat einen schönen Hals. Zusätzlich betont wird er durch die vielen Zöpfchen. Um die Mähne eines Pferdes so einzuflechten, muss sie zuerst ausgedünnt und auf eine Länge gestutzt werden.

Polo-Pony
Die Mähne wurde geschoren, die Schweifhaare geflochten und nach oben gebunden. Vorsichtsmaßnahmen: So kann sich der Stock nicht im Schweif verheddern oder die Hand des Reiters in der Mähne hängen bleiben.

Heute wird der Schweif meist mit einer (an der Spitze gekrümmten) Schere abgeschnitten – und zwar waagrecht, etwa eine Handbreit unterhalb der Sprunggelenke. Man tut sich leichter, wenn man den Schweif zuvor eine Weile einbandagiert, weil die Haare dann glatter sind. Vor besonderen Anlässen kannst du den Schweif über Nacht einflechten. Am besten feuchtest du ihn zuvor leicht an; dann sieht er am nächsten Morgen besonders schön aus. Das Verziehen der Mähne funktioniert folgendermaßen: Die kürzeren Deckhaare werden zurückgeschoben, die längeren Unterhaare um einen Verziehkamm gewickelt und dann mit einem Ruck ab- bzw. ausgerissen. Heute werden auch häufig Verziehmesser benutzt. Was danach noch an Haaren übersteht, wird mit einem Messer – nie mit einer Schere, denn das sieht nicht schön aus – abgeschnitten. Eine verzogene Mähne sollte etwa 12 Zentimeter lang sein. In Amerika und manchen europäischen Ländern werden zum Teil die Tasthaare geschnitten. Das sieht zwar schöner aus, nimmt aber keinerlei Rücksicht auf die Funktion der Tasthaare: Sie sind Bestandteil des Tastsinns! Sie helfen dem Pferd, den Abstand von Dingen zu ihrem Maul zu erkennen – wenn sich etwas direkt unter ihrem Maul befindet, können sie es nämlich nicht sehen. In Deutschland ist es verboten, den Pferden die Tasthaare abzuschneiden. Zu guter Letzt schneide die Fesselhaare des Pferdes wie ein Frisör, mit Kamm und Schere.

Einflechten

Auch das Flechten der Haare ist Frisörhandwerk. Solange die Mähne aber ordentlich verzogen ist, ist das Einflechten der Mähne nicht allzu schwer. Eine eingeflochtene Mähne betont den Hals. Die Anzahl der Zöpfchen hängt von der Länge des Halses ab. Ist der Hals eher schwach, lassen lockere Zöpfchen ihn etwas kräftiger erscheinen. Bei einem kräftigen Hals sollten die Zöpfchen dagegen klein sein und ganz nah am Mähnenkamm sitzen. Sie werden umgeklappt und mit einem Gummi zusammengehalten. Vor allem in der Dressur kommt es zunehmend in Mode, die Zöpfchen mit weißen Leinenklebebändern zu umwickeln. Besonders bei Kaltblütern sieht man oft wunderschöne und farbenprächtige Frisuren mit bunten Bändern, die in die Zöpfe eingearbeitet und zusätzlich geschmückt werden. Der Schweif der Pferde wird häufig zu einem Zopf geflochten. Die Haare am Schweifansatz sollen jedoch offen bleiben, das ist besonders dekorativ. Die Langhaare der Araber werden zwar gebürstet, aber weder verzogen noch geschnitten. Allerdings hält man sich in Amerika nicht an diese Konvention. Bei Englischen Vollblütern ist es kaum nötig, das Schweifhaar zu schneiden.

Typisch amerikanisch
Diese Frisur erinnert an die Methode der Assyrer, die Pferdemähne einzuflechten. Dazu wird die obere Hälfte der Mähne geschoren und die untere mit viel Aufwand zu einem einzigen Zopf geflochten.

Wusstest du …?

Aus Pferdehaar werden Bogen für Streichinstrumente hergestellt. Mit Schweifhaaren, zusammengerollt und feucht gemacht, lassen sich prima Sattel und Zaumzeug reinigen. Früher benutzte man Pferdehaare zum Ausstopfen von Polstermöbeln.

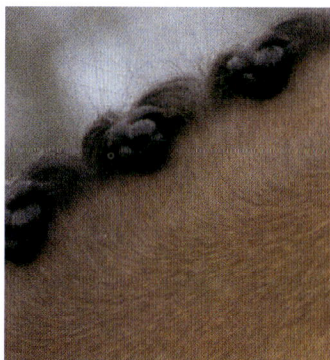

Traditionell
Traditionellerweise werden die Zöpfe mit Gummiband, früher mit Garn, befestigt.

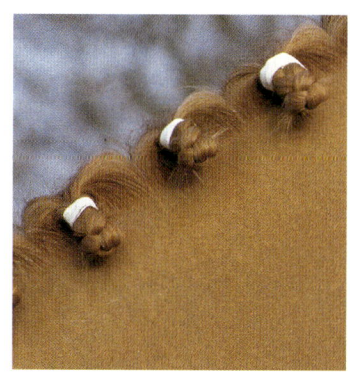

Klebeband
Besonders bei Dressurreitern kommt es in Mode, die Zöpfe mit weißem Leinenklebeband zu fixieren.

Reiterferien

Reiten ist alles andere als ein einsames Geschäft. Viele Reitschulen bieten gemeinsame Ausritte ins Gelände an. Inzwischen haben sich auch Touristikunternehmen auf Reiterferien spezialisiert. Und so ist der Urlaub im Sattel, sei es am Strand, in den Bergen oder in Heidelandschaften, problemlos möglich geworden.

Die Schotten behaupten, sie hätten das Trekking zu Pferd erfunden. Vor 50 Jahren organisierten sie erstmals geführte Ritte auf robusten Highland Ponys. Das englische Wort »trekking« meint »von einem Ort zum nächsten wandern«; ursprünglich stammt es aus dem Holländischen. Man sagt, schottische Scouts hätten den Begriff in der Zeit der Burenkriege in Südafrika nach Großbritannien gebracht. In ganz Europa veranstalten Reitvereine für ihre Mitglieder Ausritte. Häufig machen die Reiter Halt in einer Gaststätte, wo sie und ihre Pferde sich ein wenig erholen können, bevor es zurück nach Hause geht.

Reiterferien

In England organisieren die Pony-Club-Ställe jährlich Camps für junge Reiter. Meist dauern sie eine Woche. Die Kinder schlafen in Zelten, während die Pferde in einer Reihe angebunden werden, so wie beim Militär. Auf dem Programm stehen ganztägige Lehrritte, aber auch gemütliche Geländeritte und die in England beliebten Gymkhanas, die Reiterspiele. Auch in Deutschland kannst du wunderbar Reiterferien machen. Ob in der Lüneburger Heide, auf den Inseln Ost- und Nordfrieslands oder in den bayerischen Bergen, überall gibt es Reiterhöfe, die ein- oder mehrwöchige Aufenthalte mit Unterricht und geführten Geländeritten anbieten. Ein Buch der Reiterlichen Vereinigung (FN) verzeichnet Adressen, wo man in Deutschland am besten Urlaub im Sattel macht.

Durch die »Rockies«
In den Rocky Mountains reiten – eine großartige Erfahrung! Trittsichere Pferde der Region, mit Westernsattel versehen, sind an das Land gewöhnt. Die Reiter haben alle Muße der Welt, um die atemberaubende Landschaft zu bewundern.

REITERFERIEN

Offenes Land
Es ist wunderschön, durch die Moorlandschaften von Exmoor und Dartmoor im Südwesten Englands zu reiten. Die Ponys sind in gutem Zustand und sie sind verlässlich.

Arizona
»The West at its best.« Riesige Wüstenstriche, Büsche, Kakteen und trockenes, warmes Klima – Arizona ist ein guter Platz, um Urlaub auf einer Ranch zu machen. Die Reiter verwenden Westernsättel. Sie sind bequem und man fühlt sich darin sicher. Die Pferde sind ausnahmslos gut.

Reiterurlaub
Pferdefans, die es in die Ferne zieht, können inzwischen Pauschalreisen unternehmen – nach Chile, Ungarn, Ägypten, England, Irland, Italien, Polen, Frankreich und so weiter. Einige Touristikunternehmen haben sich auf diese Kundschaft spezialisiert. Kaum ein Land in Europa, in dem es keine Anbieter von Reiterreisen gibt. Viele Reisen führen nach Spanien, vor allem Andalusien. Die dortige Urlaubsindustrie ist in diesem Punkt sehr rege. Geritten wird auf Andalusiern. Sowohl Anfänger als auch sehr gute und abenteuerlustige Reiter werden gut bedient. Was die Sache noch reizvoller macht, sind die farbenprächtigen, lebendigen *Ferias* (Seite 209) und Orte wie Jerez, an denen man die klassische spanische Reitkunst kennen lernen und bestaunen kann.

Westernreiten
Amerika dürfte das größte Angebot an Reiterreisen haben; einige gehören sicher auch zu den abenteuerlichsten. Man kann Urlaub auf einer Ranch machen und dort Westernreiten lernen. Es werden aber auch Trail-Ritte durch die Rocky Mountains und die meisten Nationalparks organisiert.

Reiten in Asien
Auch in Rajasthan in Indien kommen Reiter auf ihre Kosten. Auf Marwari-Pferden geht es durch die Landschaft und die Dörfer. Man lernt das Leben der Menschen auf dem Land kennen. Die Unterbringung ist sehr komfortabel. Heute kann man sogar in der Mongolei Reiterurlaub buchen, auf kleinen, aber kräftigen, lebhaften Mongolischen Ponys. Die heutigen Sättel der Mongolen sehen denen der mongolischen Horden (Seite 24/25) Dschingis Khans immer noch ähnlich. Ferien in der Mongolei eignen sich nicht für ängstliche, anspruchsvolle Wesen, aber in einer Gruppe können sie zum einzigartigen Erlebnis werden. Es macht einfach Spaß, mit Gleichgesinnten in exotischer Umgebung seinem Hobby nachzugehen. Mittlerweile ist die Branche so gut organisiert, dass man davon ausgehen kann, dass Pferde und Ausrüstung einem gewissen Standard entsprechen.

Australien
Die beste Möglichkeit, Australiens Outback kennen zu lernen, ist vom Rücken eines Stock Horse aus. Die Ritte sind entspannt, das Klima gut, das Land sehr abwechslungsreich, und es gibt zahlreiche Tiere.

Blaue Donau
Entlang der Donau, einem der großartigsten Ströme Europas, werden einige aufregende Pferdereisen organisiert. Hier wird mit einem Boot über den Fluss gesetzt.

Huf und Beschlag

Eines der ältesten Pferdesprichwörter, »Kein Huf, kein Pferd«, ist unmissverständlich und nach wie vor gültig. Gute Hufschmiedearbeit ist ausgesprochen wichtig.

Die Anatomie des Hufes

Der Huf des Pferdes ist ein kompliziertes und empfindliches Gebilde. Zum Huf gehören das Hufbein, das Strahlbein und das Kronbein. Geschützt werden die Knochen durch eine stabile Hornschicht, die Hufkapsel. Auf der Unterseite des Hufes befinden sich die Sohle und der nach hinten v-förmig geöffnete Strahl. Letzterer hat zusammen mit den Hufknorpeln die Aufgabe, Stöße bis zu einem gewissen Grad abzufangen und insgesamt für die Elastizität der Hufkapsel zu sorgen. Ein Teil des Gewichts kommt auf den Strahl, ansonsten liegt es auf dem Rand der Hufkapsel. An der Innenseite der Hufkapsel, am Übergang von der unempfindlichen Hornschicht zum empfindlichen Teil des Hufs, liegt die weiße Linie. Diese ist bereits weicher und leichter verletzlich. Sie ist gut erkennbar. An sie schließen sich die Lamellen der Lederhaut an. Sie ist mit Nerven und Blutgefäßen durchzogen.

Das Beschlagen

Der Schmied darf die Nägel nicht zu weit entfernt vom Rand des Hufs setzen. Das Pferd hätte Schmerzen und würde lahmen. Das Horn wächst monatlich etwa einen Zentimeter. Es muss regelmäßig abgeraspelt werden. Im Normalfall sind etwa alle fünf Wochen neue Eisen nötig. Der Schmied raspelt und schneidet den Huf so, dass das Pferd eben auf dem Boden steht und keine

Beim Schmied
Die meisten Hufschmiede erhitzen die Eisen und drücken sie dann auf den Huf. So sieht der Schmied gleich, wo die Eisen noch nicht passen, und kann Korrekturen vornehmen. Wendet man eine Methode an, bei der beschlagen wird, ohne dass der Schmied die Eisen erhitzt, ist viel schwerer erkennbar, wo Korrekturen nötig sind, und die Eisen sitzen letztendlich schlechter.

Der Huf

Außen ist die Sohle des Hufes stabil und unempfindlich. Sie schützt die innere, empfindliche Schicht der Sohle, ohne die das Wachstum der äußeren Schicht nicht möglich wäre. Eine gesunde Sohle ist leicht konkav geformt. Das sorgt für besseren Halt. Ist die Sohle dünn und neigt dazu, flach zu sein, steigt damit die Verletzungsgefahr. Ein spezieller Hufbeschlag muss dem entgegenwirken.

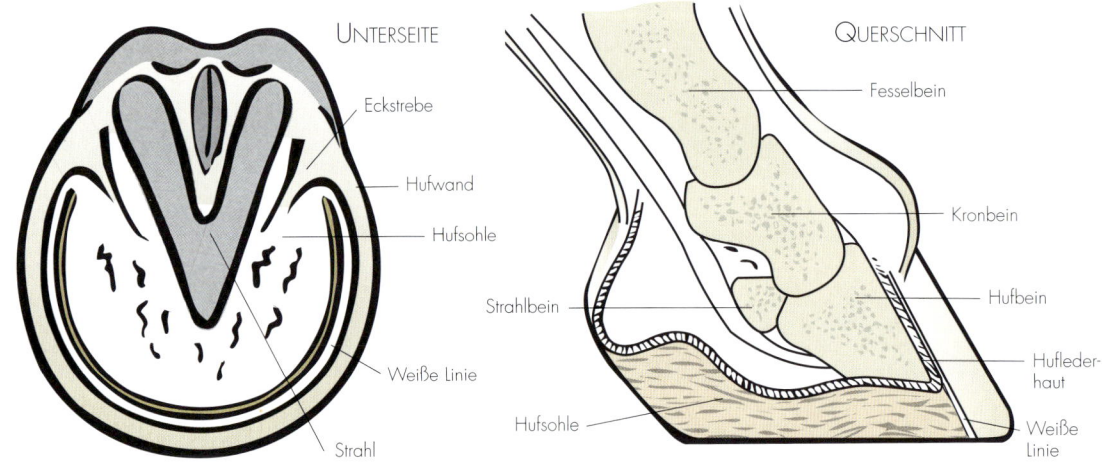

HUF UND BESCHLAG

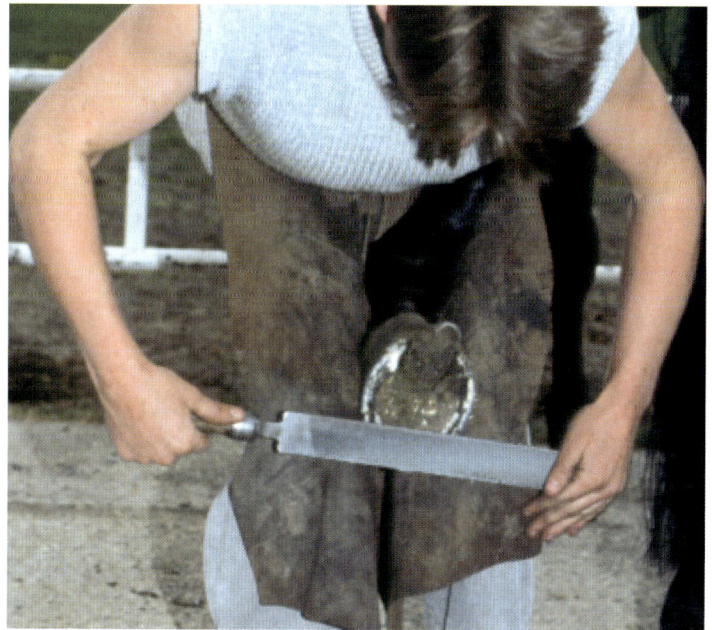

Das Raspeln
Durch Raspeln der Hufe wird überschüssiges Horn entfernt. Im Allgemeinen wird so geraspelt, dass das Pferd eben auf dem Boden steht. An der Außenwand des Hufes darf auf keinen Fall geraspelt werden.

Das Fetten der Hufe
Häufig wird Huffett mehr oder weniger aus kosmetischen Gründen aufgetragen, doch es spielt durchaus eine Rolle für den Feuchtigkeitshaushalt des Hufes. Manchmal verlieren die Hufe zu viel Feuchtigkeit. Bei Pferden, die im Stall gehalten werden, kommt das oft vor. Dann trocknet das Horn aus, wird brüchig und bekommt Risse. Feuchtigkeit kann dem Horn wieder zugeführt werden, indem man den Huf wäscht und ihn gleich darauf einfettet. Das Fett sollte erst aufgetragen werden, nachdem das Pferd draußen war. Ansonsten erzielt man einen gegenteiligen Effekt und verhindert, dass die Feuchtigkeit (wenn das Pferd zum Beispiel frühmorgens auf einer Wiese steht) aufgenommen werden kann. Wenn es dagegen zu nass ist, kann Fett – in diesem Fall vor dem Hinausgehen aufgetragen – verhindern, dass die Hufe zu viel Feuchtigkeit aufnehmen. Ist es trocken, kann das Fett auch bewirken, dass die Hufe weniger Feuchtigkeit abgeben.

Seite des Hufes mehr belastet ist als die andere. Ist der Huf uneben, kippt er entweder nach innen oder nach außen, was eine Fehlbelastung von Bändern, Sehnen und Gelenken zur Folge hat. Der Hufschmied korrigiert, indem er das überschüssige Horn abraspelt oder mit einer Zange abknipst. Die Vorderwand der vorderen Hufe soll zum Erdboden einen Winkel von 45 bis 50 Grad bilden, die Vorderwand der hinteren Hufe einen Winkel von 50 bis 55 Grad. Mit korrekt gestellten Hufen läuft das Pferd am besten, und der Huf wird richtig belastet. Drei bis vier Hufnägel pro Seite fixieren das Eisen am Huf. Der Rand eines gut gearbeiteten Eisens verläuft genau an der Außenwand des Hufes entlang. Es darf nicht zu lang, nicht zu kurz, nicht zu eng und nicht zu weit sein. Das Eisen wird dem Huf angepasst – nicht der Huf so lange geraspelt, bis er aufs Eisen passt.

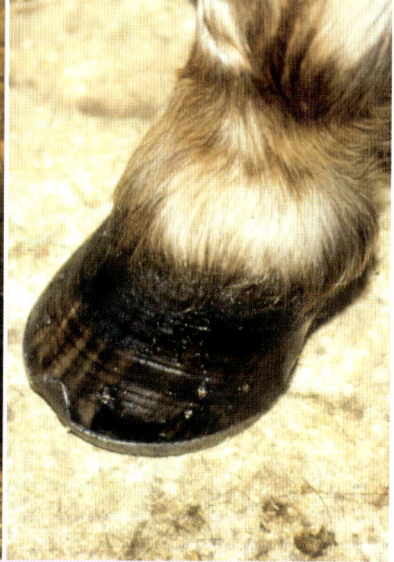

Vorher – nachher
Das Foto links zeigt einen Huf mit altem Beschlag. Die Nägel stehen hervor, das Horn bricht aus. Die Zehe ist zu lang geworden. Der Huf rechts ist im Vergleich dazu kürzer, das überschüssige Horn wurde weggenommen. Ein gut gearbeitetes Hufeisen folgt genau dem Rand des Hufes. Es darf weder zu weit noch zu eng, noch zu lang, noch zu kurz sein. Ist das Eisen zu breit, schlägt sich das Pferd leichter an; Eisen, die zu lang sind, treten sich Pferde mitunter selbst herunter. Durch zu kurze Hufe können am Hornballen Druckstellen entstehen.

Das gesunde Pferd

Pferden sieht man an, wie es ihnen geht. Genauere Hinweise liefern Puls, Temperatur, Atemtätigkeit und so weiter. Der Besitzer muss achtsam sein und die Fähigkeit besitzen, Krankheitssignale zu erkennen. Letzteres wird mit zunehmender Erfahrung leichter.

Die Normaltemperatur eines Pferdes liegt bei 37,5 bis 38,5 Grad. Steigt die Körpertemperatur, liegt vermutlich eine Infektion vor. Der Puls schlägt im Normalfall 28 bis 40 Mal pro Minute. Bei Anstrengung erhöht er sich. Liegt er im Ruhezustand deutlich über dem Normalwert, ist es ein Anzeichen von Fieber und/oder Schmerzen. Dann schwitzt das Pferd gewöhnlich auch. Im Ruhezustand atmet das Pferd im Durchschnitt 8 bis 16 Mal pro Minute. Wie der Puls ist die Atmung während der Anstrengung und kurz danach beschleunigt. Eine deutlich erhöhte Atemtätigkeit im Ruhezustand lässt auf Schmerzen schließen. Häufig kommen Fieber und Schweißausbrüche hinzu. Die Atmung kann man messen, indem man sich hinter das Pferd stellt und zählt, wie oft sich die Flanken pro Minute heben und senken. Ein Mal Heben und Senken entsprechen einem Atemzug. Alle Pferde haben Würmer, daher sind regelmäßige Wurmkuren äußerst wichtig. Sie werden heute oral verabreicht, etwa vier- bis fünfmal im Jahr.

Sichtbare Symptome

Die Konsistenz und die Farbe der Pferdeäpfel variiert mit dem Futter. Mit dem frischen Gras im Frühling wird der Stuhlgang zunächst weicher. Die Pferdeäpfel gesunder Tiere sind in der Regel gut geformt, leicht feucht und riechen nicht streng. Schleim im Stuhlgang ist die Folge eines Verdauungsproblems. Gelbe, faulig riechende Pferdeäpfel sind ein Zeichen für eine Erkrankung der Leber. Der Urin sollte nicht zu kräftig gelb sein. Dickflüssiger, trüber Urin deutet auf Nierenprobleme hin, Blut im Urin möglicherweise auf eine Nierenbeckenentzündung. Sehr, sehr häufiges Urinieren kann ein Anzeichen von Diabetes sein, während permanentes Tröpfeln oft durch Blasenentzündungen hervorgerufen wird. Auch auf die Beine ihrer Pferde sollten die Besitzer achten. Sie dürfen nicht zu warm sein und keine Schwellungen aufweisen. Eine ausgeprägte Schwellung kann auf eine Verstauchung hindeuten, auf eine Reizung oder Entzündung – man spricht auch von einem Einschuss. Schwellungen an den Beinen können als Folge von Durchblutungsstörungen, im schlimmsten Fall von Herzproblemen

Die Augen sind offen, klar und wach

Das Fell glänzt, die Haare liegen flach an

Die Haut ist glatt und sauber

Anzeichen guter Gesundheit

Besser als alles andere ist der Gesamteindruck, den ein Pferd macht, Hinweis auf seine Gesundheit. Der Besitzer braucht die Fähigkeit, Krankheitszeichen zu erkennen. Aufmerksame Pferdebesitzer entwickeln dafür einen Blick. Selbstverständlich überprüfen sie, ob ihr Pferd Auffälligkeiten zeigt.

auftreten. Dann liegen weitere Anzeichen einer Krankheit vor und es ist Sache des Tierarztes, eine genaue Diagnose zu stellen. Das Auge des Pferdes soll klar und aufmerksam sein, die Haut innen an den Augenlidern und an den Nüstern rosafarben. Ist sie sehr rot, liegt eine Entzündung vor. Ist die Haut gelb, deutet es auf eine Erkrankung der Leber, wird die Haut nicht richtig durchblutet und mangelhaft mit Sauerstoff versorgt, erscheint sie bläulich. Verdreht das Pferd die Augen, sodass viel Weiß zu sehen ist, könnte es unter massiver psychischer Anspannung leiden. Vorsicht ist geboten! Das Fell eines Pferdes sollte glänzen und glatt am Körper anliegen. Ist es struppig und stumpf, kann das auf eine Mangelernährung hinweisen. Geht das Mähnenhaar aus, liegen sicher auch andere Krankheitssymptome vor. Spannt sich die Haut eng um die Knochen, ist das Pferd unterernährt, oder es ist die Folge einer Krankheit. Die Haut eines gesunden Pferdes sieht eher aus, als wäre sie leicht über den Körper gespannt. Wenn man daran zupft, kehrt sie, sobald man loslässt, wieder in die Ausgangsstellung zurück; andernfalls ist das Pferd dehydriert. Ein Zahnarztbesuch wird fällig, wenn immer wieder angekaute Futterreste im Futtertrog liegen.

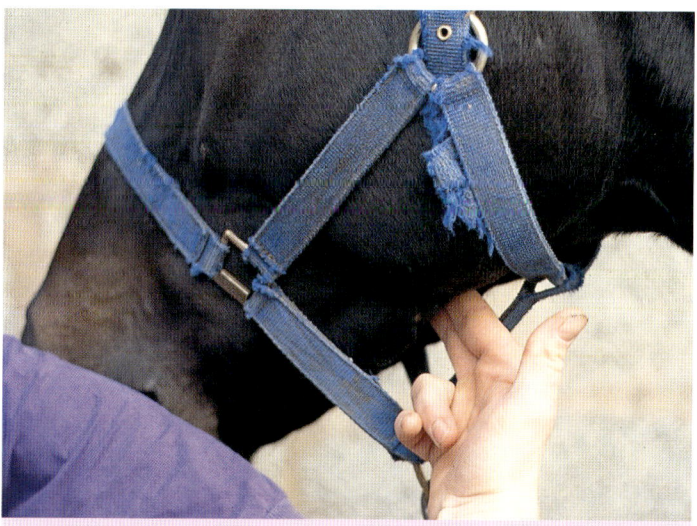

Den Puls messen
Auf der Innenseite des Unterkiefers kannst du mit deinen Fingern den Puls fühlen – oder direkt oberhalb des Auges. Am einfachsten ist es, du nimmst eine Stoppuhr und zählst über einen Zeitraum von 20 Sekunden die Anzahl der Pulsschläge. Nun multiplizierst du die Zahl mit drei. Je öfter du übst – am besten täglich –, desto besser wirst du im Pulsmessen.

Bewegung
Ein gesundes Pferd ist voller Energie. Wie sehr es vor Energie »sprüht«, hängt natürlich auch vom Temperament ab. Die Bewegungen gesunder Pferde sollten frei und schwungvoll sein – ein Ausdruck guter Bemuskelung sowie gesunder Bänder, Sehnen und Knochen.

Erste Hilfe und ärztliche Versorgung

Verglichen mit anderen Tieren verletzen sich Pferde recht häufig. Manchmal sind Pferde erstaunlich tollpatschig und ihr Fluchtinstinkt bringt sie gelegentlich in Schwierigkeiten. Sie reagieren heftig auf Gefahren, ob eingebildet oder real. Deshalb musst du gut auf dein Pferd aufpassen.

Es gibt kleinere Leiden und Verletzungen, mit denen du selbst fertig wirst, wenn du das nötige Grundwissen und eine gesunde Portion Menschenverstand besitzt. Generell aber gilt: Lieber öfter den Tierarzt bzw. die Tierärztin holen als einmal zu wenig. Es ist kein Zeichen von Schwäche, ihn oder sie um einen Besuch zu bitten, sondern zeugt von guter Pferdefürsorge.

Impfungen

Wie wir uns selbst durch Impfungen vor Krankheiten schützen, können wir auch unsere Pferde schützen. Besonders wichtig ist die Tetanusimpfung. Tetanus ist eine nicht ansteckende Wundinfektion. Die Engländer nannten die Krankheit früher auch »Maulsperre«, weil ein krampfhaft geschlossenes Maul ein Anzeichen dieser Krankheit ist. Das von den Erregern erzeugte Gift führt nämlich zu einem Dauerkrampf der Muskulatur. Die Erreger dringen durch offene Wunden in den Körper.

Zähne raspeln
Die Zähne bekommen mit der Zeit durch ungleichmäßige Abnutzung Haken und scharfe Kanten. Das stört die Futteraufnahme und kann Zahnfleisch und Zunge verletzen. Zähne sollten regelmäßig kontrolliert werden.

Gute Betriebsführung
Ein gepflegter Stall, der einen guten Eindruck macht. Man kann vermuten, dass die Betreiber etwas von Pferden verstehen und ein Pferd hier gut leben könnte.

ERSTE HILFE UND ÄRZTLICHE VERSORGUNG

Wurmkur
Alle Pferde haben Würmer. Wird nichts unternommen, werden die Pferde ernsthaft krank. Regelmäßige Wurmkuren, vier- bis fünfmal im Jahr, sind daher ein Muss.

Die Krankheit verläuft in vielen Fällen tödlich. Auch gegen Grippe können Pferde geimpft werden. Da Pferde heute viel häufiger transportiert werden als früher – innerhalb der Ländergrenzen, aber auch darüber hinaus –, verbreiten sich die Grippe-Erreger leichter. Regelmäßige Impfungen schützen die Pferde vor gefährlichen Krankheiten. Zu vielen Pferdeschauen und Turnieren wird man nur zugelassen, wenn das Pferd geimpft ist.

Verletzungen

Wunden kann man unterteilen in gedeckte Verletzungen – Prellungen und Quetschungen zum Beispiel – und offene Wunden. Am häufigsten kommen kleinere punktuelle Wunden vor, etwa von Dornen verursacht. Deshalb ist es so wichtig, oft die Beine des Pferdes zu kontrollieren, vor allem nach Geländeritten. Wenn du eine Wunde entdeckst, sieh nach, ob noch ein Dorn darin steckt, und entferne ihn. Wenn die Wunden sehr klein sind, reicht es oft, sie zu säubern, zu desinfizieren und einen Verband anzulegen. Besteht die Gefahr einer Entzündung oder hat sich eine Wunde bereits entzündet, wird der Tierarzt vielleicht ein entzündungshemmendes Mittel oder Antibiotikum verschreiben. Etwas größere Wunden, die beispielsweise durch schmutzige Nägel oder eine Mistgabel verursacht wurden, sollte sich der Tierarzt auf jeden Fall anschen. Kleine Schnitte, Kratzer oder Schürfwunden kann man mit einem milden Desinfektionsmittel auswaschen und mit Wundspray, -puder oder -salbe behandeln. Ernst wird es, wenn die Wunden tief sind und sehr stark bluten, wenn eine Arterie beschädigt wird zum Beispiel. Bei stark blutenden Wunden ist es nötig, einen Druckverband anzulegen. In manchen Fällen müssen Gliedmaßen sogar abgebunden werden. Hole sofort den Tierarzt! Bei gedeckten Verletzungen – wenn dein Pferd von einem anderen getreten wurde oder sich hart angeschlagen hat – ist es oft sinnvoll, die betroffene Körperstelle zu kühlen. Wurde das Pferd an einer knochigen Körperstelle getroffen, sollte der Tierarzt das kontrollieren. Eine Pause ist angesagt, wenn es in der Sattel- oder Gurtlage wundgescheuert ist oder Verletzungen hat, die vom Gebiss herrühren. Schlecht sitzendes oder beschädigtes Sattel- oder Zaumzeug muss sofort ausgetauscht werden. Auf jeden Fall braucht das Pferd Ruhe, um gesund zu werden.

WUNDVERBÄNDE

 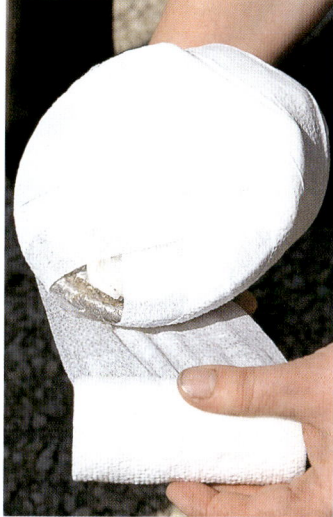

1 Ein Druckverband wird angelegt, um das Bluten einer Wunde zum Stillstand zu bringen. Hier wurde die Wunde mit sauberem Tuch oder Mull abgedeckt und mit Plastikfolie überzogen. Der Huf wird ruhig gehalten.

2 Einen Huf so zu versorgen ist ein Job für einen Profi. Ist der Huf fertig bandagiert, bekommt der Verband eine Schutzhülle. Hier kann eine Plastiktüte, die fest um den Huf gewickelt wird, gute Dienste leisten.

Erkennen und Vorsorgen

Vortraben
Vorgetrabt wird, damit man sieht, auf welchem Bein das Pferd lahmt. Der Untergrund sollte hart und eben sein.

Kein Pferd ist davor gefeit, einmal zu lahmen. Lahmheit tritt bei Pferden sogar relativ häufig auf – in verschiedenen Ausprägungen. Ein Pferd kann vorübergehend ein wenig lahmen, es gibt aber auch schwere chronische Fälle. Häufig sind die Hufe oder die unteren Gliedmaßen der Grund. Lahmheit kann aber auch von der Schulter ausgehen – das ist oft schwieriger zu diagnostizieren. Damit der Tierarzt erkennen kann, woher die Schmerzen und das Lahmen kommen, wird er dich bitten, das Pferd vortraben zu lassen. Dann führst du es am Strick und läufst mit ihm im Trab ein Stück über harten Boden. Geht das Pferd vorne lahm, hat der Tierarzt den besten Blick darauf, wenn du auf ihn zutrabst. In dem Fall hebt und senkt das Pferd beim Laufen den Kopf mehr als üblich. Lahmheit der Hinterbeine kann der Tierarzt am besten beurteilen, wenn du von ihm wegtrabst. Das Pferd hebt und senkt beim Laufen die Hinterbacken. Auf der Seite, auf der es die Hinterbacke heftiger hebt, geht es lahm. Insgesamt ist die Bewegung des Beines eingeschränkt. Wenn das Pferd ruhig steht, wird es versuchen, das schmerzende Bein zu entlasten, indem es Gewicht nimmt und nur die Hufzehe auf den Boden stellt. Geht das Pferd auf beiden Vorderbeinen stark lahm, streckt es seine Gliedmaßen nach vorne weg. Wenn Pferde lahmen, sind die Beine oder Hufe oft wärmer als gewöhnlich.

Hufprobleme
Häufig sind Verstauchungen die Ursache einer Lahmheit – oder Blutergüsse an der Sohle, die zum Beispiel entstehen, wenn ein Pferd auf einen spitzen Stein tritt. Auch Druckstellen, verursacht durch Eisen, die zu lange nicht erneuert wurden, lösen Lahmheit aus. Die Hufrehe, eine großflächige Entzündung der Hufederhaut, ist sehr schmerzhaft und lässt die Pferde stark lahmen. Sie taucht oft im Frühjahr auf, wenn die Pferde zu schnell und zu lange grasen. Hufrehe sollte schnell behandelt werden. In schweren Fällen kann sich die Verbindungsschicht des Hufbeins von der Lederhaut lösen und das Hufbein sich drehen. Riecht der Huf faulig, so leidet das Pferd unter Strahlfäule. Man kann den betreffenden Strahl mit Desinfektionsmittel behandeln und anschließend mit Hufteer.

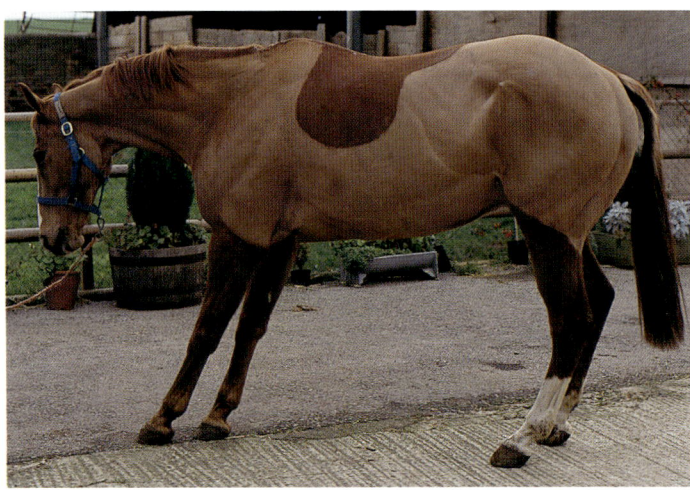

Schwere Hufrehe
Dieses Pferd braucht einen Tierarzt. Hufrehe wird durch Fehler in der Fütterung ausgelöst. Eine Behandlung kann dem Patienten die Schmerzen erträglicher machen.

Buckeln
Buckeln kann ein Zeichen des Widerstands oder einfach des Übermuts sein. Es kann auch durch Schmerzen hervorgerufen werden – ausgelöst durch einen schlecht sitzenden Sattel oder Muskelverspannungen. Buckelt ein Pferd ständig, muss nach der Ursache gesucht werden.

ERSTE HILFE UND ÄRZTLICHE VERSORGUNG

Probleme mit Verdauung, Haut und Atmung

Koliken – also Magen- und Darmschmerzen – sind bei Pferden lebensbedrohlich. Alarmiere deshalb bei Anzeichen einer Kolik immer sofort den Tierarzt. Mit Insektenstichen kommt man im Regelfall alleine klar. Im Handel sind verschiedene Mittel erhältlich, die stechende Plagegeister abhalten sollen oder Juckreiz lindern. Husten und Erkältungen müssen ernst genommen werden; Bakterien und Viren können die Ursache sein. Heutzutage reagieren viele Pferde auf den Staub im Stroh allergisch. Dann darfst du nur nasses Heu füttern. Bei Pferden mit starker Staubalergie müsste man über eine Alternative zum Stroh als Einstreu nachdenken. Gönne deinem hustenden Pferd Ruhe und viel frische Luft, sorge für eine ausgewogene Ernährung und gib ihm eventuell einen geeigneten Kräutersaft. In schwereren Fällen verschreibt der Tierarzt stärkere Mittel.

Wusstest du …?

Das Sommerekzem ist zum Teil eine überempfindliche Reaktion auf Insektenstiche; Schweiß und Schmutz spielen eine Rolle. Die Pferde scheuern sich an Mähne und Schweif und beißen sich in die Brust, bis sie wund sind. Weidedecken schützen sie vor Stichen.

Nasses Heu
Wenn dein Pferd auf Heustaub allergisch reagiert, musst du das Heu vor dem Füttern in Wasser einweichen.

Symptome einer Kolik
Pferdekoliken können gefährlich sein. Der Tierarzt muss sofort gerufen werden. Die Pferde sind unruhig, sehen oft nach dem Bauch. Bei starken Schmerzen wälzen sie sich heftig.

Naturheilverfahren

Immer mehr Menschen vertrauen auf Naturheilverfahren. Auch für Pferde gibt es inzwischen eine ganze Palette alternativer Behandlungsmethoden und Heilmittel.

Alternativmedizinische Heilverfahren versuchen die Krankheit nicht isoliert zu betrachten, sondern das kranke Wesen in seiner Gesamtheit – das heißt den kompletten Organismus und die Psyche – in die Behandlung einzubeziehen. Ein Grundpfeiler der Naturheilverfahren ist es, die Selbstheilungskräfte des Körpers anzuregen. Natürlich gibt es auch in diesem Bereich Scharlatane, wie überall. Immer mehr Menschen greifen inzwischen auf Naturheilverfahren zurück, weil sie die Nebenwirkung konventioneller medizinischer Präparate vermeiden wollen. Naturheilverfahren sind oft langwieriger und erfordern mehr Geduld. Sie sollten nur unter kompetenter Anleitung erfolgen. Das Gleiche gilt für Kräutermedizin. Kräuter sind nicht per se sanft, und es gibt genügend Kräuter, die zwar heilen, aber in zu hoher Dosierung giftig sind.

Homöopathie

Als Begründer der Homöopathie gilt der deutsche Arzt Christian Samuel Hahnemann (1755–1843). Er formulierte den Grundsatz: *Similia similibus curentur* – Gleiches mit Gleichem heilen. Auch die Homöopathie setzt stark auf die Selbstheilungskräfte des Organismus. Sie ist vielfältig einsetzbar. Selbst bei Operationen können begleitend homöopathische Medikamente verabreicht werden. Bekannte Mittel sind Arnica und Rhus Toxicodendron. Beide werden bei Verletzungen der Muskeln, Bänder und Sehnen eingesetzt, Arnica auch bei Erschöpfungszuständen nach großer körperlicher Anstrengung, bei Verletzungsschock, Schmerzen, Schwellungen, Entzündungen und Blutergüssen; es fördert die Wundheilung und gilt als blutstillend.

Kräutermedizin

Die Wirkungsweise der Kräutermedizin ist derjenigen schulmedizinischer Präparate ähnlicher. Vereinfacht ausgedrückt lindern bestimmte Pflanzen bestimmte Beschwerden. Arnika wird unter anderem bei rheumatischen Erkrankungen eingesetzt, Baldrian dient der Beruhigung, Thymian ist gut gegen Husten, und die Ringelblume hilft bei Wunden und Verstauchungen.

Weitere Therapieformen

Die Akupunktur ist eine der ältesten medizinischen Therapieformen der Welt. Feine Nadeln, die an so genannten Akupunkturpunkten unter die Haut gepikst werden, sollen blockierte Energieströme wieder zum Fließen bringen. Auch die Akupunktur geht von einem ganzheitlichen Ansatz aus. Bei der Moxabustion werden die Akupunkturpunkte durch glühende Kräuter

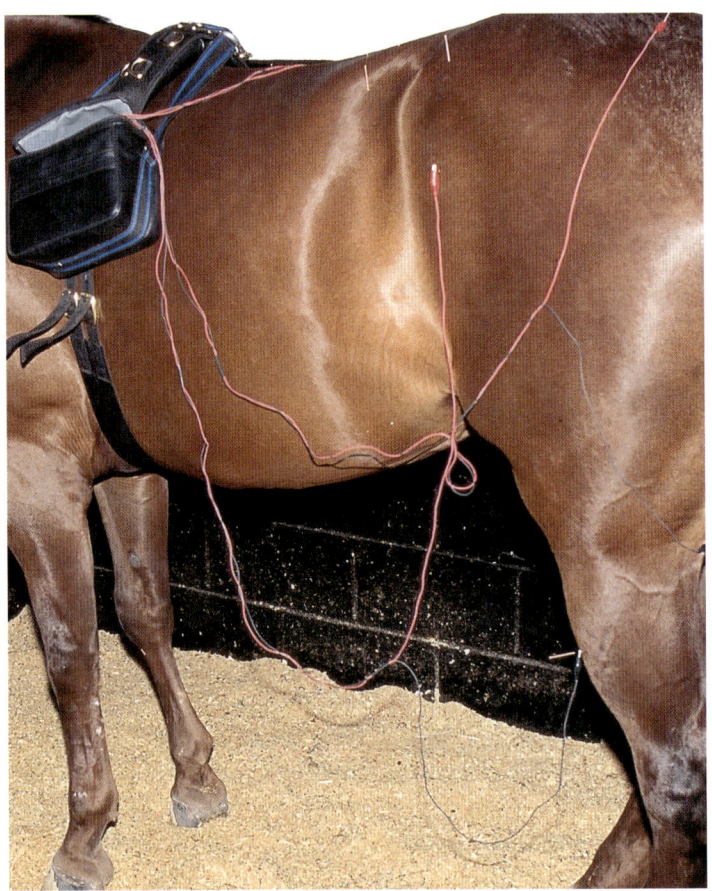

Elektrotherapie
Verschiedene Elektroanwendungen helfen bei Verstauchungen oder Blutergüssen. Es gibt auch eine elektrostimulierende Akupunktur: Dabei wird an eine Akupunkturnadel eine niedrige elektrische Stimulation gelegt. Das verstärkt den mechanischen Reiz der Nadel.

Physiotherapie

Qualifizierte Physiotherapeut/innen spielen bei der Behandlung verletzter Pferde eine wichtige Rolle. Physiotherapeuten, die mit Pferden arbeiten, wissen bestens über deren Anatomie und die Funktionsweise des Pferdekörpers Bescheid. Sie arbeiten normalerweise mit Tierärzten und Tierärztinnen zusammen. Eine Behandlung durch unqualifizierte Personen kann gefährlich sein.

> ### Wusstest du …?
> Die chinesische Heilkunde ist sehr alt. Akupunktur wird in China seit mehr als 3000 Jahren praktiziert. Schulmedizin und traditionelle chinesische Medizin existieren in China gleichberechtigt nebeneinander.

erwärmt. Die Aromatherapie basiert auf Aromaölen und -essenzen und wird sowohl bei Menschen als auch bei Pferden ergänzend angewandt.

Massage

Die Physiotherapie ist eine anerkannte Therapieform, die eine medikamentöse Behandlung oft ergänzt. Massiert wird mit den Händen oder speziellen Geräten. Chiropraktikern geht es unter anderem darum, Gelenke und Wirbel, die nicht mehr frei beweglich sind, durch die Ausübung von Druck an verschiedenen Stellen des Bewegungsapparates wieder in ihre natürliche Position zu bringen. Fehlstellungen können durch Stürze, Schläge, aber auch durch einen schlechten Reitstil hervorgerufen werden.

Schwimmen

Eine Therapie, die immer öfter angewandt wird … So können Pferde ihre Beine trainieren, ohne dass Stöße die Gelenke oder Bänder belasten. Diese Behandlung wird häufig bei Turnier- und Rennpferden eingesetzt – mit einigem Erfolg.

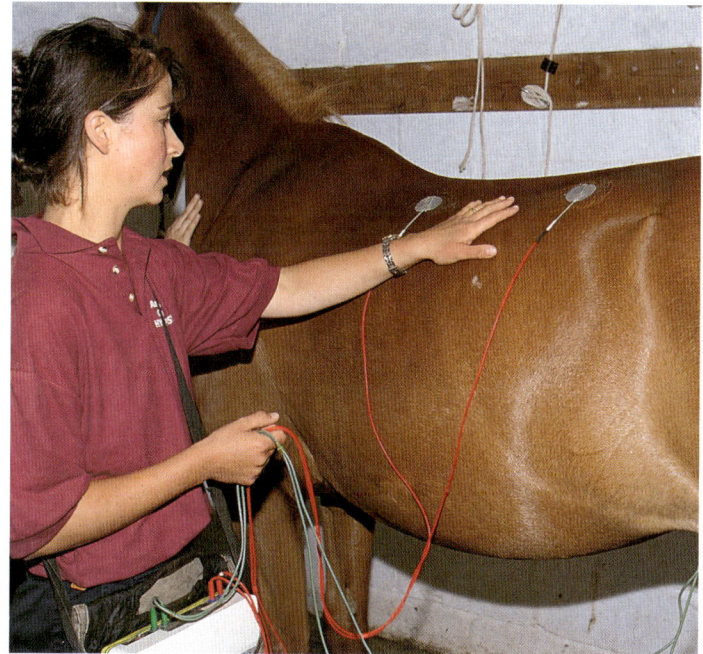

Schmerzursache
Elektronische Messungen, von Experten durchgeführt, können der Ursache von Schmerzen auf die Spur kommen. Sie werden auch eingesetzt, um zu klären, wie therapiert werden soll. Rückenschmerzen bei Pferden können durch Überanstrengung und übertriebenes Training ausgelöst werden, aber auch durch einen schlecht sitzenden Sattel oder schlechte Reittechnik.

DIE RICHTIGE AUSRÜSTUNG

Sattelkammer
Die Sattelkammer sollte in einem trockenen Raum untergebracht sein.

Der Sattel

Sättel gibt es in allen möglichen Größen und Varianten. Der Sattelbaum ist das Gerüst des Sattels. Er kann aus Stahl, Holz, Leder, Kunststoff oder Fischbein sein. Um ihn herum ist der Sattel aufgebaut. Die Länge und die Breite des Sattelbaumes bestimmen die Größe des Sattels.

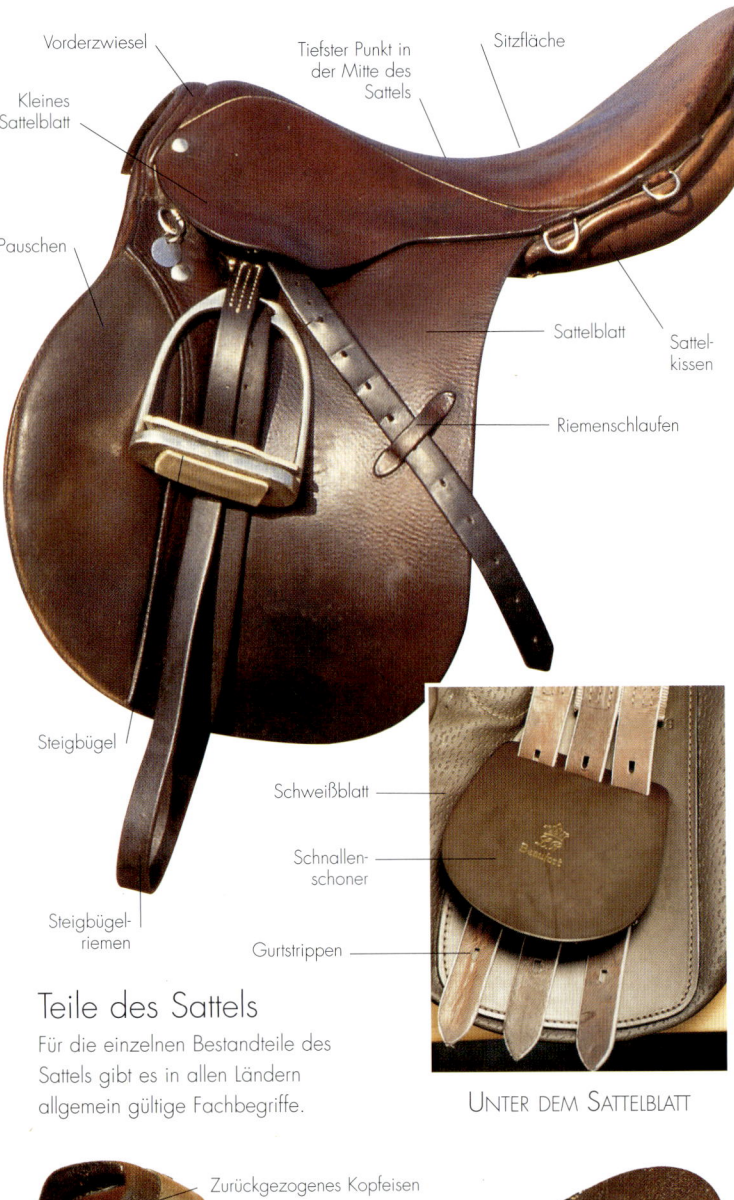

Teile des Sattels
Für die einzelnen Bestandteile des Sattels gibt es in allen Ländern allgemein gültige Fachbegriffe.

UNTER DEM SATTELBLATT

SATTELBAUM

Man unterscheidet zwischen starren und gefederten Sattelbaumtypen. Bei Letzteren sitzen flexible Stahlstreben seitlich am Sattelbaum. Sättel mit flexiblem Sattelbaum gelten als die bequemeren für Pferd und Reiter. Zudem sitzt der Reiter »näher am Pferd«. Der vordere hochgewölbte und oft zurückgezogene Teil des Sattelbaumes ist die Sattelkammer. Unter ihr findet der Widerrist des Pferdes Platz. Sie muss so hoch und breit sein, dass kein Druck auf die Wirbelsäule des Pferdes ausgeübt wird, auch wenn der Reiter im Sattel sitzt. Der Sattelbaum ist mit Leder oder Kunststoff überzogen. Auf der Unterseite wird das Leder, das den Sattelbaum umgibt, gepolstert. Mittels dieser Sattelkissen liegt der Sattel auf dem Pferderücken. Die Sattelblätter bilden die Seitenteile des Sattels. An den Sattelgurtstrippen oder Sattelgurtstrupfen wird der Gurt

Vielseitigkeitssattel
Der Vielseitigkeitssattel ist ein Allround-Sattel. Er eignet sich für zahlreiche Reiter der Mittelklasse, die sich nicht auf eine Reitsportdisziplin festlegen.

DER SATTEL

befestigt. Am Sattelbaum sitzt auch die Steigbügelfeder. Sie dient als Aufhängung für die Steigbügelriemen. Im Einzelnen hängt das Design des Sattels von der Nutzung ab.

Design des Sattels

Ein Extrem bildet der Rennsattel, ein anderes der Dressursattel. Rennsättel sind ausgesprochen leicht und wiegen oft nicht mehr als 2 Kilogramm. Man könnte fast sagen, ihre Hauptaufgabe ist es, die ebenso leichten Steigbügel und Steigbügelriemen zu halten. Auf der anderen Seite steht der deutlich schwerere, sehr ausgefeilte Dressursattel für Turniere der hohen Leistungsklasse. Dann gibt es noch den Springsattel mit seinen weit vorgewölbten Sattelblättern, Schausättel, Polosättel, Vielseitigkeitssättel und Distanzsättel. Westernsättel und – in geringerem Maß auch die australischen Stocksättel – sind eine Sache für sich.

Satteltypen

Der Dressursattel liegt dicht am Pferderücken und ermöglicht dem Reiter einen tiefen Sitz. Lange, gerade Sattelblätter und lange Steigbügelriemen erleichtern es dem Reiter, die Beine dicht am Pferd zu halten. Ein Sattel für Reiter mit Erfahrung. Das Sattelblatt des Springsattels wölbt sich weit nach vorne. Das ermöglicht es dem

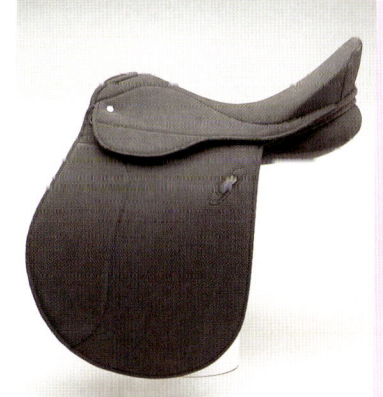

Synthetiksattel
Inzwischen gibt es eine ganze Menge guter Synthetiksättel. Ihre Sattelbäume aus Kunststoff sind symmetrisch. Das Material, mit dem der Sattelbaum überzogen ist, ist wasserdicht und pflegeleicht. Auch sind sie billiger als Ledersättel.

Reiter, mit kurzen Steigbügeln zu reiten. Insgesamt sind die Springsättel oft flacher. Das Design von Distanzsätteln ist nicht genau festgelegt. Ziel aber ist es, das Gewicht optimal auf eine große Fläche des Pferderückens zu verteilen. Maximaler Komfort für Pferd und Reiter steht hier im Vordergrund. Polosättel kommen den alten englischen Jagdsätteln am nächsten. Der Sattelbaum ist oft starr. Das Sattelblatt ist nicht besonders weit nach vorne gewölbt, der Sitz nicht ausgesprochen tief. Sie sind äußerst stabil gebaut, um den Ansprüchen dieses Sports zu genügen. Für sehr viele Reiter ist ein Vielseitigkeitssattel, der im Design zwischen Dressur- und Springsattel liegt, die praktischste Variante.

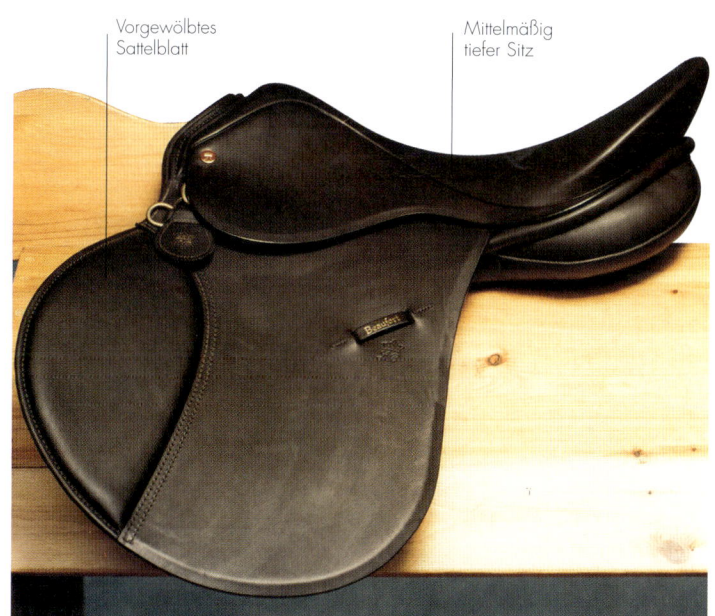

Springsattel
Das Sattelblatt des Springsattels wölbt sich weit nach vorne. Das ermöglicht es, mit kurzen Steigbügeln zu reiten. Die Sitzfläche ist häufig flacher als beim Dressur- und Vielseitigkeitssattel.

Vorgewölbtes Sattelblatt — Mittelmäßig tiefer Sitz

Dressursattel
Der Schnitt des Dressursattels begünstigt die längere, gestrecktere Beinhaltung bei der Dressur. Die Schenkel liegen dicht am Pferd, der Sitz ist tief.

Gerades Sattelblatt — Tiefer Sitz — Hoher Sattelkranz

Sattelzubehör

Zum Sattelzubehör gehören der Gurt, die Steigbügelriemen und die Steigbügel. Es gibt verschiedene Ledergurte und eine ganze Reihe Nylon- oder Baumwollgurte, die wattiert sind. Ein Gurt kann auch aus mehreren Schnüren bestehen. Der dreifach gelegte Ledergurt wird, wie der Name sagt, aus einem dreimal gefalteten Lederstück hergestellt – einige sind in der Falte zudem mit Stoff gefüttert. Manche Sattelgurte haben eine besondere Formgebung. Sie sind an den Ellenbogen eingekerbt. Das verringert das Risiko, dass hier Gallen entstehen.

Gurte

Dressurgurte sind kürzer als gewöhnliche Gurte. Die Gurtstrippen müssen dann entsprechend länger sein. Der Grund: Bei der Dressur sollen die Beine so dicht wie möglich am Pferd liegen. Die Schnallen des Gurtes würden stören; entsprechend weit unten sind sie aus dem Weg. Es gibt etliche Gurte, in die ein Gummizug eingearbeitet ist. Sie sollen das Nachgurten erleichtern und Gurtzwang vorbeugen. Zudem geben sie ein wenig nach, wenn sich das Pferd sehr anstrengt und tief Luft holt. Das kann bei Wettkämpfen von Vorteil sein. Bei Galopprennen werden häufig zwei Gurte verwendet. Je ein Gurt wird an einer Schnalle befestigt. Sie sind aus elastischem Material oder wollenem Tuch gearbeitet und werden zusammen mit einem Übergurt eingesetzt, der über die Sitzfläche und den Rumpf des Pferdes verläuft.

Steigbügel

Das Leder der Steigbügelriemen muss sehr stabil und strapazierfähig sein. Neue Steigbügelriemen dehnen sich anfangs noch etwas. Die Steigbügel selbst sind aus rostfreiem Edelstahl. Auf der Trittfläche liegt eine Gummieinlage. Es gibt auch Sicherheitssteigbügel, die sich bei einem Sturz öffnen und den Fuß freigeben.

Westernsattel

Der Westernsattel entwickelte sich aus den Sätteln, die die spanischen Eroberer aus ihrer Heimat nach Amerika brachten. Nach und nach wurden die Sättel verändert und den neuen Anforderungen, die sich hauptsächlich aus der Arbeit mit Rindern ergaben, angepasst. Das Horn entstand im 19. Jahrhundert. Daran lässt sich ein Lasso festbinden – was beim

STOFFSATTELGURT

GEKREUZTER LEDERGURT

SATTELGURT MIT GUMMIZUG

LEDERSATTELGURT MIT BESONDERER FORMGEBUNG

LEDERKURZGURT

Gurte

Gurte gibt es in den verschiedensten Variationen. Etliche haben eine besondere Form, um Gallen an den Ellenbogen zu vermeiden. Der Gurt muss selbstverständlich stabil sein. Seine schwächste Stelle sind die Schnallen. Sie sollten aus rostfreiem Stahl gearbeitet sein.

DER SATTEL

Einfangen von Kälbern nötig ist. Der Westernsattel ist ein Arbeitssattel. Er orientierte sich an den Bedürfnissen der Cowboys, die den ganzen Tag auf dem Pferd saßen. Im Vergleich zu englischen Sätteln ist der Westernsattel schwer. Aber der Reiter sitzt bequem. Die Auflagefläche ist so groß wie möglich und verteilt daher das Gewicht des Reiters gut. Westernsättel werden immer mit dicken Decken benutzt. Ebenso wie der Westernsattel ist der australische Stocksattel ein Arbeitssattel.

Westernzaum

Dieser Westernzaum wird an beiden Ohren fixiert. Hier wird eine Westernkandare verwendet. Der Zaum hat keinen Kehlriemen.

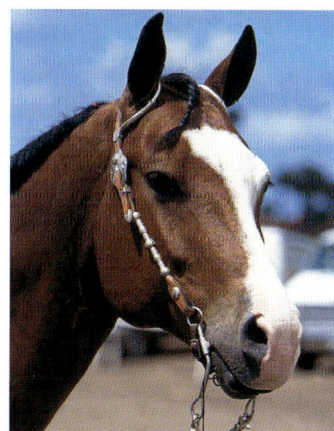

Kandarengebisse werden bei gut ausgebildeten Westernpferden häufig verwendet.

Der kräftige Hinterzwiesel gibt dem Reiter mehr Sicherheit.

Statt eines Western-Stangengebisses mit leichter Zungenfreiheit werden beim Westernreiten auch gebrochene Trensengebisse verwendet.

Breite Steigbügel sind am Fender befestigt.

Gurten im Westernstil

Auch Westernsättel gibt es in verschiedenen Ausführungen, je nach Zweck. Beim Westernsattel wird anders gegurtet als bei englischen Sätteln. Anstatt Schnallen befindet sich am Westernsattel ein Ring; durch diesen Ring wird der Gurt gezogen und festgezurrt.

SATTELN

1 Die Reiterin legt eine dicke Satteldecke auf den Rücken des Pferdes und achtet darauf, dass keine Falten entstehen.

2 Dann wird der schwere Sattel auf den Rücken gehoben. Die Satteldecke darf nicht verrutschen.

3 Der Sattelgurt wird durch den dafür vorgesehen Ring gezogen und sorgfältig festgezurrt.

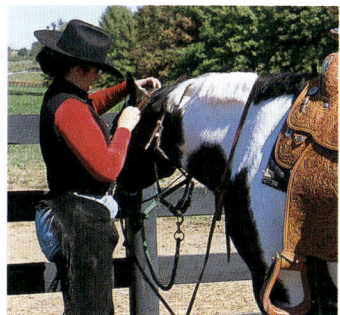

4 Nun wird das Zaumzeug übergestreift. Durch die Schlingen auf beiden Seiten des Stirnriemens verläuft der Kehlriemen.

Anpassen des Sattels

Es ist wichtig, dass der Sattel dem Reiter angenehm ist und dass er seinem jeweiligen Zweck dient. Das Allerwichtigste: Der Sattel muss dem Pferd passen; sonst leidet das Pferd unter Schmerzen und kann sich nicht richtig bewegen. Den meisten Reitern ist klar, dass der Sattel gut sitzen muss. Allerdings ist es für die meisten schwer zu beurteilen, ob der Sattel nun wirklich gut sitzt oder nicht.

Ein Sattel sollte folgende Anforderungen erfüllen:
- Er muss gleichmäßig auf dem Pferderücken aufliegen.
- Er darf an keiner Stelle, die mit dem Pferd in Kontakt kommt, Fehler oder Schäden aufweisen.
- Er muss dem Pferd bequem sein.
- Er darf das Pferd in seinen Bewegungen nicht einschränken.

Der Sattelbaum

Grundsätzlich muss der Sattelbaum (Seite 228) dem Pferderücken entsprechen, dann passt auch der Sattel. Die Sattelkammer muss so hoch sein, dass der Widerrist gut darunter Platz findet und auch bei Belastung kein Druck auf die Wirbelsäule ausgeübt wird. Ein zu breiter Sattelbaum drückt auf den Widerrist. Eine zu enge Sattelkammer verursacht ebenfalls schmerzhafte Druckstellen. Ist der Sattelbaum zu lang, wird Druck auf die Lenden ausgeübt; das kann zu Verletzungen

◀ Fingertest
Wenn der Reiter im Sattel sitzt, sollten zwischen Widerrist und Sattelkammer etwa drei Finger Platz finden.

Die Sattelkammer darf nicht drücken

Der Sattel muss Pferd und Reiter passen

Das Sattelblatt darf die Schulter nicht beeinträchtigen

Nach dem Aufsitzen Gurt anziehen

Sattelblatt
Das Sattelblatt sollte auf keinen Fall zu weit nach vorne reichen, das beeinträchtigt die Schulter in ihrer Bewegung. Auch seitlich darf der Sattelbaum nicht drücken.

Richtlinien für einen Sattel
Überprüfe die oben genannten Punkte. Schau dir dann die Konstruktion des Sattels an. Achte auf die Breite der Kammer, des Hohlraums zwischen den Kissen. Wenn ein Reiter im Sattel sitzt, sollte man von hinten nach vorne durch den Hohlraum gucken können. Trabe das Pferd und beobachte, ob es sich frei bewegt.

führen. Ist er zu kurz, wird das Reitergewicht nicht optimal verteilt und lastet auf einem zu kleinen Bereich des Pferderückens.

Ein korrekt sitzender Sattel

Auch mit Reiter darf der Sattel nirgendwo gegen die Wirbelsäule des Pferdes drücken, weder direkt von oben noch seitlich. Das heißt, auch wenn du im Sattel sitzt, sollte man von hinten nach vorne durch die Sattelkammer hindurchgucken können. Unterhalb des Vorderzwiesels sollten etwa drei Fingerbreit zwischen Sattel und Widerrist des Pferdes liegen. Auch zwischen Hinterzwiesel und Pferderücken muss Luft sein. Wenn an irgendeiner Stelle Druck auf der Wirbelsäule lastet, wird das Pferd sich dem entziehen wollen, indem es den Rücken nach unten wegdrückt. Das verursacht dem Pferd nicht »nur« große Schmerzen – es kann sich auch nicht mehr frei und gelöst bewegen.

Sattelblatt und Kissen

Weder Kissen noch Sattelblatt dürfen die Schulter in ihrer Bewegung beeinträchtigen. Ein Sattel, der zu weit nach vorne reicht und auf den Trapezmuskel drückt, schränkt die Bewegung ein. Dadurch verkürzt sich die Länge des Schritts. Das Kissen muss gleichmäßig aufliegen, sodass sich das Reitergewicht gut verteilt. Zudem muss die Füllung der beiden Kissen genau übereinstimmen, damit nicht eine Seite höher ist als die andere. Und die Oberfläche der Kissen muss glatt und regelmäßig sein. Eine Beule in einem der Kissen zum

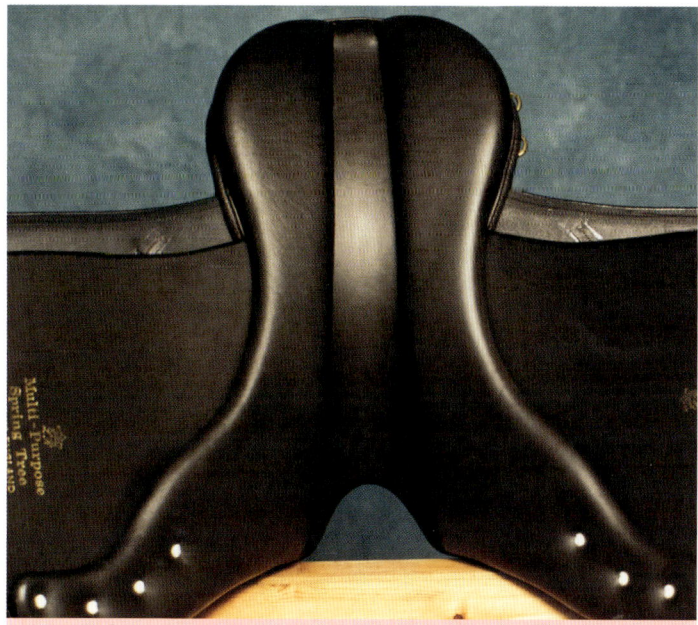

Sattelkammer
Der Sattel darf keinesfalls auf die Wirbelsäule des Pferdes drücken. Die Sattelkammer muss also entsprechend hoch und weit sein. Ein schlecht sitzender Sattel bleibt ein schlecht sitzender Sattel, auch wenn du eine Decke darunter legst.

Beispiel würde Satteldruck verursachen – so wie eine Falte in deiner Socke zu einer Blase führen kann.

Passt exakt!

Wenn der Sattel all diese Kriterien erfüllt, ist noch darauf zu achten, dass er nicht zu locker sitzt, sonst bewegt er sich beim Reiten hin und her. Das erzeugt Reibung – wund gescheuerte Stellen sind die Folge.

AUFSATTELN

1 Die Reiterin nähert sich dem Pferd von links. Der Sattel liegt auf ihrem Unterarm. So kann sie ihn gut auf den Rücken des Pferdes legen.

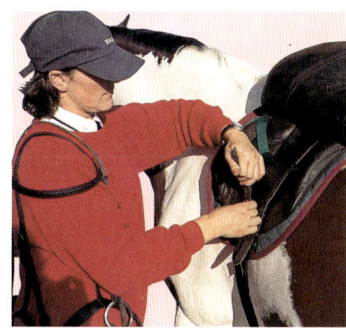

2 Sie kontrolliert den Sitz des Sattels und die Satteldecke. Dann macht sie den Gurt an den Gurtstrippen fest, zieht allerdings nicht zu fest an und achtet darauf, dass nichts kneift.

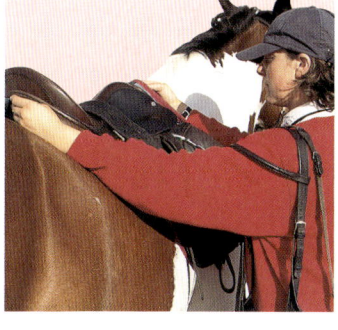

3 Die Reiterin überprüft nochmals, ob der Sattel gut liegt und ob keine Strippen verdreht sind. Diesmal steht sie auf der rechten Seite.

4 Der Sattel sitzt gut auf dem Pferderücken. Darunter liegt eine leichte Schabracke, die den Sitz des Sattels aber nicht beeinflusst.

Zaum und Gebiss

Um zu verstehen, wie ein Gebiss wirkt, musst du den anatomischen Aufbau des Pferdekopfes und des Mauls kennen. Zudem musst du wissen, wie, wo und warum das Gebiss Druck ausübt. Es gibt verschiedene Gebisse und von jeder Art etliche Variationen.

Das Zaumzeug

Der Zaum besteht aus mehreren Lederteilen: Eines davon ist das Kopfstück; dazu gehört auch der Kehlriemen. Das Kopfstück ist über Lederschlaufen mit dem Stirnband und mithilfe von Schnallen mit den Backenstücken und dem Nasenriemen verbunden. Das Zaumzeug soll so sitzen, dass es dem Pferd angenehm ist. Ein zu enger Kehlriemen schnürt ihm die Kehle zu. Ein zu enges Stirnband zieht das Kopfstück nach vorne und drückt hinten auf die Ohren. Das ist unangenehm und vermutlich wird das Pferd irritiert den Kopf schütteln.

Teile des Zaumzeugs

Wie die Gelenke der Pferde bestimmte Namen haben, so gibt es auch Fachausdrücke für die Bestandteile des Zaumzeugs.

Die Wirkung

Es gibt mehrere Punkte am Kopf des Pferdes, über die Zügelhilfen mittels verschiedener Zäumungen wirken können:
- Mundwinkel
- Laden (Zahnlücke zwischen Schneide- und Backenzähnen)
- Zunge
- Kinngrube
- Genick
- Gaumen (selten)
- Nase (wenn ein Zaum ohne Gebiss, ein Hackamore oder ein Bosal verwendet wird)

Der Nasenriemen sollte eng anliegen, aber nicht zu eng sein. Es passiert häufig, dass Nasenriemen zu straff verschnallt werden.

Anpassen

Die Wassertrense, die Unterlegtrense beim Kandarengebiss und das Pelham sollten genau in den Mundwinkeln liegen. Das Gebiss darf weder zu breit noch zu schmal sein. Es muss entsprechend der Größe des Pferdemauls ausgewählt werden. Das Kandarengebiss, das unterhalb der Unterlegtrense liegt, und das Pelham sollten gut auf den Laden aufliegen. Die richtige Breite sorgt dafür, dass das Gebiss nicht im Maul hin und her rutscht und an Wirksamkeit verliert.

Druck und Wirkung

Wie das Gebiss wirkt und wie stark der Druck ist, der ausgeübt wird, hängt von mehreren Faktoren ab:

- Konstruktion des Gebisses
- Maul des Pferdes
- Winkel zwischen Pferdemaul und Reiterhand
- Verwendete Hilfsmittel, die die Wirkung des Gebisses verstärken

Zudem kann ein Reiter nur dann wirklich korrekte Zügelhilfen geben, wenn er unabhängig sitzt sowie die Gewichts- und Schenkelhilfen beherrscht. Jemand sagte einmal: »Es ist nicht das Gebiss, das du dem Pferd in den Mund legst, vielmehr sind es die Hände am Ende der Zügel.«

Gebissarten

Es gibt verschiedene Arten von Gebissen: das Trensengebiss, die Kandare, die zusammen mit einer Unterlegtrense geritten wird, das Pelham und das Pessoa. Außerdem gibt es Zäumungen ohne Gebiss, das Hackamore oder das Bosal.

AUFZÄUMEN

1 Die rechte Hand liegt auf dem Nasenrücken des Pferdes. Sie hält auch das Zaumzeug. Die linke Hand hält das Gebiss.

2 Der Daumen drückt leicht auf die Lefzen und öffnet die Laden. Das Gebiss gleitet ins Maul, ohne gegen die Zähne zu stoßen.

3 Das Gebiss ist jetzt im Maul, die rechte Hand zieht das Kopfstück nach oben.

4 Das Kopfstück wird über die Ohren gestreift – aber vorsichtig, damit das Pferd nicht den Kopf zurückwirft.

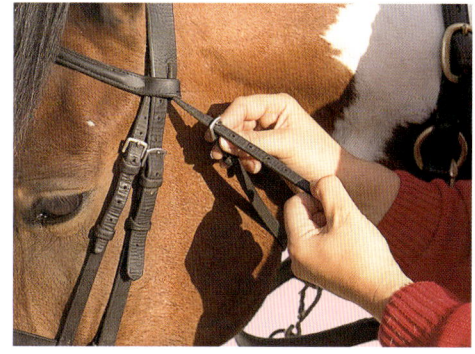

5 Nasen- und Kehlriemen werden geschlossen. Zwischen Kehlgang und Kehlriemen soll eine aufrechte Hand passen.

6 Das Pferd ist aufgezäumt. Alle Riemen sind geschlossen.

Gebissarten

Trensengebiss

Trensengebisse gibt es in verschiedenen Ausführungen: gebrochen (also mit einem Gelenk in der Mitte) oder doppelt gebrochen (mit zwei Gelenken in der Mitte). Die Gebisse dürfen nicht zu groß sein, denn zu lange Schenkel bei einem gebrochenen Gebiss können den Unterkiefer einklemmen – man spricht vom »Nussknackereffekt«. Das Trensengebiss ist das schlichteste der Gebisse. Es gibt auch Trensengebisse aus Kunststoff. Sie gelten als etwas milder. Ob das Gebiss exakt an der gewünschten Stelle Druck ausübt, hängt mit von der Kopfhaltung des Pferdes ab. Beginnt das Pferd sich aufzurichten und den Kopf zunehmend vertikal zu tragen, wirkt das Gebiss wie vorgesehen auf die Laden und damit den Unterkiefer. Stimmt die Kopfhaltung nicht, zieht die Reiterhand das Gebiss eher nach hinten, Richtung Maulwinkel.

Kandare

Die Kandare gehört ausschließlich in die Hände sehr erfahrener Reiter. Auch das Pferd muss entsprechend ausgebildet sein. Eine Faustregel der Reiterlichen Vereinigung in Deutschland lautet: Ein Reiter muss zunächst lernen, die Lektionen einer Dressur Klasse L mit Trensengebiss korrekt zu reiten, bevor mit der Kandarenarbeit begonnen wird. Sehr guten Reitern können Kandarengebisse eine feinere Hilfengebung ermöglichen. Die Wirkungsweise ist kompliziert. Geritten wird mit zwei Gebissen, einer Unterlegtrense und dem Kandarengebiss. Entsprechend hat der Reiter in jeder Hand zwei Zügel. Die Kandare hat ein ungebrochenes Mundstück, das in der Mitte gewölbt ist.

WASSERTRENSE

KANDARE

PESSOA GEBISS

PELHAM

Diese Wölbung nennt man »Zungenfreiheit«. Je höher die Zungenfreiheit, desto stärker drückt sie gegen den Gaumen des Pferdes, wenn der Kandarenzügel angenommen wird. Gleichzeitig wirken die Seiten des Mundstücks, auch Ballen genannt, auf die Laden. Hinzu kommt die Wirkung der Kinnkette. Sie verbindet die beiden oberen Hebelarme der Kandare. Durch das Annehmen der Kandarenzügel und die

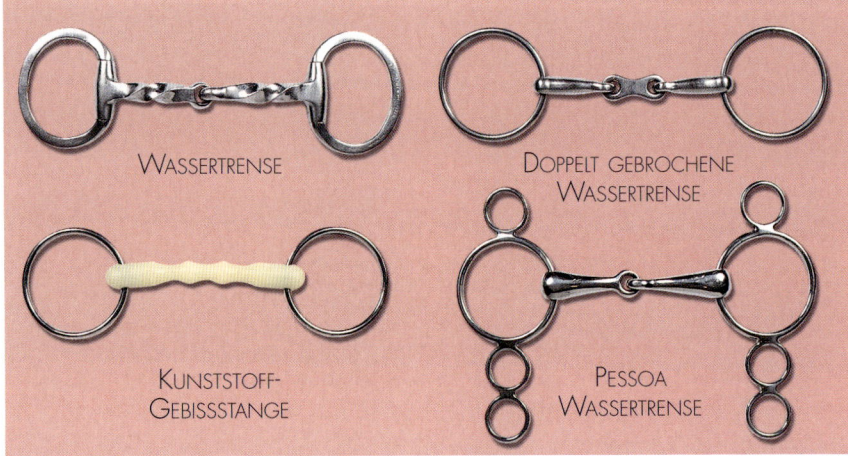

Trensengebisse

Es gibt Gebissstangen, einfach gebrochene Trensengebisse und doppelt gebrochene Trensengebisse. Die einfach gebrochene Wassertrense ist bei uns das am häufigsten verwendete Gebiss. Ein Gebiss wirkt umso schärfer, je dünner es ist. Harte Reiterhände fügen dem Pferd Schmerzen und Verletzungen zu. Die Gebissstange aus Kunststoff ist weich und gibt bei Druckausübung etwas nach – ein mildes Gebiss. Das Pessoa Gebiss ähnelt dem Trensengebiss. Es ist aber schärfer als ein normales Trensengebiss.

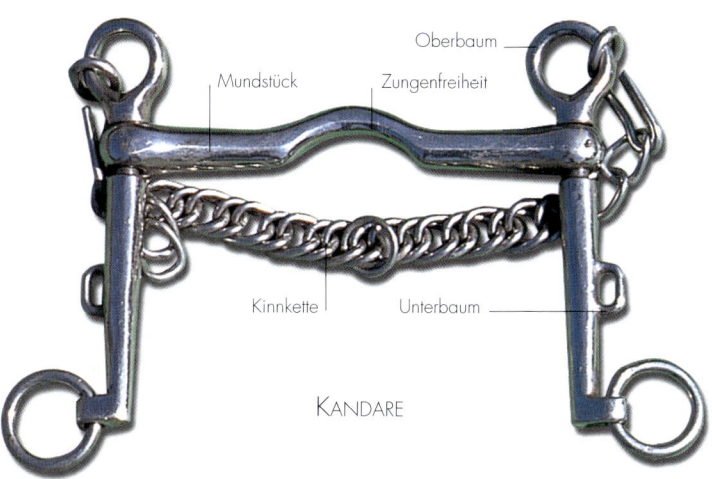

Trensengebisse und Kandaren
Die Olivenkopf-Wassertrense ist einfach gebrochen. Die Ringe sind D-förmig und durch Gelenke mit dem Mundstück verbunden. Das Mundstück kann nicht verrutschen, was ein Einklemmen der Lippen verhindert. Das Mundstück dieser Kandare ist entlang den Hebeln beweglich. Das ist unüblich.

Rückwärtsbewegung der unteren Hebelarme (Unterbaum) kippen die oberen Hebelarme (Oberbaum) nach vorne und die Kinnkette drückt gegen die Kinngrube.

Pelham
Das Pelham hat ein Mundstück und zwei Zügel. Es soll ähnlich wirken wie die Kandare, ist weniger effektiv, dafür auch nicht so scharf. Manche Pferde nehmen das Pelham gut an, vor allem wenn das Mundstück gerade ist und den Druck auch über die Zunge verteilt, anstatt ihn auf die Laden zu konzentrieren.

Pessoa Gebiss
Das Pessoa Gebiss ist mehr oder weniger ein in seiner Wirkung verstärktes Trensengebiss. Es hat mehrere Ringe. Je nachdem, durch welche Ringe die Zügel laufen, ist es weicher oder schärfer. Es kann bei Pferden, die hart im Maul sind, gut funktionieren.

Hackamore
Das Hackamore ist eine Zäumung ohne Gebiss. Ein Nasenriemen wirkt auf das Nasenbein, ein Kinnriemen auf den Unterkiefer. Die Stärke der Nasenriemen ist unterschiedlich. Beim mechanischen Hackamore ist der Nasenriemen mit Hebeln verbunden, sodass der vom Reiter ausgeübte Druck deutlich verstärkt wird. Für diese Zäumung sollte der Reiter eine feine Hand haben.

Hilfszügel
Hilfszügel unterstützen die Hilfengebung. Sie verhindern, dass das Pferd den Kopf hochwirft und der Pferdekopf höher getragen wird als die Reiterhand. Häufig werden gleitende Ringmartingale verwendet. Ein Riemen wird am Gurt befestigt. Dieser teilt sich vor der Brust in zwei schmalere Riemen, an deren Ende sich Ringe befinden. Durch diese werden nun die Zügel geführt. Ein Halsriemen sorgt dafür, dass das Martingal richtig sitzt. Seltener ist das stehende Martingal. Hier werden die beiden Enden des geteilten Riemens am Nasenriemen des englischen Reifhalfters befestigt. Versucht das Pferd den Kopf nach oben zu drücken, kommt direkter Druck auf das Nasenbein. Weitere Hilfszügel sind die einfachen Ausbindezügel, die Dreieckszügel, doppelte Ausbindezügel und der Stoßzügel.

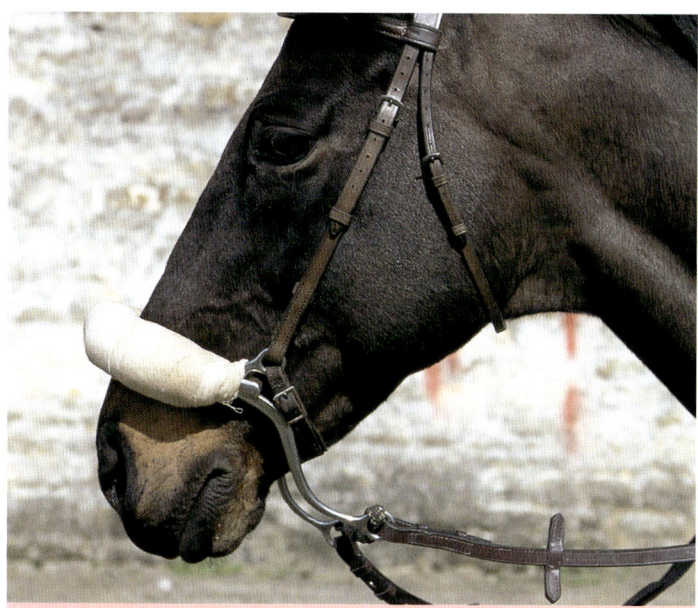

Gebisslose Zäumung
Gebisslose Zäumungen wirken über das Nasenbein. Der Druck wird verstärkt, wenn die Zäumung mit Hebeln versehen ist. Reiter denken häufig, ein Hackamore oder ein Bosal sei sanfter, weil es kein Gebiss hat. Das täuscht. In den falschen Händen ist eine solche Zäumung außerordentlich scharf, kann wunde Stellen sowie Schwielen auf der Nase verursachen.

Decken und Gamaschen

Gamaschen und Bandagen werden eingesetzt, um Verletzungen zu verhindern. Diese können entstehen, wenn das Pferd beim Training gegen die eigenen Beine tritt, wenn es auf einem glitschigen Weg rutscht, oder beim Transport. Gamaschen und Decken können also eine wichtige Rolle spielen.

Gamaschen und Hufglocken schützen die Pferde vor Verletzungen, die durch Streichen und Greifen entstehen. Streichen bedeutet: Das Pferd tritt mit dem Huf beim Laufen gegen die Innenseite des gegenüberliegenden Beins, meist auf Höhe des Fesselgelenks. Die Gamaschen liegen um das Fesselgelenk und sind aus gepolstertem Material gearbeitet. Das Greifen ist schmerzhaft. Dabei tritt sich das Pferd beim Laufen mit den Hufen der Hinterbeine gegen die Hufsohle, den Ballen oder die Fesselbeuge der Vorderbeine. In diesem Fall werden Hufglocken um die Fesseln gelegt; sie schützen den Hufballen. Seltener kommt vor, dass das Pferd beim schnellen Galopp den Huf oberhalb des Fesselgelenks, etwas unterm Sprunggelenk, gegen das gegenüberliegende Hinterbein schlägt. Gamaschen und Bandagen schützen auch die Sehnen und Bänder. Turnierpferde tragen immer Gamaschen oder haben bandagierte Beine. Polo-Ponys spielen ebenfalls mit dicken Gamaschen. Deren Einsatz ist auch bei jungen Pferden sinnvoll, deren Bewegungen noch ein wenig unkoordiniert sind. Transportgamaschen schützen die unteren Gliedmaßen und den Huf beim Fahren im Hänger. Gelenkkappen bieten den Vorderfußwurzelgelenken und Sprunggelenken Schutz, wenn man auf Straßen unterwegs ist, wo das Pferd ausrutschen kann.

◀ Streichen und Greifen
Diese Gamaschen mit Klettverschluss sind leicht anzuziehen und schützen gegen Schläge. Die Hufglocken verhindern Verletzungen, die entstehen, wenn das Pferd mit den Hinterhufen unten gegen die Vorderbeine tritt.

Gelenkskappen ▶
Gelenkkappen schützen das Vorderfußwurzelgelenk der Pferde, wenn sie auf Straßen unterwegs sind, auf denen sie ausrutschen könnten. Verletzungen können unschöne Narben hinterlassen.

Decken

Pferdedecken gibt es in den verschiedensten Variationen. Ihre Form ist heute in der Regel dem Körper der Pferde angepasst, was früher nicht unbedingt der Fall war. So genannte Neuseelanddecken halten die Pferde, die bei Wind und Regen im Paddock oder auf der Weide stehen, trocken und warm. Sie bestehen aus wasserdichtem Material; oft sind sie innen zusätzlich gefüttert. Ursprünglich stammen diese Decken aus Neuseeland, heute benutzt man sie überall. Pferdedecken sind manchmal dünn und manchmal ganz dick, je nach Zweck. Sommerdecken bestehen mitunter aus Baumwolle. Außerdem gibt es spezielle, sehr leichte Weidedecken, die die Pferde vor Mückenstichen schützen sollen. Für den Stall, als Abschwitzdecke und für den Transport sollte man auf jeden Fall Decken aus atmungsaktivem Material verwenden. Heute sind sie oft aus Mikrofaser gearbeitet. Mikrofaserdecken lassen sich leicht waschen. »Sonntagsdecken« aus Wolle wirken noch edler, wenn auf Höhe der Hinterbacken die Initialen der Besitzer eingestickt werden. Desweiteren gibt es Ausreitdecken, oft aus regendichtem

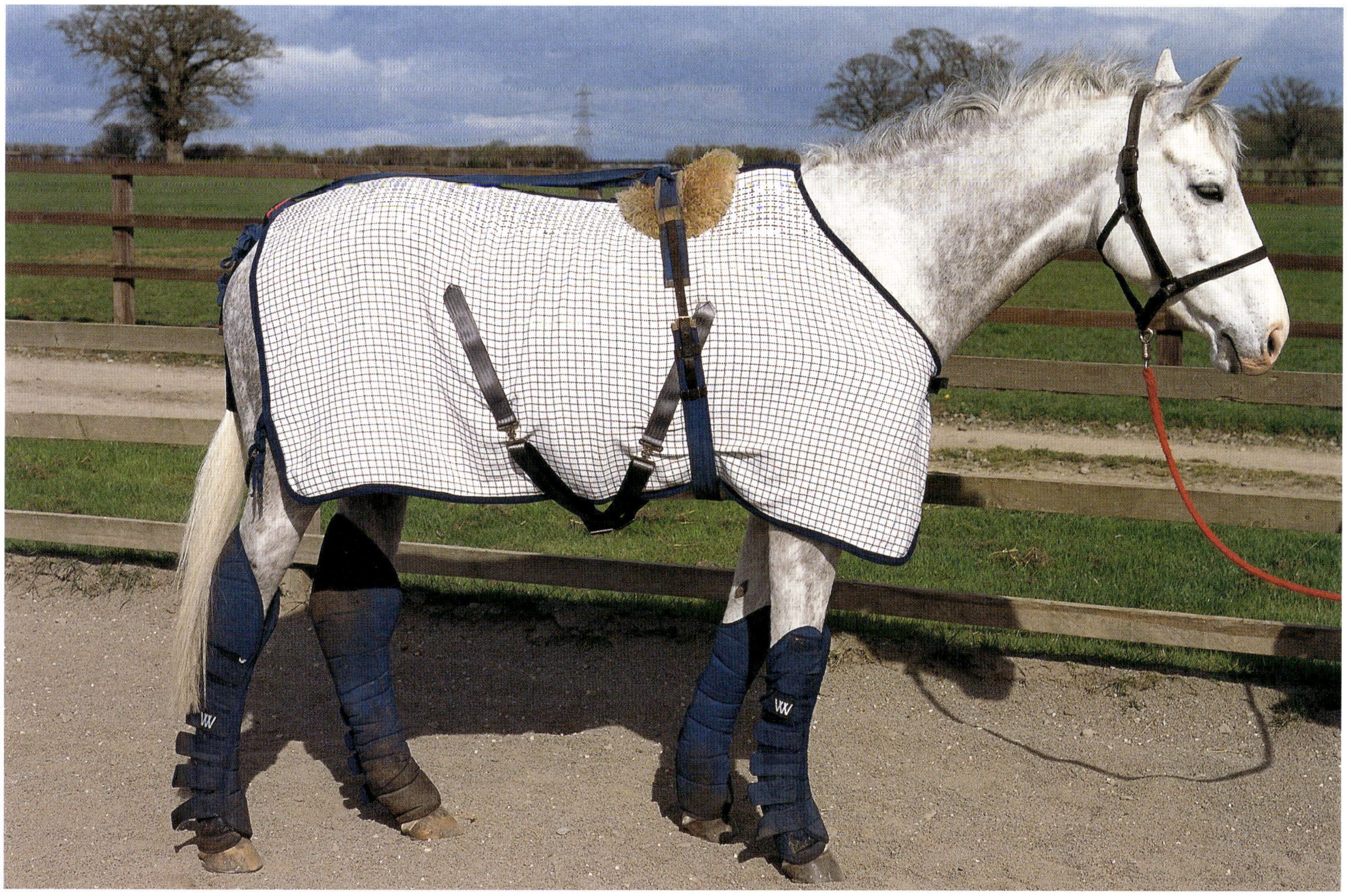

DECKEN UND GAMASCHEN

Startklar

Das Pferd ist reisefertig. Es trägt eine leichte Decke, die durch Riemen festgehalten wird. Der Schweif ist bandagiert. Hohe Gamaschen, die oben über die Sprung- beziehungsweise über die Vorderfußwurzelgelenke und unten über den Kronrand reichen, schützen die Beine.

Material und warm gefüttert. Sie werden unter den Sattel gelegt, reichen über den ganzen Rücken und schützen zum Beispiel geschorene Pferde vor Nässe und Kälte. Beinschnüre verhindern, dass die Decken flattern. Sie werden von der Decke aus in einer Schlinge um die Hinterbeine der Pferde gelegt.

Anpassprobe

Die Decke sollte groß genug sein, damit sie vor allem an der Schulter nicht scheuert. Zwischen den Halteriemen, die die Decke am Rutschen hindern, und dem Pferdebauch sollte eine Handbreit Platz sein.

DIE RICHTIGE AUSRÜSTUNG

Die Pflege der Ausrüstung

Viele Reitutensilien bestehen aus Leder. Also solltest du wissen, wie man das Leder sachgemäß pflegt.

Das Leder, das für Sattelzeug verwendet wird, ist normalerweise recht dick und robust. Die Oberflächenstruktur des Leders ist auf der einen Seite glatt, auf der anderen rau. Die glatte Seite ist die Außenseite, die raue die Innenseite. Wird das Leder mit speziellem Sattelfett eingefettet oder eingeölt, so ist es in der Lage, dieses Fett aufzunehmen – und das spielt für den Feuchtigkeitsgehalt des Leders eine große Rolle. Leder, das genügend Feuchtigkeit hat, bleibt nämlich geschmeidig und weich.

Nicht zu trocken

Lederfett ist das »Lebenselixier« des Leders und hilft ihm, die nötige Feuchtigkeit und damit seine feste Faserstruktur zu erhalten. Deshalb muss es regelmäßig gepflegt werden. Mehrere Faktoren trocknen das Leder aus und lassen es hart und brüchig werden: vor allem Wasser, Hitze und Vernachlässigung. Wasser laugt das Leder aus, Hitze macht es trocken. Es wäre also äußerst unklug, Zaumzeug erst in heißem Wasser zu waschen und dann an der Heizung zu trocknen. Auch

So gehts richtig

Zum Reinigen des Sattelzeugs musst du es erst auseinander schnallen. Dann werden die Einzelteile mit einem feuchten Schwamm oder Tuch gesäubert.

DIE PFLEGE DER AUSRÜSTUNG

durch den täglichen Gebrauch wird das Sattelzeug in Anspruch genommen. Die Reitutensilien sind nicht billig, also pflege sie möglichst gut.

Lederfett

Bevor das Leder mit speziellem Lederfett oder Lederöl behandelt wird, sollte es von Schmutz und Schweißresten befreit werden; nur so kann es das Pflegemittel richtig aufnehmen. Dazu braucht man einen Schwamm und warmes Wasser. Die Lederteile werden auseinander geschnallt und mit einem feuchten Schwamm und etwas Sattelseife gereinigt. Anstatt beim Auftragen der Sattelseife den Schwamm nass zu machen, kann man das Stück Sattelseife mit einem Ende ins warme Wasser tauchen und dann auf den trockenen Schwamm reiben. Zur Konservierung wird das Leder eingefettet oder eingeölt. Lederteile, die mit dem Pferd in Berührung kommen, sollten dünn mit Lederöl eingeölt werden, die anderen Teile werden mit Sattelfett eingerieben. Damit es schön glänzt, kannst du Zaumzeug und Sattel mit Fensterleder polieren. Verwende aber nicht zu viel Pflegemittel, sonst wird es nicht aufgenommen und deine Begeisterung endet in schmierigen Stiefeln.

Sattelseife

Ausrüstungsgegenstände sollten nach jedem Gebrauch gereinigt und etwa einmal die Woche extra gepflegt werden. Allerdings sollte man auch nicht zu viel und zu oft Sattelfett und Sattelöl benutzen. Denn allzu viel tut dem Leder auch nicht gut; es wird dann schmierig und fühlt sich nicht mehr fest an. Zu viel Lederöl weicht darüber hinaus die Fasern auf und nimmt ihnen ihre Festigkeit. Achte darauf, welche Pflegeprodukte du benutzt. Produkte, die auf der Basis von Wachs hergestellt sind, eignen sich gut. Wenn du einen Sattel kaufst, findest du dabei vielleicht eine Anleitung, wie du ihn pflegen musst. Ansonsten frag in einem Fachgeschäft nach. Dort gibt es auch geeignete Pflegeprodukte. Und vergiss nicht: Benutze die Mittel immer sparsam.

Wusstest du …?

Fettkleckse auf Sattelkissen, Schweißblättern oder Steigbügeln heißen in England »Jockeys«. Man wird sie gut los, wenn man ein paar Schweifhaare, die beim Verlesen ausgehen, zu einer kleinen Kugel formt und darüber reibt.

PFLEGE DES SATTELZEUGS

1 Trage die Sattelseife auf. Am besten nimmst du einen trockenen Schwamm, tauchst die Seife ins Wasser und reibst etwas Seife auf den trockenen Schwamm.

2 Hier wird die gereinigte Sitzfläche des Sattels mit einem sauberen, weichen Tuch kräftig poliert. So bekommst du keine schmierigen Stiefel.

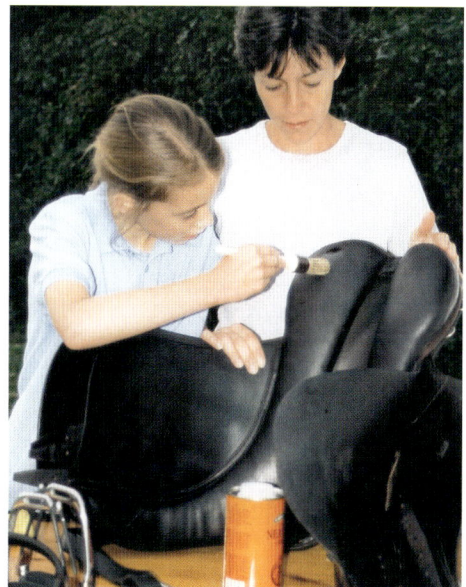

3 Die Pflege des Leders mit speziellen Mitteln schützt das Leder vor dem Austrocknen. Das Pflegemittel zieht ins Leder ein.

Reitdress

Schon die Reitervölker der Steppe trugen grobe Hosen, die sie in ihre Stiefel steckten. Die moderne europäische Reitkleidung entwickelte sich jedoch aus der typisch englischen Jagdbekleidung des 18. und 19. Jahrhunderts. Die Kleidungsstücke mussten praktisch sein, strapazierfähig, aber gleichzeitig sollten sie Stil haben. Und das ist noch heute so.

In vielen Disziplinen, sei es Springen, Dressur oder Fahren, gibt es Kleidungsvorschriften für Turniere. Was die Aufmachung bei der Jagd anbelangt, so hält man sich ebenso an die Traditionen.

Der britische Pony Club

Der Pony Club in England schreibt exakt vor, was zu welchen Gelegenheiten getragen werden muss und darf und was nicht. Das Tragen stabiler Reithelme mit Kinnriemen ist Pflicht. Der Pony Club verbietet darüber hinaus Schmuck, wie zum Beispiel hängende Ohrringe oder Ähnliches. Bei offiziellen Veranstaltungen des Pony Clubs tragen die Reiter Hemden, Halsbinder und Tweed-Reitjacken. Dazu kommen Reithosen und hohe Stiefel oder Reitschuhe mit Chapsletten (sie müssen die gleiche Farbe haben wie die Schuhe) oder Jodhpurhosen mit Jodhpurstiefeletten. Der Begriff *Jodhpur* stammt aus Indien, wo diese Art der Kleidung traditionell ist. Sind Sporen erlaubt, müssen sie kurz und stumpf sein. Dabei wird peinlich darauf geachtet, dass sie in Höhe der Achillesverse getragen werden und nicht tiefer sitzen. Für Turnierveranstaltungen gelten auch in Deutschland strenge Kleidervorschriften. Bei Dressurturnieren niedriger Leistungsklassen reicht ein »zweckmäßiger« Reitanzug mit Stiefelhose und Stiefeln oder Jodhpurhose und Stiefeletten. In den höheren Leistungsklassen werden helle Reithosen zu gedecktem Jackett, passendem Hemd mit Halsbinder und zum Anzug passender Reithelm, Melone oder Zylinder getragen, dazu Stiefel oder Stiefeletten mit passenden Gamaschen. Bei Vielseitigkeitswettbewerben sind Schutzwesten vorgeschrieben, bei Springturnieren erlaubt.

Dressurturnier
Diese junge Dame ist so angezogen, wie es sich für ein Dressurturnier ihrer Leistungsklasse gehört.

Pony Club
Diese beiden jungen Mädchen sind adrett und praktisch gekleidet. Außer ihren Reithelmen tragen sie Körperschutzwesten. Diese schützen den Oberkörper vor Hufschlägen und bei Stürzen.

Reiterspiele

Bei den für England so typischen Reiterspielen ist die Kleidungsordnung weniger streng. Turnierreitjacken wären unpraktisch und würden auch nicht zu einer solchen Veranstaltung in der freien Natur passen. Mädchen und junge Frauen werden dazu angehalten, Haarnetze zu tragen.

Vielseitigkeit

Bei Vielseitigkeitsprüfungen gelten in Deutschland für die Dressurprüfung die gleichen Kleiderordnungen wie für Dressurturniere, für die Springprüfung ist die

Dressur für Erwachsene

Die Kleidervorschriften variieren je nachdem, ob es Prüfungen für Erwachsene oder Jugendliche sind und zu welcher Leistungsklasse die Prüfungen gehören. In den hohen Leistungsklassen der Erwachsenen sind helle Hosen und Stiefel vorgeschrieben, ein gedecktes Jackett mit passendem Hemd und Halsbinder oder Krawatte. Bei internationalen Turnieren muss ein tiefdunkler Frack getragen werden. Kopfbedeckung: Reithelm, Melone oder Zylinder. Stiefeletten mit farblich passenden Glattledergamaschen sind erlaubt. Die Handschuhe sind oft weiß.

Teamjagd

Bei Jagdrennen spielt die Kleidung eine weniger wichtige Rolle. Dieses Team trägt Reithelme, Körperschutzwesten und Hemden in den Farben ihres Teams.

Geländeritt

Das Paar hat Stil. Das Mädchen trägt einen Reithelm mit einem Überzug, der zum Jackett passt. Darunter versteckt sich eine Körperschutzweste. Über der Jacke trägt das Mädchen eine Startnummer.

DIE RICHTIGE AUSRÜSTUNG

Passend und stilvoll

Kleiderordnung der Springturniere maßgebend. Für die Geländestrecke sind meist lediglich eine Stiefelhose und Stiefel, Reithelm und Schutzweste verpflichtend. Ansonsten dürfen die Reiter tragen, was sie wollen.

Jagdkleidung

Auch auf der Jagd hat man sich an bestimmte Konventionen zu halten. Auf Wunsch des Masters tragen die Jagdteilnehmer weinrote Reitjacken, dazu weiße Reithosen und Reitstiefel, die einen andersfarbigen Rand haben; sie sind entweder schwarz mit sehr hellem oder mahagonifarbenem Rand. Zu einem schwarzen Jackett gehören gelbbraune Reithosen. Damen tragen schwarze oder blaue Reitjacken mit gelbbraunen Reithosen. Jagdteilnehmer führen auch keine Gerte, sondern eine Hetzpeitsche. Sie hat einen Griff aus Horn, der Strunk geht in eine Peitschenschnur über, an deren Ende ein 10 Zentimeter langer Peitschenschlag sitzt. Mit der Peitsche zu knallen überlässt man dem Master und den Jagdhelfern; für Jagdteilnehmer gehört sich das nicht. »Rattenfänger«, so nennen die Engländer die Aufmachung für eine Jagd, die im Herbst stattfindet, noch vor dem 1. November, dem eigentlichen Beginn der Jagdsaison. Man trägt Reitkappe, Tweedjacke, lederfarbene Reithosen und schwarze oder

Arabisches Kostüm
Ein hübsches arabisches Fantasiekostüm! Die Kleidung der Reiterin und der Schmuck des Pferdes zeigen, dass sich die Reiterin viele Gedanken und Mühe gemacht hat. Amerikanische Paraden oder Vorstellungen, in denen es auch auf die Aufmachung ankommt, sind ausgesprochen farbenprächtig und sehr spektakulär. Da haben es die Richter mit ihren Bewertungen oft schwer.

braune Stiefel. Jagdhandschuhe sind entweder aus Leder oder gestrickt. Bei schlechtem Wetter empfiehlt es sich, ein Ersatzpaar mitzunehmen.

Pferdeschauen

Auch Pferdeschauen haben ihre Konventionen, was die Kleidung anbelangt. Unterschiede bestehen je nach Art und Anlass der Veranstaltung. Typisch sind wiederum

Jagdteilnehmer
Mutter und Tochter auf der Jagd. Beide sind den Konventionen entsprechend angezogen. Die Tochter trägt einen stabilen Reithelm und sieht auf ihrem Pony richtig süß aus. Die Mutter wirkt elegant.

Wusstest du …?

Die Engländer nannten Sporen »latchfords«, nach Benjamin Latchford of St. Martin's Lane. Er stellte im 19. Jahrhundert Metallwaren wie Sporen und Gebisse her.

REITDRESS

◀ Lächelnde Siegerin
Das Foto zeigt eine lächelnde Gewinnerin. Die Schleifen hat sie an ihre Reitjacke geliefert. Zu ihrem Hemd trägt sie eine rote Krawatte. Der Reithelm ist hübsch und sitzt ganz gerade auf dem Kopf. Die elegante Reitjacke ist gut geschnitten.

Amerikanische ▶
Teilnehmerin
Das Mädchen trägt eine schwarze Reitjacke und einen passenden »Halsbinder«. Dem Pferd – mit angemessenem Zaumzeug – scheint ihre Kleidung zu gefallen.

Elegantes Paar ▶
Dieser Wettkampfteilnehmer ist richtig herausgeputzt. Er trägt einen seidenen Zylinder. Die rote Blume im Knopfloch macht sich gut zur roten Weste. Dazu passend: hübsche Handschuhe.

gedeckte Reitjacke mit passendem Hemd, Halsbinder, helle Reithosen und Stiefel. Auf Schmuck wird verzichtet. Auf Schauen tragen die Teilnehmer Reitstöcke, meist mit Leder überzogen. Gerten werden nicht benutzt. Bei großen Schauen geht es vor allem am Abend sehr formell zu. Die Frauen tragen dann einen mit Seide überzogenen Zylinder, ebenso die Männer. Dazu haben sie ein weißes Hemd mit steifem Kragen und seidenem Halsbinder oder Seidenkrawatte an sowie einen schwarzen Frack, in dessen Brusttasche ein Taschentuch steckt. Unter dem Frack tragen sie eine Weste in einer kontrastierenden Farbe, entweder grau oder gelbbraun. Die Reithose ist ebenfalls schwarz.

Freizeitreiten

Für das Reiten in der Freizeit muss die Kleidung zweckmäßig sein. Feste Regeln gibt es nicht. Wichtig sind dennoch ein Reithelm und geeignete Schuhe mit flachem Absatz, der verhindert, dass der Fuß versehentlich durch den Steigbügel rutscht. Wenn man will, kann man dazu Jeans und einen Anorak anziehen. Sinnvoll ist sicher, dass Reiter reflektierende Bänder umbinden, wenn sie auf Straßen reiten; Auto- und Lastwagenfahrer können Reiter und Pferd dann besser erkennen. Die Kleidung sollte bequem sein. Auf Schmuck verzichtet man besser. Früher sagte man, ein ordentlich und hübsch angezogener Reiter, mit sauber geputzten Stiefeln und der Reitkappe gerade auf dem Kopf, erweise seinem Pferd Ehrerbietung.

Western-Stil

Die Kleidung von Westernreitern ist praktisch und widerstandsfähig, eine Mischung aus typischen Levis Jeans und mexikanischer Vaquero-Kleidung. Dennoch hat ein Cowboy, der etwas auf sich hält, durchaus Stil. Seine Aufmachung ist farbenprächtig und hat etwas Dandyhaftes. Bei alldem ist die Westernreitkleidung auch bequem.

Der jüdische Schneider Levi Strauss aus New York hat die klassische Jeans entworfen, tief auf den Hüften sitzend, mit engem Röhrenbein. Noch immer heißen sie Levis. Die ersten Hosen dieser Art stellte Levi Strauss um 1850 her und schuf damit ein universelles Kleidungsstück. Imitate der Levis schossen wie Pilze aus dem Boden.

Hüte und Stiefel

Der Stetson ist einer der bekanntesten Hüte der Welt, benannt nach John Betterson Stetson, der 1865 in Philadelphia einen Hutladen eröffnete. Die Hüte aus Biberfell waren teuer. Sie kosteten 30 US-Dollar – das entsprach damals dem durchschnittlichen Monatslohn eines Cowboys. Ein Stetson hielten allerdings ein Leben lang. Er bot Schutz gegen Wind, Regen und Schnee. Man konnte ihn sogar benutzen, um Wasser daraus zu trinken. Heute ist er das Markenzeichen der Westernreiter. Westernstiefel (ganz rechts) sind noch teurer als ein Stetson. Sie sind reich verziert. Ebenso die Sporen: Sie sind

Hoch zu Ross
Die Kleidung des Reiters ist bequem, praktisch und farbenprächtig, der typische Westernsitz gemütlich. Der hübsche Hut schützt gegen Sonne und Regen. Auffällig ist die reich verzierte Gürtelschnalle. Auch das Pferd wirkt zufrieden mit dem typischen Westernzaumzeug und dem Westernsattel.

WESTERN-STIL

Zügelführung

So führen Westernreiter ihre Zügel. Anders als beim Reiten europäischen Stils sind die Westernzügel geteilt, also nicht durch eine Schnalle miteinander verbunden. Die Zügel liegen in einer Hand.

Westernstiefel

Sie sind aus sehr weichem Leder gearbeitet. Die Absätze sind hoch und nach vorne geneigt. Warum? Versucht man ein Kalb einzufangen, hat man einen besseren Stand. Der Absatz sorgt auch dafür, dass der Fuß nicht durch den Steigbügel rutscht. Westernreiter stehen nicht nur mit dem Fußballen im Steigbügel, sie machen es sich mit dem Fuß im Steigbügel gemütlich. Die Stiefel laufen vorne spitz zu. Das macht es leichter, in die Steigbügel zu kommen.

schwer und mit losen Rädchen bestückt, die klirren, als wollten sie den Rindern die Ankunft der Cowboys mitteilen. Handschuhe aus dickem Leder gehören ebenfalls zum Western-Stil. Ursprünglich sollten sie Verbrennungen an den Händen verhindern, die durch die Arbeit mit dem Lasso entstanden.

Chaps

Chaps (*Chaparejos/Chaperreras*) sind im Prinzip Arbeitsüberhosen aus Leder. Heute sind sie eher eine Modeerscheinung. Gewöhnlich reichen sie über die Stiefel. Viele sind an den Seiten mit Fransen verziert. Früher erfüllten diese einen ganz praktischen Zweck: Sie fungierten als kleine Regenrinnen, an denen das Wasser ablaufen konnte. Moderne Chaps sind aus sehr viel leichterem Leder als die Original-Arbeitschaps; zudem sind sie oft eingefärbt, damit sie zum Rest der Kleidung passen. Von den Originalen gab es vier Modelle, die sich in Details unterschieden: »shotgun«, also Schrotflinte, das breitere Modell »chinks«, was so viel heißt wie Risse oder Spalten, »batwing«, also Fledermausflügel. Es gab auch »woollies«, die »wollenen« Chaps. Bei diesem Modell waren noch die Haare auf dem Leder. Sie waren warm, aber schwer, sobald es regnete; dann rochen sie auch nicht gut. Moderne Chaps, vor allem die für Damen, sind enger geschnitten.

Hemden und Halstücher

Klassische Westernreithemden waren kariert. Heute gibt es sehr extravagante Modelle. Über das Hemd wird gewöhnlich eine Weste gezogen; auch deren Design ist manchmal auffällig und bunt. Um den Hals tragen manche Westernreiter so genannte »Bolo ties«, dünne Lederbänder oder geflochtene Lederkordeln, die von einer Zierspange zusammengehalten werden. Etwas alltäglicher sind da bunte Halstücher. Mit Schmuck hatten die Halstücher der Cowboys im Übrigen nichts zu tun. Sie banden sich die Tücher um Mund und Nase, um sich vor Staub oder schlammigem Wasser zu schützen. Es mag erstaunen, aber die Kleidervorschriften bei Westernschauen sind strenger als bei den entsprechenden europäischen Veranstaltungen. Alles in allem scheint bei amerikanischen Events sehr viel Wert auf die äußere Erscheinung gelegt zu werden – mehr als in Europa.

Sporen

Westernsporen sind groß, reich verziert und haben Rädchen, die sich drehen und klirren. Ein kräftiger Lederriemen, der über den Rist des Fußes läuft, hält sie fest. Westernsporen haben so gut wie nie Riemen, die unten am Fuß entlangführen.

Hohe Absätze

Original-Westernstiefel werden aus weichem Leder hergestellt und handgearbeitet. Die Sohlen sind dünn; vorne laufen sie spitz zu. Der Absatz ist hoch und ganz charakteristisch nach vorne geneigt.

Glossar

A

Aalstrich – Dunkler Haarstreifen, der sich von der Mähne entlang dem Rückgrat über den Rücken bis zum Schweif zieht.
Abzeichen – Weiße Flecken an Kopf und Beinen der Pferde; auch Wirbel – gegen den Strich verlaufende Haare – gehören zu den Abzeichen.
Aktion – Die Art des Pferdes, sich zu bewegen; ein Pferd zeigt viel Knieaktion, wenn es die Vorderbeine beim Trab stark nach oben zieht.
Alfalfa – Luzerne, eine tief wurzelnde Pflanze, grün mit lila Blüten; sie ist als frische Pflanze, aber auch getrocknet reich an Nährstoffen.
An der Hand vorführen – Auf Pferdeschauen werden Pferde häufig nicht geritten, sondern an der Hand vorgeführt; der »Reiter« läuft neben dem Pferd her.
Anlehnung – In der Anlehnung akzeptiert das Pferd das Gebiss, der Hals des Pferdes ist gewölbt, der Kopf liegt etwa auf einer senkrechten Linie, das Pferdemaul befindet sich etwas tiefer als die Hand des Reiters, zwischen Pferdemaul und Reiterhand besteht eine weiche, elastische Verbindung.
Anreiten – Das Pferd wird an den Sattel gewöhnt und lernt einen Reiter zu tragen sowie die grundlegenden Hilfen zu verstehen; Fahrpferde werden ans Geschirr gewöhnt und lernen Gefährte zu ziehen.
Aufmachung – Erscheinung von Pferd und Reiter.
Aufrollen – Der Kopf des Pferdes befindet sich hinter der Senkrechten, das Pferd geht hinter dem Gebiss und nimmt seinen Kopf weit Richtung Brust, um sich der Zügelhilfe zu entziehen.

B

Bodeneng – Die Hufe stehen zu nahe beieinander.
Bosal – Gebisslose Westernzäumung mit geflochtenem Nasenriemen.
Buckeln – Beim Buckeln springt das Pferd in die Luft, nimmt den Kopf nach unten und macht den Rücken rund; kein Bein hat Bodenkontakt. Manchmal schlägt es dabei aus.
Bügeln – Die Vorderbeine werden beim Laufen kreisförmig nach außen geschwungen; gilt in Europa als Mangel.

C

Chaps – Arbeitsüberhose aus Leder, typisch für amerikanische Cowboys.
Chukka – Zeitliche Einheiten beim Polo; ein Polo-Spiel besteht aus mehreren Chukkas.
Concours complet – Französiche Bezeichnung für die Reitsportdisziplin »Vielseitigkeit«.

D

Dämpfigkeit – Chronische Bronchitis.
Den Schweif hoch tragen – Besonders Araber tragen, wenn sie erregt sind, ihren Schweif sehr hoch. In Amerika wird der Schweif bei Showpferden gelegentlich operativ manipuliert, um ein hohes Tragen zu erreichen (in Deutschland ist dies verboten).
Diagonale – Der Begriff bezeichnet die Beinpaare, bestehend aus Vorderbein und gegenüberliegendem Hinterbein; die linke Diagonale meint also das linke Vorderbein und das rechte Hinterbein.

E

Eine Rippe zu viel – Bezeichnet einen zu langen Rücken.
Einheitliche Färbung – Die Deck- und Langhaare weisen einen einheitlichen Farbton auf.
Eohippus – »Pferd der Morgenröte« – Vorfahre unserer Pferde. Eohippus erinnerte allerdings eher an eine Antilope; es war kaum größer als ein Fuchs, hatte vier Zehen an den Vorderhufen und drei an den Hinterhufen; vor etwa 60 Millionen Jahren tauchte es erstmals auf.

F

Fassbeinig – Die Sprunggelenke stehen zu weit auseinander, die Hufe zu nahe beieinander; das Pferd wirkt hinten o-beinig.
Flehmen – Flehmende Pferde recken den Kopf hoch und ziehen die Oberlippe nach oben. Hengste flehmen, wenn rossige Stuten in der Nähe sind; auch Stuten oder Wallache flehmen, wenn sie etwas Besonderes riechen.
Fohlen – Junge Pferde bis zum Alter von drei Jahren; man unterscheidet Saugfohlen, Absetzer, Jährlinge und Zweijährige.
Fuchslendigkeit – Die Muskeln an den Ober- und Unterschenkeln der Hinterbeine sind zu schwach ausgebildet.
Fuchsschecke – Pferd mit weißen und fuchsfarbenen Flecken.

G

Gangpferd – Pferd, das außer Schritt, Trab und Galopp auch Tölt oder Pass beherrscht.
Gaucho – Südamerikanischer Rinderhirte.
Gegen das Gebiss gehen – Der Begriff beschreibt ein Pferd, das mit viel Kraft gegen das Gebiss drückt, um sich der Zügeleinwirkung zu entziehen.
Gemischte Schecken – Das Fell der gemischten Schecken ist mehr als zweifarbig.
Geschirr – Gesamte Ausrüstung für Fahrpferde, also Kumt, Brustblattgeschirr, Zaumzeug, Scheuklappen, Riemen.
Geschnürtes Vorderfußwurzelgelenk – Ist das Vorderfußwurzelgelenk oben oder unten zu stark eingeschnürt, also zu schmal, so ist dies ein Zeichen von Schwäche.
Gestüt – Pferdezuchtbetrieb.
Gymkhana – Englischer Begriff für Reiterspiele; Gymkhanas werden in England häufig veranstaltet, bei uns sind Reiterspiele bisher eher selten, finden aber zunehmend Anhänger.

H

Halbblut – Kreuzung zwischen Englischem Vollblut und einer anderen Pferderasse.
Handwechsel – Wenn der/die Reitlehrer/in das Kommando »Handwechsel« gibt, sollen die Reiter die Richtung ändern, also von der rechten auf die linke Hand (oder umgekehrt) wechseln. Dabei kann man z. B. durch die ganze Bahn wechseln oder in der Ecke kehrtmachen. Zeigt die rechte Seite von Pferd und Reiter nach innen auf die Bahn, befindet man sich auf der rechten Hand; zeigt die linke Seite zur Innenseite der Bahn, befindet man sich auf der linken Hand. Sind mehrere Reiter gleichzeitig in beide Richtungen unterwegs, so hat die rechte Hand »Vorfahrt«.
Hechtkopf – Konkave Nasenlinie, typisch für Araber.
Hengst – Ausgewachsenes männliches Pferd.
Hilfen – Mittels der Gewichts-, Schenkel- und Zügelhilfen sowie der Stimme kommuniziert der Reiter mit dem Pferd.
Hinter dem Zügel – Das Pferd versucht sich den Zügelhilfen zu entziehen, indem es den Kopf möglichst weit zur Brust nimmt.
Hintergeschirr – Teil des Geschirrs von Kutschpferden. Das Hintergeschirr führt um die Hinterhand des Pferdes; mittels des Hintergeschirrs können die Pferde mitbremsen.
Hinterhand – Gegenstück zur Vorhand; alle Körperteile des Pferdes, die hinter der Reiterhand liegen.
Hinterzwiesel – Erhöhter hinterer Teil des Sattels.
Hippotherapie – Krankengymnastik mit und auf Pferden.
Hirschhals – Der Hals des Pferdes ist nicht gerundet, sondern konkav geformt; tritt oft gemeinsam mit einem Senkrücken auf.
Hoch im Blut stehend – Pferde mit hohem Vollblut-Anteil; sie sind leichter erregbar als Pferde mit geringem Vollblut-Anteil.
Hohe Schule – Vollendete klassische Reitkunst; sehr schwierige Pferdedressur, basierend auf

natürlichen Bewegungsabläufen der Pferde, die im Laufe der Ausbildung verstärkt und verfeinert werden. Nur wenige Pferde eignen sich für die Hohe Schule.

Horse Killer – »Pferdekiller/-mörder«; Bezeichnung für amerikanische Pflüge der frühen Industrialisierung, die von acht Pferden gezogen werden mussten.

Hosen – Die Ober- und Unterschenkel der Pferde an den hinteren Gliedmaßen.

Hufschlagfiguren – Bestimmte Lektionen – wie Zirkel, Volten, Schlangenlinien –, die im Unterricht geritten werden.

I

Iberisches Pferd – Sammelbegriff für spanische und portugiesische Pferderassen: Andalusier, Lusitano, Altér Real und Hispano-Araber.

Inzucht – Zuchtverfahren, um bestimmte Eigenschaften zu betonen oder zu festigen; dabei werden Tiere zur Zucht herangezogen, die nah miteinander verwandt sind, z. B. Mutterstute mit Sohn.

J

Jibbah – Für die Araber typische, stark vorgewölbte Stirn.

Jog – Begriff aus der Westernreiterei; langsamer Trab mit flachen und wenig raumgreifenden Tritten.

K

Kaltblut – Massige, kraftvolle Pferde von eher ruhigem, schwerfälligem Temperament.

Kanalpferd – Pferd, das ein Boot zieht.

Kandarengebiss – Gebiss mit starrem Mundstück und seitlichen Hebeln; eine Kinnkette verbindet die beiden oberen Hebelarme miteinander.

Kapriole – Lektion der Hohen Schule, ein besonders hoher Sprung. Das Pferd schlägt am höchsten Punkt der Schwebephase mit den Hinterbeinen kräftig aus.

Karpfenrücken – Der Rücken des Pferdes ist nach oben gewölbt, fehlerhaft; Gegenstück zum Senkrücken.

Kastanie – Hornhöcker an den Innenseiten der Beine; Relikt aus der Zeit, als Pferde noch Mehrzeher waren.

Kehlkopfpfeifen – Atemstörung, hervorgerufen durch eine Lähmung der Muskeln am Kehlkopf; muss in der Regel operativ behoben werden.

Kehlriemen – Bestandteil des Kopfstücks des Zaumzeugs, liegt locker um die Kehle.

Kinngrube – Stelle am Kopf hinter den Unterlippen; dort liegt die Kinnkette.

Körperbau – Skelett, Muskeln und Proportionen des Pferdes.

Kötenbehang – Lange Haare auf der Rückseite der Fesseln; typisch für Kaltblüter und Pferderassen, in die Kaltblüter eingekreuzt wurden.

Koppen – Verhaltensstörung bei Boxen-Pferden, die sich langweilen oder einsam sind; dabei setzen die Pferde meist die Zähne auf einen Gegenstand, z. B. auf die Oberkante der Boxentür, und schlucken Luft. Es gibt auch »Freikopper«, also Pferde, die Luft schlucken, ohne ihre Zähne aufzusetzen.

Kreuzung – Bei der Zucht werden verschiedene Rassen und Pferdetypen gemischt.

Kuhhessig – Die Sprunggelenke des Pferdes stehen zu nahe beieinander, die Hufe dadurch zu weit nach außen – eine Beinhaltung, wie sie bei Kühen zu sehen ist.

Kupieren – Durch eine Operation werden Schweifwirbel abgetrennt; heute in einigen Ländern verboten, unter anderem in Deutschland und Großbritannien.

Kurbette – Lektion der Hohen Schule; das Pferd vollführt auf der Hinterhand mehrere Sprünge, ohne dass die Vorderbeine den Boden berühren.

Kutscher – Fahrer des Wagens; er lenkt die Pferde.

Kutschpferd – Pferde, die vor Kutschen gespannt werden; verglichen mit Zugpferden meist eleganter in ihrer Erscheinung.

L

Laden – Natürliche Zahnlücke im Unterkiefer zwischen Schneide- bzw. Haken- und Backenzähnen.

Landbeschäler – Hinter diesem sperrigen Begriff verbergen sich edle Hengste, nämlich die Zuchthengste der staatlichen Landesgestüte. Die jährliche Fohlenzuchtsaison verbringen sie in der Regel auf einer der Deckstationen der Landesgestüte, um dort für möglichst viele Nachkommen zu sorgen.

Langhaare – Mähne, Schweif und Kötenbehang gehören zu den Langhaaren.

Leichter Sitz – »Il sistema«, typische Körperhaltung beim Springen, eingeführt von dem Italiener Federico Caprilli.

Lenden – Bereich des Pferdekörpers seitlich neben der Wirbelsäule und hinter der Sattellage.

Levade – Lektion der Hohen Schule; das Pferd trägt den Reiter nur auf der Hinterhand, Hinterbeine sind stark gewinkelt, Vorderbeine weit angezogen.

Linienzüchtung – Die Population einer Rasse kann unterteilt werden in Linien, in Teilpopulationen; die Linienzucht zieht Pferde zur Zucht heran, die bestimmten Linien angehören, um besondere Eigenschaften zu erhalten bzw. zu akzentuieren.

Losgelassenheit – Ein Ausbildungziel. Das Pferd bewegt sich gelöst und locker, auch bei schwierigen Lektionen erscheinen die Bewegungen leicht, und das Pferd nimmt die reiterlichen Hilfen besser an.

M

Mash – Lauwarmer Brei, den Pferde gerne schlürfen; meist Zusatzfutter für kranke Pferde, säugende Stuten oder Pferde im Fellwechsel. 100–200 g geschroteter Leinsamen über Nacht einweichen und am nächsten Morgen kurz aufkochen; 1 kg Quetschhafer und 500 g Weizenkleie in einem Eimer mischen und mit kochendem Wasser übergießen (verwende so viel Wasser, bis der Eimer zu einem Drittel voll ist); Brei eine Weile ziehen lassen und noch mal Wasser hinzugießen, bis der Eimer etwa halb voll ist; umrühren, vor dem Füttern etwas abkühlen lassen.

Mauke – Ekzem der Fesselbeuge, nässend; Auslöser sind Bakterien, die durch kleine Wunden eindringen, hervorgerufen häufig durch Schmutz und schlechte Stallhygiene.

Mehlmaul – Weißes Maul des Pferdes; bei Exmoor Ponys kommt dieses Abzeichen häufig vor.

Mitbah – Bei Arabern der Winkel, in dem der Kopf am Hals angesetzt ist; daher kommt der typische gebogene Hals der Araber.

N

Narragansett Passer – Gangpferderasse, die im 18. und 19. Jahrhundert in der Gegend um die Narragansett Bucht auf Rhode Island/USA entstand; die Rasse existiert heute nicht mehr, bildet aber den Grundstein aller US-amerikanischen Gangpferderassen.

Nieren- oder Lendenpartie – Pferde haben zwischen 5 und 7 Lendenwirbel; eine zu lange Nierenpartie ist unerwünscht.

Noriker – Schwere Kaltblutpferde aus den österreichischen und deutschen Alpen; leisten harte Arbeit, denn sie werden zum Holzrücken, also zum Ziehen schwerer Holzstämme, eingesetzt. Zu den Vorfahren der Noriker zählen römische Kriegspferde; auf diese Zeit geht auch ihr Name zurück: Noricum hieß eine römische Provinz, die im heutigen Kärnten lag.

O

Oberlinie – Obere Silhouette des Pferdes über Hals, Rücken zur Kruppe.

Ohrenspiel – Die Ohren geben Auskunft über die Befindlichkeit der Pferde:
Zeigt eine Ohrmuschel nach vorne, die andere nach hinten, hört das Pferd möglicherweise auffällige Geräusche vor und hinter sich – oder es hört zwar noch kein besonderes Geräusch, will aber für alle Fälle gewappnet sein. Manche Geräusche bedeuten nämlich »Gefahr«; in freier Wildbahn war und ist es bei Pferden nun mal so: Wer am schnellsten flüchtet, hat die besten Überlebenschancen.
Liegen die Pferdeohren eng am Pferdekopf an und macht das Pferd ein böses Gesicht, ist Vorsicht geboten: eine Drohgebärde!
Wendet dir das Pferd den Kopf zu und zeigen die Ohren nach vorne, so richtet das Pferd seine Aufmerksamkeit ganz auf dich. Du bist willkommen.
Hebt das Pferd mit gespitzten Ohren alarmiert den Kopf, verspannt sich und bleibt wie angewurzelt stehen, solltest du es mit Worten oder durch Streicheln zu beruhigen versuchen; es fühlt sich durch irgendetwas bedroht und könnte scheuen.
Hängen die Ohren lässig zur Seite, kannst du sicher sein, dass das Pferd gerade döst.
Omnibus – Fahrzeug für den Transport von Passagieren, in Frankreich entstanden und als Omnibus bezeichnet, weil die erste Haltestelle vor dem Grundstück eines gewissen Monsieur Omnes in Nantes eingerichtet wurde.
Onager – Wildesel; der zoologische Begriff für Wildesel lautet Equus hemionus onager.
Orientalische Pferde – Pferde, die aus dem Orient stammen, wie Araber oder Berber; zur Entwicklung des Englischen Vollbluts eingesetzt.

P

Packpferd – Pferd, das Lasten trug, die zu beiden Seiten seines Rückens befestigt wurden.
Palfrey – Reitpferd des Mittelalters, bekannt für seinen bequemen Passgang.
Passgänger – Pferd, das eher zum lateralen Pass als zum diagonalen Trab tendiert.
Pferdestärke – Frühere Messeinheit für die mechanische Leistung, definiert als die Kraft, die nötig ist, 1,5 Zentner in einer Sekunde einen Meter hoch zu heben.
Piephacke – Schwellung auf der oberen Innenseite am Sprunggelenk; Galle.
Piköre – Sie helfen dem Huntsman, der bei der Jagd die Hunde leitet, diese zu kontrollieren.
Priemen – Dem Pferd fällt angekautes Futter immer wieder aus dem Maul – ein Hinweis auf scharfe Kanten und Haken an den Zähnen; die Zähne müssen abgeraspelt werden.

Primitive Pferde – Sammelbegriff, der sich auf die frühen Pferde bezieht: Tarpan, Asiatisches Wildpferd, Waldpferd, Steppenpferd.

Q

Quadrille – Eine Show zu Pferd, gekennzeichnet durch Präzision; begleitet von Musik reiten vier, acht, zwölf oder sechzehn Reiter – meist in Uniform oder historischen Trachten – aufeinander abgestimmte Lektionen. Auch in Reitschulen werden einfache Quadrillen geritten.
Quarre Oxer – Hochweitsprung, bestehend aus zwei hintereinander aufgebauten Ricks gleicher Höhe.

R

Rack – Renntölt, zusätzliche Gangart des American Saddlebred; ein Viertakt, nicht vergleichbar mit dem Pass.
Ramsnase – Konvexes Profil der Nase; viele Kaltblüter haben Ramsnasen.
Rappschecke – Schecke mit weißen und schwarzen Flecken.
Rasse – Gruppe selektiv gezüchteter Pferde, auf bestimmte Zuchtziele ausgerichtet; es gibt Stutbücher, in die die Stammbäume eingetragen werden.
Raumgriff – Die Pferdebeine greifen weit aus, das Pferd kommt gut vorwärts.
Reinrassig – Pferd einer beliebigen Rasse, in dessen Stammbaum keine anderen Rassen eingekreuzt wurden.
Reitpferd – Generell Pferde, bei deren Zucht auf die Reittauglichkeit Wert gelegt wird, anders als z. B. bei sehr schweren Arbeitspferden.
Reitplatz – Begrenzter Platz, in der Regel mit Holzzaun und speziellem Bodenbelag, um darauf zu reiten.
Remuda – Amerikanischer Begriff für die Herde eingerittener Pferde, die für die Arbeit auf der Ranch verwendet werden.
Rennpferd – Pferd, das speziell für Pferderennen gezüchtet wurde, oft Englische Vollblüter.
Revaal – Passgang der Marwari- und Kathiawari-Pferde.
Roadster – Gemeint ist der Norfolk Roadster, ein Traber, Vorfahre der Hackneys; in den USA werden manchmal auch leichte Fahrpferde, wie zum Beispiel das Standardbred, als Roadster bezeichnet.
Röhrbein – Vorderbeinknochen zwischen Vorderfußwurzelgelenk und Fessel, auch Vordermittelfußknochen; das Gegenstück am Hinterbein ist der Hintermittelfußknochen.

Röhrbeinumfang – Die Stärke des Röhrbeins wird ca. 5 cm unterhalb des Vorderfußwurzelgelenks gemessen. Es gibt bestimmte Richtwerte, wie groß der Röhrbeinumfang sein sollte – bei Warmblutpferden in etwa 20–22 cm, bei Kleinpferden etwa 18–20 cm.
Rückständig – Die Vorderbeine stehen nicht gerade, sondern zu weit nach hinten unter den Körper; auch rückbiegig.
Rückzüchtung – Zuchtverfahren, um Tiere zu erhalten, die in ihren Eigenschaften den Tieren ausgestorbener Rassen gleichen.

S

Satteldruck – Druckstellen, hervorgerufen durch einen schlecht sitzenden Sattel; die Haare an den Druckstellen werden weiß.
Schecken – Pferde, deren Fell zwei- oder mehrfarbig ist.
Scheitelbein – Knochen oben auf dem Kopf.
Schleppjagd – Jagd mit einer Meute; verfolgt wird kein lebendes Tier, sondern eine künstlich gelegte Spur, die »Schleppe«.
Schnüren – Fehlerhafte Art der Bewegung, bei der das Pferd beim Laufen die Vorderbeine überkreuzt.
Schopf – Teil der Mähne, der zwischen den Ohren auf die Stirn fällt.
Schule über der Erde – Lektionen der Hohen Schule; gemeint sind besondere Sprünge, entweder auf den Hinterbeinen oder mit allen vier Beinen in der Luft.
Schwarze Hufe – Das Hufhorn kann schwarz oder weiß sein.
Schweifrübe – Schwanzwirbel, Fortsetzung des Rückgrats; dort wachsen die Schweifhaare.
Selle Royale – Ausbildungssattel in der klassischen Reitkunst.
Senkrücken – Der Rücken ist stärker gesenkt; tritt häufig bei älteren Pferden auf.
Shillibear – Omnibus, von Pferden gezogen, benannt nach George Shillibear, der in London 1829 die erste Omnibus-Gesellschaft gründete.
Sporn – Höcker aus Horn an der Rückseite des Fesselgelenks.
Stallhalfter – Zaumzeug ohne Gebiss, aus stabilen Kunststoffbändern, -schnüren oder Leder, um Pferde anzubinden oder zu führen.
Stammbaum – Vorfahren des Pferdes; sie werden ins Stutbuch eingetragen.
Stangenpferde – Die Pferde, die am nächsten zum Wagen, direkt an der Deichsel angespannt sind; ein Viererzug umfasst zwei Vorderpferde und zwei Stangenpferde.
Stellung – Das Pferd ist gleichmäßig gebogen, der ganze Körper geht in die Biegung mit.
Stockmaß – Höhe des Pferdes vom Boden bis

GLOSSAR

zum Widerrist, gemessen mit einem senkrecht auf dem Boden stehenden Stock.
Stocksattel – Australischer Arbeitssattel.
Strahl – Bestandteil des Hufes; befindet sich unten an der Hufsohle und sorgt für eine gewisse Elastizität des Hufes.
Streckphase – Das Pferd geht am langen Zügel, streckt den Hals nach vorne unten, die Schritte werden länger; Gegenteil der Versammlung.
Stutbuch – Ins Stutbuch der Zuchtverbände werden die Stammbäume der Pferde eingetragen.
Stute – Ausgewachsenes weibliches Pferd.
Stutfohlen – Weibliches Fohlen.

T

Tiefe – Gurtentiefe; Brustumfang des Pferdes, gemessen in der Gurtlage.
Tölt – Extra-Gang mancher Pferde; so bequem, dass angeblich schon Napoleon seine Pferde darin ausbilden ließ. In Europa beherrschen nur Isländer den Tölt. Die Gangart funktioniert wie der Schritt, ein Viertakt aufgeteilt in acht Phasen, wobei der Kontakt zum Boden nie verloren geht; die Pferde schreiten beim Tölt nicht, sie laufen. Der Reiter wird lediglich sanft geschaukelt und nicht wie im Trab geworfen.
Trocken – Bei trockenen Gelenken oder trockenem Kopf sind die Knochen, die unter der Haut liegen, deutlich sichtbar. Unter der Haut befindet sich wenig Fettgewebe; das ist typisch für hoch im Blut stehende Pferde.
Typ – Pferde, die zwar keiner bestimmten Rasse angehören, sich aber in gewissen Merkmalen ähneln und/oder die für einen bestimmten Zweck gedacht sind, zum Beispiel Polo-Ponys oder Jagdpferde.

U

Überbaut – Ein Pferd ist überbaut, wenn die Kruppe höher ist als der Widerrist. Bei Pferden im Wachstum kommt das öfter vor; meist verwächst sich das wieder. An sich ist ein Überbau unerwünscht, denn die Vorderbeine tragen dann mehr Gewicht als gewollt; allerdings können überbaute Pferde sehr gute Springer sein, deshalb nimmt man bei guten Springpferden den Überbau in Kauf.
Über dem Zügel gehen – Das Pferd versucht sich der Einwirkung des Gebisses zu entziehen, indem es den Kopf zu hoch trägt.
Unterarm – Knochen des Pferdebeins oberhalb des Karpal- oder Vorderfußwurzelgelenks; bestehend aus Elle und Speiche.
Untertreten – Die Hinterbeine arbeiten kräftiger mit und treten weiter unter den Körper; das Pferd läuft dadurch mit mehr Schub.

V

Vaquero – Mexikanischer Rinderhirte.
Vererbungskraft – Fähigkeit eines Tieres bzw. die Eigenschaft, seine Charakter- oder körperlichen Merkmale an die Nachkommen weiterzugeben.
Versammlung – Das Pferd geht aufgerichtet mit rundem Hals und senkrecht gestelltem Kopf am Zügel, die Hinterbeine treten vermehrt unter den Körper, dadurch senkt sich die Kruppe, die Schrittfolge ist verkürzt.
Viererzug – Vier Pferde sind vor einen Wagen gespannt; Vierergespann.
Vollblut – Reinblütige Araber, Englische Vollblüter und Kreuzungen aus Arabern und Vollblütern.
Von – In der Zucht bezeichnet die Wendung »von (Name)« den Zuchthengst, also den Vater der Pferdes; »aus (Name)« meint die Mutterstute.
Vorderpferd/Vorderpferde – Bei einem Viererspann die beiden vorderen Pferde; bei zwei Pferden, die im Tandem eingespannt sind, das vordere Pferd.
Vorderzwiesel – Erhöhter vorderer Teil des Sattels.
Vorhand – Körperteile des Pferdes, die vor der Reiterhand liegen; dazu gehören Kopf, Hals, Brust, Widerrist und Vorderbeine.

W

Wallach – Kastrierter Hengst.
Warmblut – Sportliches Reitpferd, das hinsichtlich Erscheinung und Temperament zwischen Vollblut und Kaltblut liegt.
Weiße Linie – Innerste Schicht des Hornschuhs oder Hufkapsel, unpigmentiert, daher weiße Linie, weich und leichter verletzlich, Verbindungsschicht zwischen Hufkapsel und Lederhaut.
Wildesel – Equidenart, die Merkmale der Esel und der Pferde in sich vereint; dazu gehören der Mongolische Kulan, der Tibetische Kiang. Wildesel sind keine Kreuzungen aus Pferden und Eseln.
Wirbel – Haarwirbel, die gegen den Strich stehen, gelten als Abzeichen.
Wüstenpferde – Pferde, die entweder ursprünglich aus der Wüste stammen oder noch heute dort gezüchtet werden; sie haben ein feines Fell und eine feine Haut und können Hitze gut vertragen.

X

xx – Ein Doppel-x im Abstammungsnachweis eines Pferdes bedeutet, dass es sich um ein Englisches Vollblut handelt. Steht hinter dem Pferdenamen nur ein x, so stammt das Pferd zu 25 Prozent von Vollblut-Arabern ab – die anderen Vorfahren sind Englische Vollblüter.

Y

Yurte – Mongolisches Zelt aus Filz oder Fell.

Z

Zebrastreifen – Dunkle Fellstreifen an den Vorder-, manchmal auch an den Hinterbeinen.
Zeheneng – Bei einem Pferd, das zeheneng steht, sind die Hufe vorne nach innen gewandt.
Zuchthengst – Hengst, der zur Zucht eingesetzt wird.
Zugpferd – Schweres, kräftiges Arbeitspferd, das schwere Wagen und Lasten zieht.

Register

A
Aachen, 58
Aalstrich, 100, 119, 153, 161
Absitzen, 167
Abzeichen, 100–101
Achal-Tekkiner, 79, 122
Acht, Figur, 186
Afghanistan, 29, 82
Ägypten, 22–24, 34–35, 215
Ainsworth, W. Harrison, 15
Akupunktur, 224–225
Albino, 100, 136
Alexander der Große, 20
Allenby, General, 28, 34
Allergie, 223
Altér Real, 105, 124–125, 209
Amerika, 11–12, 31–33, 39–40, 43, 51–52, 55–56, 63, 66, 68, 72–73, 76–77, 81, 84, 89, 92–93, 98, 100, 105, 107, 130, 133, 135, 137, 139, 141, 145, 160, 162–163, 213, 215, 247
Andalusier, 95, 105–106, 125, 209, 215
Andrews, R. C., 78–79
Anglo-Araber, 93, 95, 115, 123, 126
Anhalten, 168–169
Anreiten, 168–169
Appaloosa, 121, 137
Appleby, Markt, 209
Araber, 47, 66, 92, 94–95, 102–105, 107, 110, 115, 120, 122, 126–128, 130, 133, 136–137, 141, 147–148, 153–154, 157, 161, 213
Arbeitspferd, 26–47, 140
Argentinien, 81, 156
Arkle, 53, 62–63
Aromatherapie, 225
Asiatische Spiele, 82–84
Asiatisches Wildpferd, 13, 128–129, 158–159, 161
Astley, Philip, 46–47
Atmung, 66, 218, 223
Aufsitzen, 166
Aufzäumen, 235
Augen, 11–12, 16, 201, 203
– Gesundes Pferd, 218–219
Auskratzen der Hufe, 200–201
Ausritt, 190–191, 204–205, 214–215
Ausrüstung, 196, 226–247
– Decke, 238–239
– Gamaschen, 238
– Gebiss, 234–237
– Kleidung, 242–247
– Putzkasten, Putzzeug, 201, 240–241
– Sattel, 228–233
– Zaumzeug, 234–235
Australien, 66, 191, 215
Axe, Wortley, 97

B
Badminton Horse Trials, 60–61
Bagnold, Enid, 15
Balance, Zentrum der, 173
Banbury, Sir Charles, 51
Bandagen, 238
Bareback Riding, 74–75
Barrel Racing, 74–75
Batak, 160
Beine des Pferdes
– Bandagen, 238
– Fehlstellungen, 97
– Gesundes Pferd, 218–219
– Lahmen, 222
– Pflege, 201–203, 206, 211, 221
– Zeichnungen, 100–101
Beine des Reiters
– Hilfen, 166 ff
Belgisches Kaltblut, 33, 79, 140
Belgisches Warmblut, 115
Berber, 95, 104–105, 127, 130, 138, 158, 162
Bewegung, 98–99
Big Racket, 78
Bishop, Wash, 61
Black Beauty, 15
Black Bess, 15
Blesse, 101
Bluten, 221
Bosal, 235, 237
Brabanter, 79, 140
Brauereipferd, 37
Brauner, 100
Brooke, Dorothy, 29, 34–35
Brooke Hospital, Kairo, 29, 34–35
Brooklyn Supreme, 79
Buckeln und Steigen, 17, 222
Bukephalos, 20
Bull Riding, 74–75
Bürste, 200–203
Bus, von Pferden gezogen, 40–41
Buzkashi, 82
Byerley Turk, 104

C
Calf Roping, 75
Camargue-Pferd, 154
Cannon Ball, 152
Caprilli, Captain Federico, 58
Cardigan Bay, 76
Caspian, 128
Cervantes, Miguel de, 15
Chaps, 247
Cheltenham, 53, 62–63
Chetak, 20–21
China, 18, 24, 29–30, 80, 225
Chincoteague, 160
Chiropraktiker, 225
Chuck-Wagon Racing, 74
Civil War, 28, 106
Cleveland Bay, 38, 78, 87, 106, 114–115
Clydesdale, 31, 140–141, 153
Cob, 37, 156, 212
Comanche, 21
Concord, Kutsche, 43
Connemara Pony, 151–152
Cortés, Hernando, 12–13
Cowboys, 68, 70–72, 74–75, 137, 231, 246–247
Criollo, 21, 138, 141, 156
Cutting Wettkämpfe, 70–71

D
Dales Pony, 38, 109, 147, 152–153
Darley Arabian, 104
Dartmoor Pony, 38, 147, 157
Darwin, Charles, 10
David, Jacques-Louis, 21, 55
Decke, 71, 205, 210–211, 223, 231, 238–239
Degas, Edgar, 55
Delacroix, Eugène, 55
Derby, 50–51, 58, 63, 110
Desert Orchid, 63
Devonshire Pack Horse, 38
Distanzreiten, 66–67
Domestikation, 10, 18–19, 128
Don, 123
Donnelly, Dick, 78
Don Quichotte, 15
Dressur, 64–65, 213
– Fahrsport, 86
– Sattel, 229
Dr. Le Gear, 79
Droschkenpferd, 40
Dschingis Khan, 24–25, 42, 215
Dubai, 51, 67
Dubai Millennium, 51, 63
Dublin Show, 59
Dummy, 69

E
Eclipse, 62, 104, 121
Einfangen eines Pferdes, 206
Eisenbahn, 38–40
El Bedavi, 154
Elektrotherapie, 224–225
Ellenbogengelenk, 96
Englisches Reitpony, 157
Englisches Vollblut, 50, 95–96, 102, 104, 121, 213
Eohippus, 10–11
Eozän, 10
Epsom, 50–51
Equus Caballus, 11–12
Equus hemionus, 79, 118–119
Eriskay, 146
Erkältung, 223
Ernährung, 198–199, 204, 218–219, 222–223
Erste Hilfe, 220–223
Esel, 12–13, 31, 37, 118–119, 143–145, 158
Evolution, 10–13
Exmoor Pony, 38, 146–147

F
Fahrsport, 86–87
Falabella, 79, 139
Falbe, 21, 100–101, 153
Farben, 100–101
Fédération Équestre Internationale, 58, 66
Fell, 19, 41
– Farbe, 100–101
– Gesundes Pferd, 218–219
– Pflege, 200–203
– Schur, 210–211
– Zeichnungen, 100–101
Fell Pony, 38, 87, 107, 109, 147, 152–153
Ferreira, Andre, 78
Fessel, 96
Feste, 44–45, 208–209
Fetten der Hufe, 217
Feuerwehr, 41
Filme, 72–73
Firouz, Louise L., 128
Flachrennen, 50–51
Flehmen, 16
Fliegenschimmel, 100
Fluchtreflex/-instinkt, 16, 220
Forstwirtschaft, 33
Foxtrotter, Missouri, 98, 135
Franconi, Antonio, 46
Frankreich, 18, 31, 51–52, 58, 60, 215
– Garde Republicaine, 45
– Jagd, 56–57
– Trabrennen, 76

252

REGISTER

Französischer Traber, 93, 117
Freiheitsdressur, 47
Friese, 47, 109, 114–115
Fritz, 72–73
Fuchs (Pferd), 100, 136
Fuchsjagd, 56–57
Fuchsschecke, 100
Führen an der Hand, 206–207
Funnel, Pippa, 60
Furioso, 115, 121
Futter/Füttern, 196, 198–199, 204, 218–219, 222
Futuity, 77

G
Galiceno, 98, 139
Galloway, 104, 153
Galopp, 64–65, 69, 77, 80, 98–99, 168 ff, 205
Gamaschen, 77, 238, 242
Gänge, 98–99, 205
Gangartwechsel, 65, 168–173
Gangpferd, 42, 76–77, 98, 135
Gato, 21
Gebäude (des Pferdes), 96–97
Gebiss, 23, 231, 234–237
Gegenseitige Fellpflege, 17, 201
Geländeparcours, 188–189
Gelderländer, 87, 93, 114–115
Gelenke, 96
Gelenkskappen, 238
Genick, 96
George, Lloyd, 29, 34
Geruchssinn, 16
Geschichte, 20–25
Gesicht, Zeichnung, 100–101
Gesundes Pferd, 204, 218–219
Getreide, 199
Gobi, Wüste, 13, 24, 78–79, 129, 158
Godolphin Arabian, 104
Grand National, 15, 52–53, 62–63
Gras, 198–199, 218
Griechische Sagen, 14–15
Grippe, 221
Grisone, Federico, 64
Größe, Rekorde, 79
Groninger, 93, 114
Grubenpony, 36–37
Gurte, 230–231
Gurtentiefe, 96, 107
Gurtlage, 96
Gymkhanas, 84–85, 214, 243

H
Hackamore, 235, 237

Hackney, 107–108, 115, 137, 153
Hände
– Hilfen, 166 ff
– Zügelhaltung, 167
Haflinger, 154
Halbblut, 95
Halstuch, Western-Stil, 247
Hannoveraner, 93, 112, 114
Hart, William S., 72–73
Haseltine, Herbert, 55, 62
Haut, 200–201, 203, 210–211
– Gesundes Pferd, 218–219
– Krankheiten, 223
Hearst, William Randolph, 133
Heatherbloom, 78
Hengstparade, 88
Herdentrieb, 16
Herod, 104
Hethiter, 22–23
Heu, 199, 223
Highflyer, 104
Highland Pony, 147, 153, 214
Hilfen, 166 ff
Hindernisreiten, 61, 180–185
Hispano-Araber, 126
Höhlenmalerei/-zeichnungen, 10, 13, 18, 54
Hohe Schule, 7, 47, 64–65, 105, 124, 129, 178, 209
Holländisches Warmblut, 93, 114–115
Hollywood, 72–73
Holm, Ute, 69
Holsteiner, 87, 113, 115
Holzrücken, 33
Homöopathie, 224
Hongkong, 191
Huaso, 78
Hüfthöcker, 96
Hufe, 41, 107, 133, 135, 196, 200–201, 216–217, 222, 238
Hufrehe, 222
Hufschlagfiguren, 174–177
Hufschmied, 216–217
Hundertmeiler, 66–67
Hunter, 89, 93, 113, 157, 208
Hunter-Schur, 211
Husten, 223–224

I
Impfung, 220–221
Indien, 20, 22, 82–83, 118–119, 129, 203, 215, 242
– Berittene Truppen, 29, 45, 145
– Chetak, 20–21
– Dusshera, 7

– Feste, 6–7, 208–209
– Kari jal bazee, 83
– Polo, 80
– Reiterspiele, 84
– Schweinejagd, 82–83
Industrie, Pferde in der, 36–41
Industrielle Revolution, 31, 36
International Equestrian Federation (FEI), 58, 66
Irish Hobbies, 104
Irland, 51–52, 56, 58–59, 152, 208, 215
Isabell, 100–101, 136
Isländer, 98, 155

J
Jagd, 56–57, 106, 157, 210–211
Jagdkleidung, 242–244
Jagdruf, 57
Jockeyklub, 50
Jockeys, Rennen, 51
»Jockeys«, Sattelpflege, 241
Jodhpur, 129, 242
Jütländer, 143
Julmond, 120

K
Kabardiner, 19, 90–91
Kadir Cup, 83
Kaltblut, 30–33, 36, 95, 109, 140–143, 156, 213
Kaltenberg, Ritterturnier, 45
Kanada, 26–27, 31, 45, 56, 141, 158
Kanalpferd, 37–38, 78
Kandare, 235–236
Kardätsche, 201–202
Karpalgelenk, 77, 96
Kastanie (Beine), 96, 118
Kathiawari-Pferd, 83, 129
Kauf eines Pferdes, 194–197
Kavallerie, 21, 28–29, 34, 44–45, 58, 62, 66, 83, 121, 123, 127, 150
Kehle, 96
Kentucky, Derby, 51
King, Joe, 77
Kinngrube, 96
Kipling, Rudyard, 15, 28
Kladruber, 117
Kleidung, 44–45, 242–247
Knabstrupper, 47, 121
Knie, 96
Knie, Zirkus, 47
Knochen, 96
Körpersprache, 17, 166 ff
Körpertemperatur, 218

Kohlegrube, 36–37
Kolik, 199, 223
Kommunikation (siehe Hilfen, Körpersprache, Stimme)
Kräuter, 198, 223–224
Krall, Karl, 47
Krankheiten, 199, 218–225
Kraut, Laura, 59
Krieg, 20–25, 28–29, 120
Kruppe, 96
Kulan, 79, 119
Kunst, 54–55, 62
Kunststücke, 47, 72–73, 208
Kyzkuu, 82

L
Lahmen, 222
Landwirtschaft, 30–33
Lascaux, 13, 18, 54
Laterne, 101
Lederpflege, 213, 240–241
Lende, 96
Lipizzaner, 7, 87, 116–117
Literatur, 15
London, 40, 42, 46–47, 62, 84
Longieren, 178–179
Lope, 68
Lundy Pony, 151
Lusitano, 9, 105, 125, 209

M
Mähne, 41, 219, 223
– Flechten, 212–213
– Pflege, 201–203
– Rekorde, 79
– Scheren, 212–213
– Verziehen, 201, 212–213
Maktoum Familie, 51, 67
Malerei, 10, 13, 18, 54–55
Mancha, 21
Man o' War (Big Red), 55, 62–63
Marathon, Fahrsport, 86
Marbach, 120
Marengo, 20–21, 55
Martingal, 23, 237
Marwari-Pferd, 20, 98, 129, 215
Maryland Hunt Cup, 52
Massage, 201, 203, 225
Matchem, 104
Maultier, 29, 37, 39, 143–145
McGary, Dave, 54–55
Mehlmaul, 101, 146
Merychippus, 11–12
Mesohippus, 11
Mesopotamien, 22
Mewar, Maharadscha Pratap, 20–21

Mezöhegyes, Ungarn, 120–121
Milchmann, 40
Military, 60
Miohippus, 11
Miozän, 11–12
Missouri Foxtrotter, 98, 135
Mix, Tom, 73
Mongolen, 18, 24–25, 84, 212, 215
Mongolisches Pferd, 129, 161, 215
Morab, 92, 133
Morales, Captain Alberto, 78
Morgan, 132–135, 137
Morocco, 47
Mounties, 26–27, 45
Mustang, 162–163
Mythologie, 14–15

N
Napoleon, 20–21, 55, 123
Naturheilverfahren, 224–225
Neapel, 64
Neolithikum, 10
Neuseelanddecke, 238
New Forest, 147, 151
Newmarket, 50
Nicolls, Richard, 51
Nomaden, 18–19, 22, 24–25
Nonius, 115, 120–121
Normänner, 108, 114, 158

O
Oberschenkel, 96
Österreich, 31, 38–39, 116, 121, 154
Ohren
– Gehör, 16
– Körpersprache 17
Old Billy, 78
Oldenburger, 93, 114–115
Olga Tartish, 82
Oligozän, 11
Olympische Spiele, 58–60, 64–65
Omnibus, 40–41
Oodarysh, 82
Orlow-Traber, 115, 123
Osteuropa, 32–33, 159
Overo, 100, 137

P
Packpferd, 38, 106
Paddock, 197, 238
Palmer, John, 42
Palomino, 46, 72, 93, 100–101, 136
Parade, 168 ff

Parcours, 58–61, 68, 86–87, 89, 186–189
Pardubice, 52–53
Paris, 40
Parther, 25
Paso
– Paso Corto, 138
– Paso Fino, 138
– Paso Largo, 138
– Paso Peruano, 98, 138
Pass, 77, 98, 134
Passage, 64–65
Pazyryk, Grabstätten, 19
Pedigree, 93, 95
Pegasus, 14–15
Pelham, 235–237
Percheron, 32, 33, 79, 141, 153
Perfectionist, 110
Perser, 20, 22, 42, 80
Pessoa Gebiss, 235–237
Pferd der Morgenröte, 10–11
Pferde in der Stadt, 40–41
Pferdeleistungsschau, 88–89
Pferdemühle, 37
Pferderennen, 48–53, 62–63, 76–77
– Rennsattel, 229
Pferdestärke, 36–37
Pflege, 200–203, 206, 210
Pflege der Ausrüstung, 240–241
Physiotherapie, 225
Piaffe, 64, 173
Piebald, 15
Pinto, 21, 100, 137, 160
Pirouette, 64
Planwagenrennen, 74
Planwagentreck, 39
Pliohippus, 12
Pliozän, 11
Point-to-point-Rennen, 52
Poitevin, 143
Polizei, berittene, 26–27, 44–45
Polo, 80–83, 156
– Polosattel, 229
Polo-Pony, 15, 81, 93, 138, 147, 156, 212, 238
Pony, 94
Pony Club/Ponyklub, 47, 80–81, 84–85, 191, 214, 242
Pony-Express, 43
Postdienst, 42–43
Postkutsche, 42–43
Prinzessin Trixie, 47
Probleme, 222
Przewalskij, Nikolai, 13, 158
Przewalski-Pferd, 13, 158–159
Puls, 66, 218–219

Putzen, 200–203, 206, 210, 240–241
Pyramide, 186, 189

Q
Quadrille, 7, 45, 88
Quagga, 119
Quarré Oxer, 186
Quarter Horse, 70–71, 74–75, 130–131, 136–137

R
Rangordnung, 16–17
Rappe, 44–45, 100
Rappschecke, 100
Raspeln der Zähne, 220
Rassen, 92–93
– siehe auch einzelne Rassen
»Rattenfänger«, Jagd, 244
Raufutter, 199
Red Mile, Kentucky, 76–77
Red Rum, 53, 62–63
Reining, 69
Reitdress, 242–247
Reiterferien, 214–215
Reiterspiele, 84–85, 214, 243
Reithelm, 242–245
Reithosen, 242–245
Reitstiefel, 242–247
Rekorde, 78–79
Remington, Frederic, 28, 55
Rennpferd, 62–63
Rentier, 18
Revaal, 98, 129
Robie, Wendell, 66
Rodeo, 74–75
Röhrbein, 96
Rogers, Roy, 72–73
Rotschimmel, 73, 100–101
Rudenko, Dr S. I., 19
Rücken (des Pferdes), 96–97, 225, 232–233
Rundumsicht, 11, 16

S
Sable Island, 158
Saddlebred, 73, 88, 98, 107, 133, 135, 137
Saddle-Bronc Riding, 74
Sagen, 14–15
Sais, 82
Sampson, 79
Sankt Moritz, 49, 51
Sattel, 24, 68, 71, 215, 221, 225–233
– Pflege, 213, 240–241
Schecke, 44, 47, 100–101

Schenkelweichen, 176, 190
Schimmel, 44, 100–101, 116
Schlachter, 41, 143, 162
Schnippe, 101
Schritt, 64–65, 98–99, 168 ff, 205
Schritt verlängern und verkürzen, 177
Schulter, 97, 222
Schulter- und Buggelenk, 96
Schur, 210–211
Schutzweste, 242, 244
Schwarzwälder (Fuchs), 31, 33
Schweif, 41, 79, 133, 223, 241
– Flechten, 212–213
– Pflege, 201–203
– Schneiden, 212–213
– Schweifmesser, 201
– Schweifrübe, 96, 203
Schweinejagd, 82–83
Schwere Pferde, 30–33, 95
Schwimmen, 225
Scurry, 87
Selle Français, 93, 108, 115, 117
Sewell, Anna, 15
Sherer, Joseph, 80
Shergar, 63
Shetlandpony, 37, 47, 139, 155
Shillibear, George, 40
Shire, 31, 33, 79, 140, 142
Sitz, 166 ff
Sitzbeinhöcker, 96–97
Skythen, 19, 24–25
Sliding Stop, 69
Socke, 101
Solidarity, 78
Something, 78
Sorrell, 100
Spanien, 18, 68, 105, 116, 209, 215
Spanische Hofreitschule Wien, 7, 64, 87, 116, 178
Spiekeroog, Pferdeeisenbahn, 39
Sporen, 168, 242, 244, 246–247
Sportpferd, 48–89
Springen, 180–191
Springparcours, 186–187
Springreiten, 58–59, 61
– Springsattel, 229
Sprunggelenk, 77, 96, 238
– Fehlstellungen, 97
Standardbred, 76–77, 117, 123, 134–135
Steeplechase, 52–53
Steer Wrestling, 75
Steigbügel, 68, 166 ff, 228–230, 247

– Aufsteigen, 166–167
– Ohne Steigbügel reiten, 42, 176, 179, 185
– Springen, 58, 180
– Steigbügel überschlagen, 176, 179, 207
Steilsprung, 186
Stern, 101
Stetson, John Betterson, 246
Stewart, Robert, 80
Stimme, 16–17, 166 ff, 206–207
St. Leger, 50, 52, 110
Stockmaß, 79, 102–162
Strahlfäule, 222
Straßenbahn, 39–41
Strauss, Levi, 246
Striegel, 200–202
Stubbs, George, 54–55, 62
Stunt-Pferd, 73
Stutbuch, 92–93, 104, 137
Suffolk Punch, 140, 142–143
Sugar Dumpling, 79
Sulky, 49, 76–77
Sumba Pony, 161
Supreme Rock, 60

T

Tapir, 11
Tarpan, 13, 139, 159
Tasthaare, 213
Teamjagd, 243
Team Penning, 71
Team Roping, 71, 74–75
Tempelhüter, 110
Temperament, 96, 100, 112–113, 115, 219
Tempi, 98–99
Tennessee Walker, 98, 135, 137
Tent Pegging, 83
Tetanus, 220–221
Tevis Cup, 66
Tierarzt, 67, 86, 96, 196–197, 218–225
Tierschutz, 52–53, 57, 74, 89, 162
Timor, 161
Tobiano, 100, 137
Tölt, 98, 139
Tom Quilty, Australien, 66
Tony, 73
Trab, 42, 64–65, 98–99, 107, 168 ff, 205
– Leichttraben, 42, 170, 180, 184, 205
Traber, 76–77
Trabrennen, 76–77, 134
Trail Riding, 68–69

Trakehner, 93, 110–112, 114, 120
Trekking, 214–215
Trensengebiss, 235–236
Trigger, 72–73
Trinken, 199
Triplebarre, 186
Triumphwagen, 22–23, 76
Trump, Jay, 52
Tschiffely, Aimé Felix, 21
Turpin, Dick, 15
»Typen«, 92–93, 156–157

U

Übung, 177, 204–205
Umgang mit Pferden, 206–207
Unterarm, 96
Unterschenkel, 96
Urin, 218

V

Verdauung, 199, 218, 223
Verhalten, 16–17
Verkürzen und Verlängern des Schritts, 177
Verletzungen, 220–221, 232–238
Vernon, Jackie, 45
Verrocchio, Andrea del, 55
Versammlung, Dressur, 64–65, 69, 98, 173
Veterinär (siehe Tierarzt)
Vielseitigkeitsreiten, 60–61, 86, 243
– Vielseitigkeitssattel, 228–229
Vollblut, 50–51, 63, 66–67, 78, 92–95, 104, 106–108, 110, 112–115, 117, 133, 135–137, 139, 147, 152, 156–157, 211
Vorderfußwurzelgelenk, 96

W

Waldpferd, 13, 94–95
Wallace, Alfred Russel, 10
Warde, John, 194
Warmblut, 65, 78, 87, 93, 95, 108, 111–115, 120
Washington, George, 56
Wasser, Trinken, 199
Watt, James, 36
Weißisabell, 100
Welsh Cob, 87, 148, 150, 152, 156
Welsh Mountain Pony, 147–150
Welsh Pony, 37, 85, 148, 151
Weltkrieg
– Erster Weltkrieg, 28–29, 34, 116, 145

– Zweiter Weltkrieg, 29, 32, 110, 145
Westernfilm, 72–73
Westernreiten, 68–75, 215, 246–247
– Kleidung, 246–247
– Sattel, 214–215, 229–231, 246
– Zaum, 231, 246
Widerrist, 96
Wiehern, 16
Wien (siehe Spanische Hofreitschule)
Willoughby, D. P., 79
Wirbel (Haar), 101
Woffard, Carolyn, 78
Württemberger, 120
Wurmkur, 35, 218, 221
Wyoming, 10

Y

Yorkshire Coach Horse, 113–114

Z

Zähne, 11–12, 219–220
Zaumzeug, 22, 221, 234–237
Zebra, 12–13, 118–119
Zehen, 11–12, 118
Zeichnungen des Pferdes, 100–101
Zentrum der Balance, 173
Zirkel, 174–175, 178
Zirkus, 46–47
Zügel, 166 ff, 207, 234–235, 237
– Handhaltung, 167
– Westernreiten, 68–71, 247
Zugpferd, 30–33, 79, 96

Danksagungen

Danksagungen des Autors

Ich möchte mich bei denen bedanken, die dieses Buch mit ihrer Hilfe und ihrem Zuspruch erst ermöglicht haben. Besonders schätze ich die professionelle Unterstützung meines lieben Freundes Sian Thomas, BHSI, der Snowdonia Stallungen, Waunfawr, der für uns die Unterrichtsstunden organisiert hat. Bei unserem immer fröhlichen „Model" Harriet Lowe für ihre Hilfe und Kooperation sowie bei ihren Eltern für deren Unterstützung.

Ich möchte mich auch bei den Mitarbeitern von Studio Cactus bedanken für die einzigartige, stimmungsvolle Präsentation meines Buches und für die Geduld, die sie mit ihrem manchmal schwierigen Autor zeigten.

Bei Julie Thomas, die mit gelassener Selbstsicherheit die Schwierigkeiten der Kommunikationstechnologie – von der ich kaum etwas verstehe – gemeistert hat. Ohne ihre ruhige effektive Arbeit wäre nichts möglich gewesen.

Schließlich gilt mein Dank auch meiner Frau Mary, die mich schon länger, als sie vielleicht zugeben möchte, in jeder Hinsicht unterstützt und mir Verständnis entgegenbringt.

Studio Cactus möchte sich bei Peter Cross bedanken für seine exzellenten Fotos von den Reistunden; bei Sian Thomas, Harriet Lowe, Sharon Rudd und Katherine Rudd, die uns als Models zur Verfügung standen. Claire Moore und Maggie Raynor für die Illustrationen; Jo Walton für die Bildrecherche; Lesley Riley für das Korrekturlesen; Hilary Bird für das Register. Unser Dank gilt auch Jacky Spigel, Madeleine Day und schließlich ganz besonders Elwyn Hartley Edwards für seine Geduld und seine unerschütterliche Professionalität.

Bildquellen

Für alle Fotos, die hier nicht aufgelistet sind, liegen die Bildrechte bei Bob Langrish oder Studio Cactus:

6: Janez Skok/Corbis
13 oben: HorseSource
13 unten: Bettmann/Corbis
14: Bettmann/Corbis
15 links: Rex Features
15 rechts: Swim Ink/Corbis
18: Charles & Josette Lenars/Corbis
19 oben: Bettmann/Corbis
20: Archivo Iconografico, S.A./Corbis
21: Archivo Iconografico, S.A./Corbis
22: Archivo Iconografico, S.A./Corbis
23 oben: Roger Wood/Corbis
23 unten: Gustavo Tomsich/Corbis
24: Charles & Josette Lenras/Corbis
25: HorseSource
26-27: Tim Thompson/Corbis
28: Geoffrey Clements/Corbis
29 oben: Hulton-Deutsch Collection/Corbis
29 unten: Bettmann/Corbis
30: Minnesota Historical Society/Corbis
31 oben: Adam Woolfitt/Corbis
31 unten: Corbis
34-35: Brooke Hospital for Animals
36: Hulton-Deutsch Collection/Corbis
36-37: Corbis
38: Richard T Nowitz/Corbis

39 oben: Minnesota Historical Society/Corbis
39 unten: Bettmann/Corbis
40 oben: Bettmann/Corbis
40 unten: Hulton-Deutsch Collection/Corbis
41: Bettmann/Corbis
42: Bettmann/Corbis
43: Bettmann/Corbis
50: George Selwyn
53 unten: George Selwyn
54: Jan Butchofsky-Houser/Corbis
55 oben: Mark L Stephenson/Corbis
55 Mitte: Burstein Collection/Corbis
55 unten: Geoffrey Clements/Corbis
56 links: HorseSource
57 unten: HorseSource
62: Mary Evans Picture Library
63 oben links: Bettmann/Corbis
63 oben rechts: George Selwyn
63 unten links: Kit Houghton Photography
63 Mitte rechts: Kit Houghton Photography
63 unten rechts: Kit Houghton Photography
72: Bettmann/Corbis
73 oben: Bettmann/Corbis
82: Nevada Wier/Corbis
83 oben: Hulton-Deutsch Collection/Corbis
83 unten: Kit Houghton/Corbis

129 unten: Kit Houghton Photography
145 oben links: Keren Su/Corbis
157 unten: Kit Houghton Photography
159: Kit Houghton Photography
198: David Samuel Robbins/Corbis
199 oben: Kit Houghton/Corbis
208: Lindsay Hebberd/Corbis
209 oben: Kit Houghton/Corbis
228 Mitte, unten rechts: Elwyn Hartley Edwards
229 oben, unten links, unten rechts: Elwyn Hartley Edwards
230 unten: Elwyn Hartley Edwards
231 oben: Elwyn Harltey Edwards
232: Elwyn Hartley Edwards

Brooke Hospital for Animals
Weitere Informationen über das Brooke Hospital, das Krankenhaus für Tiere finden Sie auf folgender Webseite:

www.brooke-hospital.org.uk